一般社団法人
地域デザイン学会 監修

原田　保
山田啓一 編著
石川和男

地域デザイン学会叢書 **6**

地域イノベーションのための
トポスデザイン

学文社

執筆者プロフィール

原田　　保(はらだ　たもつ)
(一社)地域デザイン学会理事長，ソーシャルデザイナー，地域プロデューサー，
現代批評家(序章，第1章，第2章，第3章，第8章，第9章，終章)

山田　啓一(やまだ　けいいち)
中村学園大学流通科学部教授(第1章，第2章，第6章，第8章)

石川　和男(いしかわ　かずお)
専修大学商学部教授(序章，第1章，第3章，第11章，終章)

本田　正美(ほんだ　まさみ)
東京工業大学環境・社会理工学院研究員(第4章)

菊池　史光(きくち　ふみあき)
阪南大学経営情報学部准教授(第7章)

庄司　真人(しょうじ　まさと)
高千穂大学商学部教授(第9章)

森本　祥一(もりもと　しょういち)
専修大学経営学部教授(第10章)

趙　　時英(ちょう　しよん)
専修大学商学部専任講師(第5章)

はしがき

　今回の地域デザイン学会叢書では，ZTCA デザインモデルのひとつの要素である「T」，すなわちトポス（topos）をフィーチャーした議論が展開される。このトポスとは，単なる場所ではなく，特別な意味のある場所として何らかの地域価値が発現する固有の場所のことである。今回は，このトポスに対して地域デザインの視角からのアプローチを行おうというのが，本叢書を刊行する主たる目的である。

　それでは，なぜ今まではトポスを前面に押し出した価値発現に関する議論を重視してこなかったのか。それは，トポスは多くの場合には特定の構築物や移設になるために，ややもするとコンテンツとしてのトポスにフォーカスした議論が展開するという懸念があるからである。本来，われわれが主張する ZTCA デザインモデルでは 4 要素はパラレルな関係にあるが，多くの日本人がコンテンツ至上主義からの脱却を指向するために，あえてコンテクストからのアプローチが容易なゾーンを前面に押し出してきた。

　しかし，現実には，江戸城，つまり皇居というトポスがあるから東京というゾーンが想起できるわけだし，また姫路城というトポスがあるから姫路というゾーンが想起できるわけである。こう考えると，ゾーンの戦略的設定もゾーンの地域価値の発現も，実はトポスデザインに大きく影響を受けていることになる。つまり，トポスデザインが ZTCA デザインモデルにおけるキーファクターになることも可能である。そこで，こうした認識に依拠しながら，本書においてはトポス起点の地域デザインを考察することとした。

　さて，すでに周知であろうがわが国おいては，トポスのコンテクスト転換による地域価値の発現が見出せる事例がすでに何事例も現出している。それは，ひとつがダークツーリズムがもたらしたコンテクスト転換によって現出したトポスであり，もうひとつが世界遺産がもたらしたコンテクスト転換によって現出したトポスである。このようなコンテクスト転換によって，コンテンツとし

てのトポスの地域価値が大きく変化することとなったわけである。

　第1のコンテクスト転換は，観光のための目的地，つまりデスティネーションがいわゆる名所・旧跡型トポスや物見遊山型トポス指向から，たとえば学習や祈りなどに代表される脱エンタテイメントや脱レジャー指向への転換である。これによって，トポスは従来のまさに光のトポスのみならず，どちらかというと悲しみや辛さを体感できる影のトポスの地域価値が高まっているのである。そして，このトポスにおける影への関心の高まりが，旅行をサイトシーイングかエクスペリエンスへという旅行目的のコンテクスト転換を誘発した。

　第2のコンテクスト転換は，世界遺産の認定に見られる変化によるヘリテージに対する価値観のコンテクスト転換である。従来では，とりわけ文化遺産の認定には，たとえば美しい景観や感動的な建造物などに代表される芸術的，文学的価値が重視されていた。しかし，産業遺産が文化遺産として認められるようになると，富岡製糸場のような荒れたトポスや軍艦島のような廃墟が価値あるトポスとして世界的なアイデンティティを確立するまでになった。これはすなわち，ヘリテージ価値のコンテクスト転換が現出したことであり，これによって従来ではあるべきトポスが，たとえば郊外トポス，災害トポス，戦争トポスなどが人間にとっての価値あるトポスへと転換したことを示している。

　このような状況下で，本書ではトポスについての地域デザインからの研究に関してもコンテクスト転換を指向することにした。これは，地域価値発現の対象としてのトポスを光のトポスのみから，これに影のトポスを加えることで，価値発現の対象としてのトポスの領域を拡大した。これによって，多くの地域におけるトポス開発の機会増大が現出した。

　これについては，影トポスをまさに影であるトポスとして捉えた価値発現に向けたことによる転換であるが，本書では併せて影トポスの光トポスへの転換へも言及が行われている。それは，トポスが長期間にわたって放置されていることが多くあり，これによって地域の衰退が深耕しているからである。それは，影トポスから光トポスへのコンテクスト転換であり，これによって地域全体にゾーンとしての地域価値が高まることが多く見出されるからである。

これは，いわば影トポスの光トポスへのコンテクスト転換であるが，これの成否が地域の復興の決め手になる事例は多く見出される。その意味では，たとえば大規模工場跡地や撤退大型ショッピングセンター，あるいは廃校などに対するトポスデザインの成否は，地域の生き残りのための多大な課題になっている。そこで，これらの成功事例が各地で展開する方法を検討する。

そこで，このような考え方に依拠しながら本書で紹介される先進事例をまとめれば以下のようになる。

A《光のトポス》……期待と開発
　① カジノトポスとテーマパークトポス
　② 超高層マンショントポスとリゾートトポス
　③ サービスエリアトポスと道の駅トポス
　④ 日本遺産トポスと国立公園トポス

B《影のトポス》……反省と復興
　① 原発トポスと公害トポス
　② 収容所トポスと被爆地トポス
　③ 廃校トポスと空家トポス
　⑤ 工場跡トポスと大型店跡トポス

以上の事例については，ZTCA デザインモデルの精度を上げるために，トポスのコンテクスト転換による地域価値の発現のための方法として紹介されることになる。これらを踏まえて，今後においては残された課題であるコンステレーションへの取り組みを行っていきたいと考えている。また，このような活動を通じて ZTCA デザインモデルを超える新たなモデルの構築が指向されることにもなってくる。また，これらを通じてコンテクストデザインによる地域価値の発現に関する理論的活動の展開が期待されることになる。

2018 年 7 月 7 日

編者代表　原田　保

目　次

序章　地域デザインにおけるトポスに対する期待………………………………… *1*

第Ⅰ部　全体戦略編

第1章　地域デザインの起点としてのトポス………………………………*20*

はじめに〜トポス起点へのコンテクスト転換………………………………*20*

第1節　ZTCA デザインモデルにおけるトポスと他要素との関係性 ……*21*

第2節　地域ビジネスをめぐるトポスと地域の関係形態………………*30*

おわりに〜事例分析のための留意点………………………………………*33*

第2章　地域に多様に見出される注目すべきトポス群…………………*37*

はじめに〜クリエイティブビジネスに対する基本認識………………………*37*

第1節　トポスの光と影とこれらの代表的な事例……………………………*38*

第2節　トポスの時間軸から捉えた分析……………………………………*43*

第3節　本書に見られる3つのコンテクスト転換…………………………*46*

第4節　世界に多く見られる注目すべきトポス……………………………*49*

おわりに………………………………………………………………………*57*

第3章　トポスの解釈と地域デザインへの活用……………………………*63*

はじめに………………………………………………………………………*63*

第1節　トポスの定義と地域デザインへの活用……………………………*64*

第2節　光のトポスと影のトポスの地域デザインへの活用………………*66*

第3節　個別事例編A……光のトポスの特徴………………………………*72*

第4節　個別事例編B……影のトポスの特徴………………………………*75*

おわりに………………………………………………………………………*79*

目次　*v*

第Ⅱ部　個別分野編＝光のトポス～期待と開発を捉えて

第4章　「テーマパークトポス」と「カジノトポス」……………84

はじめに～問題の所在……………………………………………84

第1節　トポスとしての「テーマパーク」………………………85

第2節　トポスとしての「カジノ」………………………………*94*

おわりに～地域デザインからの総括……………………………*100*

第5章　「超高層マンショントポス」と「リゾートトポス」…………*104*

はじめに～問題の所在……………………………………………*104*

第1節　トポスとしての「超高層マンション」…………………*105*

第2節　トポスとしての「リゾート」……………………………*112*

おわりに～地域デザインからの総括……………………………*119*

第6章　「サービスエリアトポス」と「道の駅トポス」……………*121*

はじめに～問題の所在……………………………………………*121*

第1節　トポスとしての「サービスエリア」……………………*122*

第2節　トポスとしての「道の駅」………………………………*128*

おわりに～地域デザインからの総括……………………………*133*

第7章　「日本遺産トポス」と「国立公園トポス」…………………*138*

はじめに～問題の所在……………………………………………*138*

第1節　トポスとしての「日本遺産」……………………………*139*

第2節　トポスとしての「国立公園」……………………………*144*

おわりに～地域デザインからの総括……………………………*149*

第Ⅲ部 個別分野編＝影のトポス〜反省と復興を捉えたデザイン

第8章 「原発トポス」と「公害トポス」……………………………… *154*
はじめに〜問題の所在……………………………………………… *154*
第1節 トポスとしての「原発」………………………………… *156*
第2節 トポスとしての「公害施設」…………………………… *162*
おわりに〜地域デザインからの総括…………………………… *167*

第9章 「収容所トポス」と「被爆地トポス」…………………… *172*
はじめに〜問題の所在……………………………………………… *172*
第1節 トポスとしての「収容所」……………………………… *175*
第2節 トポスとしての「被爆地」……………………………… *181*
おわりに〜地域デザインからの総括…………………………… *186*

第10章 「空家トポス」と「廃校トポス」……………………… *189*
はじめに〜問題の所在……………………………………………… *189*
第1節 トポスとしての「空家」………………………………… *190*
第2節 トポスとしての「廃校」………………………………… *195*
おわりに〜地域デザインからの総括…………………………… *201*

第11章 「工場跡トポス」と「大型店跡トポス」……………… *206*
はじめに〜問題の所在……………………………………………… *206*
第1節 トポスとしての「工場跡」……………………………… *207*
第2節 トポスとしての「大型店跡」…………………………… *213*
おわりに〜地域デザインからの総括…………………………… *221*

終章 トポスデザインにみるコンテクスト転換への期待………… *224*
はじめに〜価値発現装置としてのコンテクスト……………… *224*
おわりに……………………………………………………………… *237*

序章

地域デザインにおけるトポスに対する期待

原田　保
石川　和男

はじめに～過去への回帰から未来の創造へのコンテクスト転換

　本書においては，地域デザインに関するコンテクスト（context）転換による地域イノベーション，つまり地域価値発現を可能にする地域デザインに関する新機軸が，いくつかの事例を踏まえて理論的に提言される。また現時点で考えられる多くの困難な地域課題への対応を図ろうとする挑戦的な実践活動も提言される。これらの提言のすべては，次のような地域デザインの基本原則に関わるコンテクスト転換として論述される。

① 地域デザイン対象におけるコンテクスト転換―エリアデザインからゾーンデザインへの転換

② 地域デザインの起点におけるコンテクスト転換―ゾーンイニシアチブからトポスイニシアチブへの転換―

③ トポスの他要素との関係性におけるコンテクスト転換―ゾーンとの連携からコンステレーションとの連携への転換―

2

(1) 地域デザインのコンテクスト転換

第1に，地域デザインのコンテクスト転換は，既存の中央にある少数の大都市ではなく，多くの地方に所在する(過疎)地域を優先的に再生すべきという議論に見出される，「中央 vs 地方」というある種の対抗関係で捉えた地域観からの脱却を図るコンテクスト転換である(原田，2013b)。つまり，大都市や地方という行政単位の地域とは関係なく，地域価値を最大化するためにデザイン対象を設定することである。この意味では，確かに地域という捉え方は重要であるが，地域デザイン学会では，このような地域はエリア(area)ではなくゾーン(zone)[1]と捉えている(原田，2014)。

それはデザイン対象の地域が，たとえば既存の市町村単位のような戦略的自由度が制約される地域であるとすると，多くの場合には新たな地域価値を発現させるためのデザイン行為に対して，対象に関係する従来のアクターから制限される懸念がある[2]。それゆえ，新たな地域価値を創造するには，そのデザイン対象になる区域を，つまり対象ゾーン自体を脱構築しながら，新たな戦略的ゾーンへのデザインを行うべきなのである。

これは地域デザインの対象設定自体が，実は地域デザインにおいて重要なデザイン行為であることを示しているからである。このように多くの場合，新たなゾーンの設定が，つまり新たなゾーンデザインが不可欠となるため，地域のことを一般的にいわれるようなエリアと捉えることはなされない。

◆ コンテクスト転換①＝"エリア" → "ゾーン"

第2に，地域デザインにおけるコンテクスト転換は，われわれが主張するコンテクスト重視による地域デザインモデルとしての「ZTCA デザインモデル[3]」における各要素のポジショニングの転換である。ここでは多くの場合にゾーンの設定が優先され，そしてゾーンの地域価値発現のためにトポス，コンステレーション，アクターズネットワークのデザインが行われる。それゆえ，ZTCA デザインモデルと表記すべきである。

しかし本書では，この地域デザインモデルの展開方法の多様性を指向するため，このデザインの起点が必ずしもゾーンでなくてもよいという立場をとって

いる。つまり、ZTCA デザインモデルの起点に、従来とは異なるトポスやコンステレーション、さらにはアクターズネットワークが採用できるという考え方へのコンテクスト転換が指向されている。それゆえ、トポスイニシアチブのZTCA デザインモデル（たとえば T-ZCA）を展開するとともに、トポスデザインの役割を重視することになる。

◆ コンテクスト転換②＝"Z 起点" → "全要素(Z, T, C, A)起点"

　第3に、トポスイニシアチブに関するコンテクスト転換は、コンステレーションの構築を可能にするトポスデザイン、つまりトポスを起点とした地域デザインモデルによって、地域デザインを展開しようとする方法である。これについては、ゾーンデザインからの要請で新たなトポスを構想するよりも、むしろ既存のトポスに新たな価値を付与することによって、他の3要素の戦略的可能性を高めようという考え方から導出されるコンテクスト転換である。

　そうなると、トポスの価値は事実だけに限定せずに、物語などの伝承、小説や漫画、テレビなどで創作された空想価値であってもよい。つまり、ストーリー構築やこれを表現するコンテンツは何でもよいことになる。言い換えれば、トポス本来の価値、つまり現実の可視的な価値よりも、むしろ創作行為によるトポスに対するコンテクスト転換による新たな価値創造、つまり空想価値の発現が有効になってくる。

◆ コンテクスト転換③＝"現実価値トポス" → "空想価値トポス"

　本書で紹介する事例に共通するデザインの特徴は、具体的には第1が本書の議論を規定する基本的な考え方＝トポス論の原則、第2がトポスの空間多層性を捉えた戦略的デザイン、第3がトポスの時間にみる2軸性を捉えた戦略的デザイン、第4が ZTCA デザインモデルの各要素との関係と価値発現に向けての手順、第5がコンテクストとしての"光"と"影"を捉えた地域価値の発現、である。

　既存のトポスに対して新たな価値を付与するには、トポスデザインとゾーンデザイン、コンステレーションデザイン、アクターズネットワークデザインとの整合性のある展開が不可欠となる。つまり、トポスデザインと他の3要素の

デザインとは，シナジー効果を発揮する関係性の構築が要請される。そこで，各トポスにはゾーンに見出せる複数のトポスとの「競争」と「共創」によるコンステレーション効果が最大限に得られる対応が期待される。その意味では，コンステレーションデザインにはトポスを捉えて展開されることが期待されている。それゆえ，埋もれたトポスの価値の掘り起こしや新たな価値の付与を展開することによって，ゾーン全体としての地域価値の増大が図られるようになる。そのためにも，コンステレーション指向によるトポスの価値の増大が期待される。

(2)　本書における議論を規定する基本的な考え方＝トポス論の原則

　これらの前提により，トポスデザインはコンステレーションとの関係性から考察されることとなり，トポスが現出させるべき地域価値の最大化とゾーンに対する影響力の拡張に向けたイノベーティブなコンテクスト転換が提示されることになる。このトポスに価値発現を促すファクターは，『クリエイティブビジネス論』において紹介した理論の発展形態である3つのファクターが構想されている。これらは具体的には，ドラマツルギーデザイン，トライブデザイン，アゴラデザインであり，これらを本書ではトポスデザインの3要素と規定している（原田・石川，2017）。

〈トポスデザインの3要素〉

　①　ドラマツルギー（dramaturgy）[4]の現出—コンステレーション指向の"シナリオ"

　②　トライブ（tribe）[5]の形成—ハイコンテクスト[6]指向の"キャスティング"

　③　アゴラ（agora）[7]の構築—バリュークリエイト指向の"トランザクション"

　第1のドラマツルギーの現出は，トポスに対して固有の存在意義を付与するためのアイデンティティの確立行為である。これは広く演劇業界などで使用される概念だが，一般的にはやや難しい概念である。しかし，トポスデザインでは，演劇用語であるドラマツルギーを使用することによって，ある種の劇場的な時空間の創造のために多大なインパクトを発揮する。

地域価値発現のトリガー(trigger)であり，レバレッジ(leverage)であること
が期待されるトポスのデザインには，このような演劇における作品価値を発現
させるドラマツルギーの活用が適当であろう。ドラマツルギーの現出は，専ら
トポスをめぐる住民と旅人がまさに共感が得られるように結び付けられる，旅
人(いわゆる観光客)に対するコンステレーション指向のシナリオデザインとし
て捉えられる。

◆ コンステレーション指向の"キャスティング"によるドラマツルギーの現出

　第2のトライブの形成は，トポスとそこを訪れる旅人や旅人同士の関係を現
出させるための関係性のデザインであるが，特に旅人を起点とした共同幻想的
な結び付きを断片結合[8]的に展開しようとするデザイン方法が期待されている。
それゆえ，トライブとトポスとの結び付きにより，ある種の共同幻想[9]的な集
団，つまり部族が形成される。それゆえ，トポスの性格によって都市型トライ
ブや地方型トライブなどの多彩な形態が現出する(原田・庄司, 2017)。

　これらの特徴を保持するトライブは，今後のコミュニティのあり様を考える
点では重要な要素である。わが国では，農業をベースにした全面結合型からプ
ロジェクト指向のスキルベースの一時的で断片結合型まで多様な形態がある。
後者では，これがグローバルなクリエイティブクラスのネットワークを現出さ
せ，これらによってクリエイティブビジネスがグローバルな発展を遂げている
(原田・石川, 2017)。このような状況を踏まえたトライブの現出は，マーケテ
ィングにおけるターゲティングのように，住民による旅人たちとのハイコンテ
クストなキャスティングとして展開される。

◆ コンステレーション指向のキャスティングによるトライブの形成

　第3のアゴラの構築は，旅人同士，そして住民と旅人の間に何らかの関係性
を醸成するある種の装置として期待される公共的な多大なパワーを保持する特
殊な時空間である。このアゴラはギリシアの都市国家のシンボルであるため，
都市国家をひとつのゾーンとして捉えるとアゴラ自体は最も大事なトポスであ
る。アゴラはこれ自体が国家における民会の開催場所であるため，都市国家に
おける最も重要なトポスともいえる。これを旅人も含めた他者との関係性装置

に転換することにより，住民が一体となって旅人などをもてなす象徴的な場所になることを示している。

このようにアゴラは，旅人の地域に対するトランザクションを増大するため，地域と旅人を結び付けるような地域創造のためのデザインにおいて重要となる。このバリュークリエイトは，集会場や市場として期待されるアゴラのトポスデザインへの戦略的視点からの活用である。

◆ バリュークリエイト指向のトランザクションによるアゴラの構築

このように，トポスデザインについては，3つの要素から考察することでその特性を理解できる。本書では，ドラマツルギー，トライブ，アゴラの視角からトポスの価値発現の方法を確認しようとしている。これら3要素の関係をまとめると以下の図表序-1のようになる。

トポスデザインとコンステレーションデザインの連携によって，トポスが含まれるゾーンのデザインに多大な影響を与え，アクターズネットワークはトポ

図表序-1　トポスデザインの考察に向けた3つのアプローチ

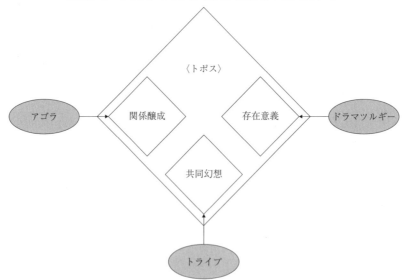

スを対象にして構築される。このように，トポスを中心においた地域デザインを行うことから ZTCA デザインモデルを機能させている。

(3) トポスの空間多層性を捉えた戦略的デザイン

　トポスデザインでは，多面性を保持するトポスのどの層に焦点を当てて価値創造のための編集行為を行うかが重要になる。ここでは，トポスが保持する深層から浅層に至るまでの環境層にみられる階層性が問題になる。これらのトポスデザインのターゲットとすべき環境層には，経済，文化，自然，気候，地球を捉えて5層が存在する（図表序-2）。

〈トポスの空間階層構造 10)〉
① 第1層 = 地球的環境層（geophysics layer）
② 第2層 = 気候的環境層（climatic layer）
③ 第3層 = 自然的環境層（natural layer）
④ 第4層 = 文化的環境層（cultural layer）
⑤ 第5層 = 経済的環境層（economic layer）

　このように，すべてのトポスはこの5層構造で語ることができる。たとえば，アンモナイトや三葉虫，またはマンモスや恐竜の化石が見つかれば，自然的環境層を捉えたトポスデザインを展開すればよい。また奈良地域では多くの埋蔵文化財が地中に眠っているため，当然ながら文化的環境層に価値を見出すこと

図表序-2　トポスの環境層にみられる多層性

| 経済的環境層 (economic layer) |
| 文化的環境層 (cultural layer) |
| 自然的環境層 (natural layer) |
| 気候的環境層 (climatic layer) |
| 地球的環境層 (geophysics layer) |

浅層　　深層

図表序-3　直島の経済活動層に見られるトポスの構造

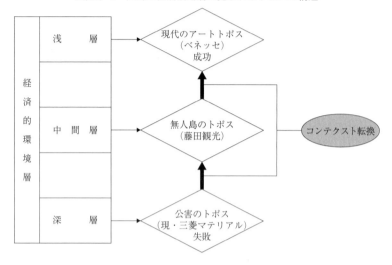

が不可欠である。さらに、昨今では注目されるジオパーク[11]の展開は、地球的環境層を捉えたトポスの価値発現のための巧みな方法である。

　また、トポスの5層の一番上の階層である経済活動だけを捉えてもそこには浅層と深層があるため、その層の捉え方によってはトポスの価値も変化する。たとえば、直島(香川県)は、金属鉱業メーカーによる公害に対し、あたかも蓋をするように現代アートによるブランディングがなされているが、このような新たな層を覆い被せることでも価値発現は可能である。このような対応は、公害などの大きな負のイメージに悩まされる地域には、実に巧みなコンテクストデザインであるといえる(図表序-3)。

(4)　トポスの時間2軸性を捉えた戦略的デザイン

　トポスの空間概念を捉えた多層性に加えて、重要なファクターがもうひとつある。これは、時間概念[12]に関して2軸を使用することで表現できる。この2軸は、ひとつは通時(diachronic)性 – 共時(synchronic)性[13]という対抗的な関

係軸であり，もうひとつは直線(linear)型時間－円環(circle)型時間 14) という対抗的関係軸である。本書では特に共時性と円環型時間が戦略的には重要な役割を果たすと考えている。それゆえ，以上の2つの時間概念を捉えてトポスを考察することが重要な意味を持つ(図表序-4)。

〈トポスの時間軸構造〉
① 通時性／直線型時間(第1象限)
② 通時性／円環型時間(第2象限)
③ 共時性／円環型時間(第3象限)
④ 共時性／直線型時間(第4象限)

これらの4つのトポスの時間概念の特徴を捉えた分類では，現在一般的に使用されている概念は，第1象限にポジショニングされる通時性／直線型時間で説明できる。それゆえ，これ以外の3つのアプローチの活用による新たなトポスデザインの可能性が追求される。これらの中で注目すべき概念としては，第3象限の共時性／円環型時間で説明されるトポス事例の紹介が試みられる。

たとえば，世界中で毎年行われるイスラム教におけるラマダン 15) の期間に行われるトポスとしてのモスクや家で行われる断食を中心とした歴史的な儀式や慣習の時代を超えて繰り返し行われる苦しさの経験は，イスラム世界の部族的統合を維持するネットワーク維持装置のような存在である。もちろん，このようなことは他の宗教でも共通している現象であるが，イスラム教においてはこのような現象が典型的に現出している。

ラマダンの時期には，民族的にも個人的にも過去の記憶が現在に結び付けら

図表序-4　時間概念における4分類の構造

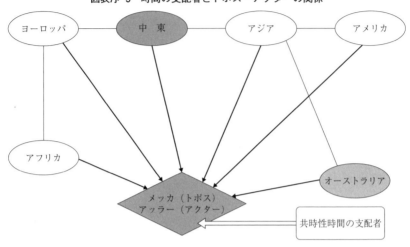

図表序-5　時間の支配者とトポス・アクターの関係

れ，より強固な共同体と結び付ける，まさに円環型時間意識に訴求するような行為が行われる。これらの行為が世界の各所でほぼ同じ時期に展開されるのは，共時性から捉えた時間による人間支配の戦略的な活用であろう。このように，円環型時間は民族的にも個人的に多様な過去を現在に結び付け，世界中の多様な地域が国境を越えて主神アッラーに求心的に結び付けられる。このような時間意識の戦略的活用こそがイスラム社会の歴史的な発展を組織的に可能にしている。

(5) 直島を捉えたコンテクスト転換の解釈

　本書では，トポスデザインをコンステレーションデザインと合わせることで価値の最大化を図ろうという試みがなされる。これによって，トポスが影響力を行使できるゾーンの範囲の選定と，そのブランディングのあり様も検討される。しかし，この構想が実践されるには，これらに的確に関与するアクターズネットワークを構築できるかどうかによる。そこで，次の手順で地域価値の発現が模索される（原田，2013a）。

序章　地域デザインにおけるトポスに対する期待　*11*

　先にあげた直島の場合，その主たるトポスを現・三菱マテリアル（株）の直島製錬所から（株）ベネッセコーポレーショングループ美術館[16)]に転換させることによって，ゾーン（トポスとして捉えられる現代アートの島）へと転換が可能となった。現在は，この現代アートは瀬戸内国際芸術祭[17)]の展開によってゾーンの拡張に成功している。

　このようなトポスのコンテクスト転換による新たな魅力あるゾーンの誕生は，地元発の展開だけで困難である。この直島のコンテクスト転換による新たな地域価値の発現は，いわゆるワールド型の類稀なるプロデューサーである福武總一朗（ベネッセホールディングス名誉顧問）と北川フラム（アートディレクター）の存在に起因している。

◆　直島に見る地域デザイン

　①　コンテクスト転換1＝公害の島→現代アートの島

　　　……トポスのコンテクスト転換によるゾーンのコンテクスト転換

　②　コンテクスト転換2＝現代アートの直島→現代アートの瀬戸内

　　　……ゾーンの拡張によるコンステレーションの更新

　③　コンテクスト転換3＝トポスデザインのアクター→ゾーンデザインのアクター

　　　……点から面へというコンステレーション装置の拡大

　このようなコンテクスト転換はまさに先進的事例であり，このコンテクスト転換はトポスの性格によって多様に構想できる。これは地域デザインモデルを活用したトポスを起点とした地域価値の発現方法が多様なことを意味している。

(6)　コンテクストとしての光と影を捉えた地域価値の発現

　トポスに焦点を当てる前者の表現方法は数多く考えられるが，ある種の対抗概念である光と影に注目した。一般的には，光は押し出すべきものであり，後者を覆い隠すべきものであると考えられている。

　しかし，これらはともに地域価値を発現するために活用できるひとつのコンテクストである。このことは，近年注目を集めているダークツーリズム（dark tourism) [18] の多様な展開を踏まえれば，当然であろう。つまり，ダークツーリズムは，影を避けるのではなく，前向きに活用するという姿勢を戦略構築に織り込むことを示している。

そこで，コンステレーションを人の心の奥底へ刻み込むには，強烈なインパクトが大事になる。しかし，多くの人が長く忘れることのない長期記憶を刻み込ませるのは，従来のような楽しさや美しさの経験だけでなく，悲しみや苦しみの経験もある。なお，これには個人差はあるが，それでも喜怒哀楽に関わる経験はすべての人に対して多大な影響力を与えることは確かである。

また，人は誰しも時には反省や悔悟をし，このような経験が人の成長を促すことになる。つまり，反省や悔悟が人を成長させるある種のジャンピングボードや成長エンジンの役割を担うことになる。それゆえ，従来はネガティブに捉えられている側面に焦点を当てることにした。

近年，急速に外国人からの注目度が高まっている広島の原爆ドームや若い人も関心を寄せるハンセン病罹患者の受け容れ場所として著名であった島である瀬戸内海の大島を訪れる旅人の数は増加傾向にある。今後は，震災の被害地や原発の廃炉なども，人の反省のためのトポスとして，地域に多大な地域価値を与えられる。それゆえ，そこではいわゆる正負のトポスがともに地域価値の発現を可能にするトリガーにしたトポスデザインが構想される。実際，現在の東京の繁栄は，関東大震災 [19] と第二次世界大戦の東京への大空襲 [20] を契機にしているとも考えられる。

実際の人の暮らしには，その多くが昔から正負のトポスやゾーンとの関係を持ちながら営まれてきた。たとえば，このような悪所やそこに関わる不逞の輩が存在する地域が大都市へと発展していったことは，明白な事実であろう。これを示す代表的な事例としてはハンガリーの首都であるかのブタペストがあげられる。ブタペストは光のゾーンであるブタと闇（影に当たる）のゾーンであるペストがセットになっていたために，実に魅力的な都市に発展することができたのである（栗本，1981）。

さらに，わが国でも江戸には悪所のトポスとしての吉原 [21] があったために，

当時の幕府所在地としての地域価値も高まり，幕府の権力は多くのならず者との連携によって支えられていたともいえる。現在でも，全国各地の大都市には悪所の存在が容易に見てとれることは周知であろう。つまり，トポスの価値はどこにおいても，またいつでも正負の併存によって現出しているわけである。これも影の地域価値発現へのひとつの貢献を示す場合がある証明である。

　このような認識により，本書ではトポスを捉えた地域デザインの新たな可能性が追求されている。これは具体的には，第1が影であることをそのまま影として打ち出す対応であり，第2が影を光に変えることで新たな価値を発現する対応である。これにはたとえば，前者では原爆ドームなどの影のトポスの遺産化が考えられ，また後者では工場跡地に開発された大規模住宅地化が，つまり影から光へのコンテクスト転換によるコンテクスト転換が見出せる。

◆　トポスへのコンテクスト活用のアプローチ軸
　　① 影を強調するコンテクストデザイン
　　② 影を光へ転換するコンテクストデザイン

(7)　事例の統一的表現

　これらの議論に依拠しながら，本書で紹介する事例は共通の形態で考察が行われる。これは，事例によってここでの論述に対する解釈については濃淡があるが，これらのすべての議論が同様のコンテクストから読み解かれることが重要である。

◆　第1の視点＝《地域デザインの3原則》による事例の分析
　　① 地域創生政策対象の原則—"地方"から"地域"へのコンテクスト転換
　　② 地域デザイン理論の原則—"トポスイニシアチブ"へのコンテクスト転換
　　③ トポスイニシアチブ戦略の原則—コンステレーション指向の"トポス起点デザイン"へのコンテクスト転換
◆　第2の視点＝《トポスデザインの3要素》
　　① ドラマツルギーの現出—コンステレーション指向の"シナリオ"
　　② トライブの形成—ハイコンテクスト指向の"キャスティング"

14

③ アゴラの構築—バリュークリエイト指向の"トランザクション"

◆ 第3の要素＝《トポスの空間階層構造》

① 第1層＝経済的環境層（economic layer）

② 第2層＝文化的環境層（cultural layer）

③ 第3層＝自然的環境層（natural layer）

④ 第4層＝気候的環境層（climatic layer）

⑤ 第5層＝地球的環境層（geophysical layer）

◆ 第4の要素＝《トポスの時間軸構造》

① 通時性／直線型時間（第1象限）

② 通時性／円環型時間（第2象限）

③ 共時性／円環型時間（第3象限）

④ 共時性／直線型時間（第4象限）

◆ 第5の要素＝トポスへのコンテクスト活用のアプローチ軸

① 負自体をそのまま強調するコンテクストデザイン

② 負を正へと転換するコンテクストデザイン

おわりに～トポス活用の新展開による地域イノベーション

　本書の第Ⅱ部では，トポスを起点にした地域デザイン論の活用と，これに依拠した事例を紹介する。つまり，コンテクストデザインの視角からトポスの可能性の議論が事例によって展開される。ここでいう先進的という意味は，トポスの保持するコンテンツの先進性ではなく，コンテクストが見せる先進性である。その意味では，コンテクストベースのトポスデザイン論の新機軸の提示にもなる。つまり，トポスに対するコンテクストデザインによって，地域価値の増大が図れることが明確にされる。また，トポス自体を捉えた理論的発展方向の示唆も試みられる。それは地域デザイン論におけるトポスデザインの重層性が確認されると解釈することも可能になる。

　本書では，トポスを正のトポスと負のトポスから捉えていることが大きな特

徴である。また，負のトポスこそが地域価値の発現には有効であることを主張
されることも大きな特徴である。悲しみや苦しみが大きな場合こそが，その後
の復興では他の場所に比べて多大な成果をあげることが，事例を通じて理解で
きよう。その意味では，ダークツーリズムに限定せず，広く地域デザインに対
して負のトポスを戦略的に活用することが，地域イノベーションでは期待され
る。

注
1）エリアは，空間や表面上の範囲や部分を指し，地理上は地域や地方を指す（ランダム
　ハウス英和辞典）が，単なる地図上の位置ではなく，何らかの目的を持ち人びとが生活
　し，さまざまな活動をしている地域という意味で，地域に対しては zone をあてている。
2）当該市町村が地域デザインにおけるゾーンとしてはふさわしくない場合が多いという
　ことである。たとえば，西東京市や南九州市などはこれに当たると考えられる。
3）ZTCA デザインモデルとは，Z（zone）・T（topos）・C（constellation）・A（actors-
　network）の頭文字を取ったものであり，地域デザインに必要な要素になる（原田，
　2014）。
4）ドラマツルギー（dramaturgy）はシンボリック相互作用論において日常生活での社
　会的相互作用を取り扱う微視的社会学の中で一般的に使用される社会学的観察法である。
　この用語はアーヴィング・ゴッフマンによって，演劇の場から社会学に適用された。
5）トライブ（tribe）とは，「部族」を意味し，ある特定の傾向を指す集団についてその
　背景に潜む文化を理解しなければならない。
6）コンテクストの共有性が高いことを示し，伝える努力やスキルがなくても，相互に相
　手の意図を察しあい，何となく通じる環境を指し，特に日本はハイコンテクストな文化
　を有するとされる。
7）アゴラ（agora）は，市場と訳され，古代ギリシアの都市国家ポリスにおいて不可欠
　な場所である広場を指す。また古代ギリシアのいかなる国家でも民会の開催場所を意味
　し，現代では，比喩的に複数の関連概念の交わる点や概念を指し，複数の道路が出会う
　地点を指す。
8）断片結合とは，相互に全体として結合するのではなく，それぞれが有している部分が
　結合し，価値を生み出す状態を指している。
9）ここでいう共同幻想とは，ある空間において集団の構成員が同様の指向を持ち，それ
　に向かう様を指している。
10）トポスの空間階層構造は，原田・宮本（2016）および原田・板倉（2017）に修正を加
　えている。
11）ジオパークとは，「地球・大地（geo）」と「公園（park）」を組み合わせた言葉であり，
　大地の公園を意味し，地球を学び，丸ごと楽しむことができる場所を指し，最近は日本

16

各地で指定されている。

12) ここでの時間概念は，ひとつは時間を通時的概念と共時的概念により分け，もうひとつは直線的時間と円環型時間に分けて考えていることを指す。

13) 通時性が対象の歴史的変化を追求するが，共時性は同一時での変化や差異に注目する。元来は言語学の用語であったが，人類学や社会学などでもしばしば使用される。

14) 直線型時間とは，一方向に流れる時間を指し，円環型時間とは双方向，あるいはまた元の時間に戻ってくるような時間を指している。

15) ラマダン（Ramadan）とは，イスラム教徒が行う約1カ月間の断食のことであり，ラマダン期間中は，イスラム教徒は飲食を断ち，主神アッラーへの感謝を捧げる。

16) 地中美術館は「自然と人間を考える場所」として，2004年に設立された。瀬戸内の景観を損なわないよう建物の大半が地下に埋設され，館内には，クロード・モネ，ジェームズ・タレル，ウォルター・デ・マリアの作品が安藤忠雄設計の建物に設置されている（ベネッセアートサイト直島webサイト）。

17) 瀬戸内国際芸術祭（ART SETOUCHI）は3年に1度開催される現代アートの祭典であり，瀬戸内海の島々を中心に開催される。

18) ダークツーリズム（dark tourism）とは，災害被災跡地や戦争跡地など，人びとの死や悲しみを対象にした観光のことであり，ブラックツーリズム（black tourism）や悲しみのツーリズム（grief tourism）とも呼ばれる。

19) 関東大震災は1923年9月1日に発生し，現在の神奈川県や東京都を中心に隣接する茨城県・千葉県から静岡県東部までの内陸と沿岸に及ぶ広い範囲に甚大な被害をもたらした。

20) 東京大空襲は，1944年11月以降，第二次世界大戦末期の東京に対する焼夷弾を用いた大規模な戦略爆撃の総称であり，都市部を標的とした無差別爆撃によって民間人がかなり犠牲になった。

21) 吉原は江戸時代に江戸郊外につくられた公許の遊女屋が集まる遊廓やその地域を指す。現在の東京都台東区千束4丁目，および3丁目の一部にあたる。

《参考文献》

栗本慎一郎（1981）『光の都市闇の都市』青土社。

原田保（2013a）「《瀬戸内海》＝日本最大の"内海景観"ブランド」原田保・古賀広志・西田小百合編著『海と島のブランドデザイン―海洋国家の地域戦略』芙蓉書房出版，pp. 105-124。

原田保（2013b）「地域デザインの戦略的に展開に向けた分析視角」地域デザイン学会編『地域デザイン』第1号，pp. 7-15。

原田保（2014）「『地域』デザイン理論のコンテクスト転換」地域デザイン学会編『地域デザイン』第4号，pp. 11-27。

原田保・石川和男（2017）「大都市創造ビジネスとしての『クリエイティブビジネス』のデザイン思想」原田保編著『クリエイティブビジネス論』学文社，pp. 45-67。

原田保・板倉宏昭（2017）「地域デザインにおけるアクターズネットワークデザインの基

本構想」地域デザイン学会編『地域デザイン』第10号，地域デザイン学会，pp. 9-43。
原田保・宮本文宏（2016）「場の論理から捉えたトポスの展開」地域デザイン学会編『地域デザイン』第8号，pp. 9-36。

第Ⅰ部

全体戦略編

第1章

地域デザインの起点としてのトポス

原田　　保
石川　和男
山田　啓一

はじめに〜トポス起点へのコンテクスト転換

本章では，従来から依拠する ZTCA デザインモデル[1]による考え方が貫かれている。地域デザインモデルでは，ゾーンデザインが地域デザインにおいて最初に展開されるべきである(原田・古賀，2014)。しかし，実際には，ゾーン以外の3要素を起点にしたデザインが期待される事例も多く見出される。

たとえば，トポスとしての直島[2]を起点にゾーンとしての瀬戸内をデザインすることは，このような対応にあたる。つまり，これはトポスデザインを中心にした地域デザインモデルである。境港[3]のような特異なアートキャラクターであるゲゲゲの鬼太郎[4]に関わる妖怪を地域活性化に活用していることは好事例である。なお，このような対応はコンステレーションデザインを起点にした地域デザインモデルにあたる。さらにアメリカ合衆国の首都である特別区のワシントンは，アクターであると考えられる初代大統領のジョージ・ワシントン(George Washington)が地域デザインモデルの起点になっている好例である。

本書では，地域デザインモデルの汎用性を拡大するために，ZTCA デザインモデルの4要素すべてが，地域デザインモデルの起点になると考える。このような考え方から，ここでは，地域をイノベーションするための地域デザイン

モデルの起点として，トポスを捉えている。つまり，これは地域デザイン理論のある種のコンテクスト転換である。

◆ 地域デザインモデルのコンテクスト転換

● Z 起点(Z=TCA)デザインモデル

　→ T 起点(T-ZCA)デザインモデル

第1節　ZTCA デザインモデルにおけるトポスと他要素との関係性

　ZTCA デザインモデルでは，ゾーンとトポスが空間を捉えた価値発現が期待される概念であり，C が主に時間を捉えての価値発現が期待される概念であり，A が主に価値発現行為を捉えた価値発現が期待概念である。これらのゾーンデザインを起点としながら，トポスデザイン，コンステレーションデザイン，アクターズネットワークデザインが統合的に構想されることで地域価値が発現するというのが，ZTCA デザインモデルである(図表 1-1)。

図表 1-1　ZTCA デザインモデルの概念図

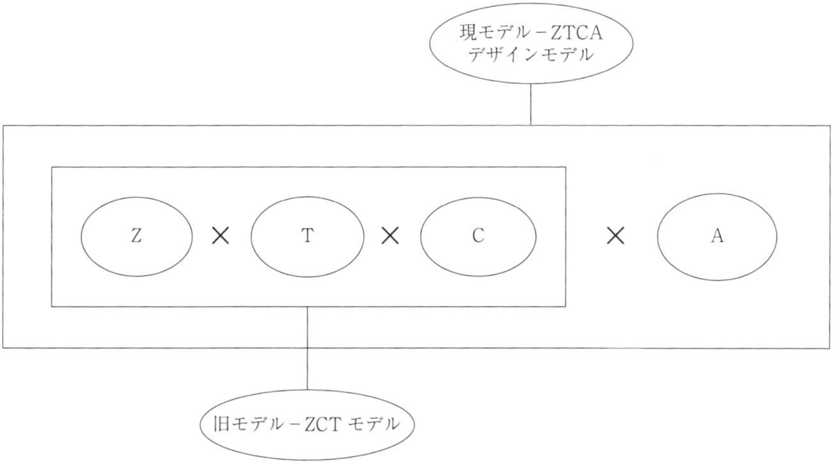

注) 旧モデルでは，Z，C，T の順番であった。

このようなモデルの全体像を踏まえながら，ここではトポスデザインを起点とした地域デザインの基本的な特徴を論述する。具体的には，トポスデザインをめぐる第1がトポスとゾーンの関係性，トポスとコンステレーションの関係性，トポスとアクターズネットワークの関係性である。

(1) トポスとゾーンの関係性

まず，同じ空間概念を捉えた概念であるトポスとゾーンとの関係性の整理を行う。地域デザインモデルでは，価値を発現すべき対象にはゾーンもトポスとなりうるのが特徴である。前者のゾーンは，地域デザインの対象として設定されるある種の他と区別された特定の区域を示す地域概念であり，それゆえに都道府県や市町村のような行政単位の地域に限定されない。この理論フレームでは，戦略的に設定されるゾーン，つまりZとTCAとの関係性から最大の価値が発現される。後者のトポスには，単独でも十分な価値発現が可能なものと，単独では十分な価値発現ができないものがある。トポスが単独で価値発現できる場合には，もちろんトポス単独でブランディングすればよい。しかし，このトポスをより有効に活用するには，近隣にあるトポスなどとの連携を図りながら，当該トポスを含むより広域のゾーンの価値発現に活用することが期待される。つまり，トポスとゾーンとの関係は，「トポス・ゾーン無連携型関係」と「トポス・ゾーン連携型関係」の2通りがある。

◆ トポス・ゾーン関係
  ① トポス・ゾーン無連携型関係
  ② トポス・ゾーン連携型関係

「トポス・ゾーン無連携型関係」には，次のような2種類の形態が見出される。ひとつはトポスの地域価値がゾーンの地域価値と適合しない場合であり，もうひとつがゾーンにとって当該トポスがそもそも不必要な場合である。これらは，具体的には，「トポス・ゾーン相互不適合型」と「トポス・ゾーン相互不必要型」である。

◆ トポス・ゾーン無連携型関係

① 相互不適合型トポス・ゾーン無連携型関係

② 相互不必要型トポス・ゾーン無連携型関係

第1の代表的な例では，現代アートゾーンとする場合の瀬戸内とトポスとしての宮島(広島県)やそこにある厳島神社の関係[5]が想起できる。また，第2の代表的な例では，瀬戸内を日本の地中海ゾーンとした場合の広島に残る原爆関連トポスとの関係が想起できる。後者の代表的な例では2つが見出される。そのひとつはトポス起点で新たなゾーンを設定する場合であり，もうひとつは既存のゾーンのなかにトポスを組み込むことで既存のトポスに新たな価値を付与する場合である。

◆ トポス・ゾーン連携型関係

① 強トポス起点ゾーン創造

② 強ゾーン起点トポス創造

第1の代表的な事例では，多くの価値ある古城をトポスとして抱えているドイツのロマンティック街道が想起できる(原田・西田，2017)。このようなトポスとゾーンの連携は，「複数の強トポスの連携による新ゾーン構築型トポス・ゾーン連携」ということになる。第2の代表的な事例では，近年におけるわが国の世界遺産への申請の際に見出される。たとえば，富士山における三保の松原[6]や明治時代の産業遺産[7]についても，複数地に分散するトポスをコンテクストにより構築することで，ある種広域の連携ゾーン化を指向したトポス価値の増幅例である[8]。

そこで，特に小豆島(香川県小豆郡)という瀬戸内海の島トポスの地域価値を最大化させるゾーンの設定を考える(以下，原田・岡田，2013)。なお，この小豆島という島トポスは，ここに関わるアクターのタイプにより，多様な展開となる可能性のある島トポスである。現時点では，島トポスとしての小豆島のブランドは，残念ながら直島に比較されるような強いブランドにはなっていない。それゆえ，島トポスとしての地域価値の増大を図るには，トポスとゾーンとの連携が不可欠である。そこで課題は，島トポスとしての小豆島が一体いかなる

ゾーンとの間で連携を行うべきか，ということへの対応である。

　多くの人には，次のようなおよそ３つのゾーンの設定が想起できるだろう。それは瀬戸内ゾーン，東瀬戸内ゾーン，香川県ゾーンである。なお，香川県ゾーンは，小豆島の歴史的推移[9]を踏まえるならば，香川県ゾーンがトポスとしての小豆島の地域価値を発現させるようなゾーンではないのは明白である。小豆島の地域価値を増大するには，ゾーンとして残り２つの選択肢からどちらを選択するか，が重要な課題となる。第２の東瀬戸内ゾーンは，直島，豊島[10]，小豆島と，近年では淡路島まで視野に入れた瀬戸内の東半分を捉えた未確立なゾーンである。これは，現在の「瀬戸内国際芸術祭[11]」が展開されているゾーンとほぼ同様の地域を対象にしたゾーンである。この東半分に限定されたゾーンを瀬戸内によってブランディングすることは，直島にとっては戦略的には正しい対応であろう。つまり，東瀬戸内に対し，瀬戸内という全体を捉えたブランディングを行うことは，地域ブランディングに関する戦略としては高度な対応であることになろう。しかし，現在のような瀬戸内＝現代アートというブランディングでは，小豆島は現時点では直島や近年では東隣の豊島の後塵を拝する。それゆえ，小豆島が現代アートによるトポスのブランディングを行うことは，長期的には小豆島のブランディングには効果的な対応ではないだろう。つまり，小豆島にとっては，現代アートの島トポスというブランディング強調は避けるべきであることを意味する。しかし，それではどのようなトポスブランディングを行うべきか，という多大な課題が生まれてくる。

　このような課題を克服するには，現在の現代アートブームを活用し，小豆島を瀬戸内の東半分である瀬戸内現代アートゾーンのセンタートポスに設定し，多くの現代アートによってブランディングされた島々へのゲイトウェイであり，長期滞在のための島リゾートのためのノード的トポスとしてのブランディングを行うべきであろう。つまり，直島に行くためにも豊島に行くためにも小豆島からがよいというようなブランディングが大事になることを意味する。

　これに対し，第１の瀬戸内ゾーンは，最広義に捉えると大分県から大阪府までも含む，日本の地中海ともいわれる広域ゾーンとなる。島トポスの小豆島が

第1章　地域デザインの起点としてのトポス　*25*

連携すべきゾーンを瀬戸内全体に拡大すると，原爆ドームに代表されるダークツーリズム [12)]向きトポス，モン・サン＝ミッシェル [13)]と提携関係にある宮島 [14)]，巡礼地としての島四国 [15)]の代表的な巡礼地である小豆島という多様なトポスが含まれる。つまり瀬戸内ゾーンは，これらに豊かな自然を加えることで，まさに風光明媚を訴求する日本の地中海というブランディングが可能になる。

　そうすると瀬戸内の多くの島トポスへのゲイトウェイとしての小豆島というブランディングが，小豆島に対して多大な効力を発揮する。この場合，小豆島が保持するコンテンツも広がりを見せ，これが瀬戸内海のハブとしてのブランディングも進展する。このことが，他の島トポスにとっても望ましいため，小豆島トポスと瀬戸内ゾーンとの連携が期待できる。つまり，このような連携がまさに強ゾーン起点トポス創造の好事例である。

⑵　トポスとコンステレーションとの関係性

　次に，トポスとコンステレーションとの関係について考察する。序章において，トポスに見られる多層性を考察した。このようにコンステレーションデザインは，トポスの性格によって異なる対応が行われる。つまり，トポスにおける最も浅い層である第5層の経済的環境層に適合するコンステレーションデザインと最も深い層である第1層の地球的環境層に適合するコンステレーションデザインとは，当然ながら異なってくる。

　そこで以下では，トポスとコンステレーションの関係を一覧にして表記する。これが原則的な対応関係であるが，実際には多様な関係性も存在するため，現実的な対応が期待される。つまり，コンステレーションのタイプは各層ごとに表示した関係以外にも複数のコンステレーションが対応することもある（p.7，図表序-2）。

◆　トポス・コンステレーション関係
　①　経済的環境層トポス×欲求充足指向コンステレーション
　②　文化的環境層トポス×物語創造指向コンステレーション
　③　自然的環境層トポス×本能追求指向コンステレーション

④ 気候的環境層トポス×激変演出指向コンステレーション
⑤ 地球的環境層トポス×惑星科学指向コンステレーション

　第5層の経済的環境層に適合するコンステレーションデザインを行うには，欲求充足指向のコンステレーションが適合するだろう。それは経済活動が，人間の欲望を契機に展開される活動のため，欲望をめぐるコンステレーションデザインにより，人間の心の奥底に長期記憶が定着する。それゆえ第1の経済的環境層トポス(Economic Layer Topos：ET)では，欲求充足型のコンステレーションを指向することが期待される。

　第4層の文化的環境層に適合するコンステレーションデザインを行うには，物語創造指向のコンステレーションデザインが適合するだろう。文化活動は，人間の自然への働きかけを契機として展開される活動のため，物語をめぐるコンステレーションにより，人間の心の奥底に長期記憶が定着するからである。それゆえ，文化的環境層トポス(Cultural Layer Topos：CT)では，物語創造型のコンステレーションデザインが期待される。

　第3層の自然的環境層に適合するコンステレーションデザインを行うためには，本能追求指向のコンステレーションデザインが適合するだろう。自然は，生物の本来的な営みに対して働きかける対象であるため，生物本能をめぐるコンステレーションにより，人間の心の奥底に長期記憶が定着するからである。それゆえ，自然的環境層トポス(Natural Layer Topos：NT)では，本能追求型のコンステレーションを指向することが期待される。

　第2層の気候的環境層に適合的するコンステレーションデザインを行うには，激変演出指向のコンステレーションデザインが適合するだろう。それは環境に影響を与える変化を現出させる気候の激変に対する働きかけを契機として展開される活動であるため，荒天の気候をめぐるコンステレーションデザインにより，人間の心の奥底に長期記憶が定着するためである。それゆえ，気候的環境層トポス(Climatic Layer Topos：CT)では，激変演出型のコンステレーションを指向することが期待される。

第1章　地域デザインの起点としてのトポス　　*27*

　第1層の地球的環境層に適合するコンステレーションデザインは，惑星科学指向のコンステレーションの追求が適合する場合が多く見出される[16]。それは，地球誕生をめぐるコンステレーションにより，人間の心の奥底に長期記憶が定着するためである。それゆえ，地球的環境層トポス（Geophysical Layer Topos：GT）では，惑星科学指向のコンステレーションが期待される。

　次にこれらのトポスの層別に適合するコンステレーショデザインの事例を考察する。前述した現代アートによって成功した直島は確かにアートによる成功事例であるが，これは経済的環境層という浅い層における過去の歴史とはほとんど関係がない，いわば接ぎ木的に構築されたアートビジネスとリゾートビジネスによる経済的環境層の成功事例である。それゆえ，直島におけるコンステレーションデザインは，島リゾートにおけるアート体験という人間の高質な欲求に対応している。

　第4層の文化的環境層や第3層の自然的環境層は，近年の世界遺産の認定状況を見ると明白である。富士山[17]は文化遺産であるが自然遺産ではないため，ここでのコンステレーションデザインは物語創造指向となる。これに対し，多層の自然環境層でもある白神山地[18]は同じ山であっても自然遺産であるため，コンステレーションデザインは本能追求指向になる。第2層の気候的環境層のトポスは，氷河期が現出させた痕跡をあげられる。これを見ると，コンステレーションデザインは激変演出指向であることがわかる。また，最後の地球的環境層では，最も深い層が現代に露出している場合がある。これに対するコンステレーションデザインは保護すべき遺産とは異なり，大地を踏みしめながら地球を科学するようなコンステレーションが指向される。

(3)　トポスとアクターズネットワークとの関係性

　ここでは，トポスとアクターズネットワークとの関係性について言及する。原田・板倉（2017）で論述されているように，アクターズネットワークのコアに位置するアクターには大きく2つの形態がある。ひとつがワールドアクターズネットワーク（world actors network）であり，いまひとつはレジデンスアクター

ズネットワーク(residence actors network)である。

◆ アクターズネットワークの類型

  ① ワールドアクターズネットワーク＝WAN

  ② レジデンスアクターズネットワーク＝RAN

第1のWANには，2つの異なる形態が存在している。ひとつはピュアワールドアクターズ(Pure World Actors：PWA)であり，いまひとつはチェンジドワールドアクターズ(Changed World Actors：CWA)である。前者は，直島における北川フラムのようなアクターが組織化するアクターズネットワークである。北川のアクターズネットワークは組織的に高度なものであり，彼はこれを活用して直島を自身のワールドの一部として創造，つまり直島をひとつの作品として捉えている。後者は，(株)ベネッセコーポレーショングループの福武聰一郎がこれにあたる。福武の北川との差異は，前者には後者と比較すると地域事業指向のビジネス視点が貫徹していることだが，それでも福武がワールドアクターであることには違いはない。福武の場合には，直島のすぐ隣に位置する岡山県出身であることが北川との差異を見せている。この福武のようなアクターが構築しているネットワークが，まさにチェンジドワールドアクターズネットワークである。

◆ ワールドアクターズネットワーク＝WAN

  ① ピュアワールドアクターズネットワーク＝PWAN

  ② チェンジドワールドアクターズネットワーク＝CWAN

第2のRANは，徳島県の神山町[19]で建築業を営んでいる大南信也のようなアクターが構築するネットワークである(板倉，2017)。もちろん，彼にはアメリカへの留学経験があるが，それでも地元の人間であるということによってレジデンスアクターと考えられる。彼に見出されるプロデューサーとしてのエクスパティーズは，ビジネスモデルの構築力と補助金の獲得力であろう。

このように，結果的にはアクターには3種類の形態があるが，それぞれのトポスではこれらのいずれかのアクターズネットワークが構築できると，その価値発現は大いに有望であろう。しかし，ここで大事なのが，トポスの形態とア

クターズネットワークとの関係性は特別な関係があるわけではないということである。つまり，トポスとアクターズネットワークの関係性は，いわばニュートラルな関係にあることを示している。それゆえ，経済的環境層を捉えたトポスデザインを行う際には，次のような3つの関係性がある。また，トポスの環境層には5層があるため，トポスとアクターズネットワークデザインとの関係では26種類が存在する。

◆ 経済的環境層トポスとアクターズネットワークとの関係
　① 経済的環境層トポス×ピュアワールドアクターズネットワーク = ET × PWAN
　② 経済的環境層トポス×チェンジドワールドアクターズネットワーク = ET × CWAN
　③ 経済的環境層トポス×レジデンスアクターズネットワーク = ET × RAN
◆ 文化的環境層トポスとアクターズネットワークとの関係
　① 文化的環境層トポス×ピュアワールドアクターズネットワーク = CT × PWAN
　② 文化的環境層トポス×チェンジドワールドアクターズネットワーク = CT × CWAN
　③ 文化的環境層トポス×レジデンスアクターズネットワーク = CT × RAN
◆ 自然的環境層トポスとアクターズネットワークとの関係
　① 自然的環境層トポス×ピュアワールドアクターズネットワーク = NT × PWAN
　② 自然的環境層トポス×チェンジドワールドアクターズネットワーク = NT × CWAN
　③ 自然的環境層トポス×レジデンスアクターズネットワーク = NT × RAN
◆ 気候的環境層トポスとアクターズネットワークとの関係
　① 気候的環境層トポス×ピュアワールドアクターズネットワーク = CT × PWAN
　② 気候的環境層トポス×チェンジドワールドアクターズネットワーク =

30

　CT × CWAN

　③ 気候的環境層トポス×レジデンスアクターズネットワーク＝CT × RAN

◆ 地球的環境層トポスとアクターズネットワークとの関係

　① 地球的環境層トポス×ピュアワールドアクターズネットワーク＝GT × PWAN

　② 地球的環境層トポス×チェンジドワールドアクターズネットワーク＝GT × CWAN

　③ 地球的環境層トポス×レジデンスアクターズネットワーク＝GT × RAN

第2節　地域ビジネスをめぐるトポスと地域の関係形態

　これまで地域デザインにおけるトポスと他の要素，すなわちトポスとゾーン，コンステレーション，アクターズネットワークの考察を行った。これはZTCAデザインモデルにおけるトポスを中心とした地域価値発現のための要素間の関係性の議論として提示された。

　そこで，次に地域に価値を付与するトポスとしてのビジネスをめぐる地域との関係について考察する。これは，ビジネスが収益獲得の対象としている地域，ビジネスとトポスとの関係に関する考察である。つまり，ビジネス拠点としてのトポスの特性と収益の発現対象の地域に関する言及である。

(1)　トポスとしての地域事業拠点の展開範囲

　現在では，トポスとしての地域事業拠点の展開範囲（たとえば商圏）を，拠点があるゾーンに限定するのか，それともその範囲を大きく越えるのか，が判断すべきことになる。そこでは地域事業の展開範囲は2つに整理できる。

◆ 地域事業拠点の展開範囲を捉えた分類

　① グローバルな展開範囲の事業＝グローバルクラスター事業（GC事業）

　② ローカルな展開範囲の事業＝ローカルスタンディング事業（LS事業）

　グローバルクラスター事業は，地域のトポスの集合が地域における機能的な

ネットワークを形成し，そのネットワークがゾーンのグローバルな競争力を獲得するためのトポス起点となる事業として展開されている地域事業拠点である。これには，オラクル社[20]などのグローバルビジネスの展開における産業クラスター的なゾーンとしてのシリコンバレー[21]の存在が，そこで活動する各社の事業のグローバル展開に対するいわばレバレッジ機能[22]を担っている。わが国では，多くの温泉旅館が協同組合を組織化しながら，温泉街や温泉郷を組織化しているのも，まさにグローバル指向の地域事業を指向するためのタイプと考えられる。

　ローカルスタンディング型の事業は，トポスがその展開を指向する対象をトポスとの関係性が見られるゾーンに限定した事業を展開することであり，あくまでもゾーン内に閉じた事業展開を指向する傾向が強く見出される。これには，地域限定型の生活協同組合[23]などの事業があり，地域住民がイニシアチブをとったゾーン限定でのコミュニティ指向の地域事業である。また，近年合併が進む農協でも，地域と強く結びついた農業関係者の生活全般を向上させる事業をするのも，ローカルスタンディング事業の代表的な事例である。

(2)　アウトバウンドビジネスとインバウンドビジネス

　地域に関わるビジネスは，大きくアウトバウンドビジネスとインバウンドビジネスに分類できる。ここでは，主に旅行ビジネスで使用されているアウトバウンドビジネスやインバウンドビジネスより，その概念領域はいささか広くなっている。

　旅行ビジネスでは，インバウンドビジネスもアウトバウンドビジネスも，これを展開する旅行代理店では，通常では観光対象とされるトポスとは異なる地域にあるビジネス主体の収益獲得の対象としての地域にあるトポスとして期待されている。それゆえ，この地域のトポスを収益獲得のための対象にする旅行ビジネスは，一義的には地域に価値を付与するビジネスとして考えることは難しい。

　それでも，近年わが国では観光立国という国家政策によって注目されるインバウンドビジネスでは，インバウンドの着地として設定される地域，つまり外

国人向けのトポスに期待が高まっている。これにより，多様な地域を捉えたビジネスが創造される事例も見られる。他方，このような外国人観光の着地となることで，住民の暮らしも観光体験が要請される。つまり，もともと閉鎖的特性がある地域のコミュニティが外に開かれた対応を行わなければならないという局面が現出している。慣れていないよそ者へのホスピタリティの強要などが，その代表である。そして地域の生活は，伝統的なものとは異なる方向への転換が期待される。また，外部からビジネス目的でやってくる人も増加し，歴史的な背景や文化を知らない人びとが新たな住民として参入することで住民間の不協和音も現出する。

　このようなビジネスの拡大により，地域の経済的な発展が期待されるようになる。しかし，問題はこれらの新たなビジネスに取り組むアクターが，ほとんどの場合，外部資本，つまり地域以外の主体が担っていることである。これは外部資本による地域からのある種の搾取である。このような問題を克服するには，新たなビジネスにおける地域のアクターの関与を前提にしたビジネスモデルの模索が不可欠である。

　地域がそこで企業の存在からメリットを享受できるのは，当該企業の本社が地域にあれば大きなものになる。地域に本社があることで，当該地域には法人税やそこに暮らす従業員の住民税などの税収がある。次に期待されることは，地域にある企業による雇用拡大であり，地域の消費拡大にもある程度期待できる。このような認識に立ち，地域に関わるビジネスがいかなる経済効果があるかについて考察する。

　地域のビジネスによる経済効果には4つの形態がある。ひとつは法人税，2つは雇用，3つは消費が地域に還元される地域限定ビジネスである。雇用と消費は地域に還元されるが，法人税は外部に流れる可能性がある。法人税，雇用は地域に還元されるが，消費はほんの一部である。4つは，消費は部分的に地域にあるが，その他は全く地域には寄与しない形態である。

◆　地域におけるビジネスの還元程度
　① 全法人税・全雇用・全消費の地域還元ビジネス　例）地域スーパーマーケ

ット

② 無法人税・部分雇用・部分消費の地域還元ビジネス　例）都市型百貨店の地方支店

③ 全法人税・全雇用・部分消費の地域還元ビジネス　例）地域通販

④ 無法人税・無雇用・部分消費の地域還元ビジネス　例）全国通販

　第1の地域スーパーに代表される全法人税・全雇用・全消費の地域還元ビジネスは，規模の小さな企業が多い。これらの活動は地域内で完結するため，法人税，雇用，消費のすべてが地域に対する価値として提供されるビジネスモデルが組み込まれる。

　第2の都市型百貨店の地方支店に代表される無法人税・部分雇用・部分消費の地域還元ビジネスは，大規模店舗を構える支店型ビジネスであるが，これらの活動は雇用と消費は部分的には地域に還元されるが，法人税は別会社形態の店舗を除けば他地域に流失する。

　第3の地域通販に代表される全法人税・全雇用・部分消費の地域還元ビジネスは，香川のディノス・セシールコミュニケーションズのような地域発全国型通販に見出される法人税と雇用のすべてが地域に還元されるビジネスだが，消費はほとんどが地域外に流出する。

　第4の地域外に本社がある全国通販に代表される無法人税・無雇用・部分消費の地域還元ビジネスは，地域の価値創造には間接的な貢献しかしないビジネスである。もちろん，本業では貢献が少ない場合，本業からの収益を活用して多様な地域ビジネスを関連事業として展開している場合には，地域への貢献はそれなりにある。また，地域にとどまりながら全国的なビジネスを指向するのは当該地域にとって望ましい。

おわりに〜事例分析のための留意点

　序章では，トポス自体の特徴を類型化したが，ここではトポスとその関連概

念との関係性について考察した。それはトポスにおける対応は他の要素と相互の影響を考慮した対応が不可欠だからである。そこでここでは2つの関係性に関する体系化を行った。これらは，第1がT-ZCAにおけるトポスと他要素との関係性，第2が地域ビジネスをめぐるトポスと地域の関係形態である。そのため，第Ⅱ部の各事例では，これらの分類に依拠した考察が行われることが期待される。

　各事例では，ここで表された分類体系と序章で表された分類体系により言及される。これらの分類により，各事例間の比較を行っていくことで，トポスデザインの方向性を探ることにする。そして，これらの行為を通じて多様なトポスが生み出す地域価値の発現に向けた戦略的なアプローチが見え，これを採り入れた新たな地域ビジネスの可能性が見えてくる。

注
1）「ZTCA」とは，Z（zone）・T（topos）・C（constellation）・A（actors network）の頭文字を取ったものであり，地域デザインの理論枠組みにはこの4つの観点を踏まえたデザインがなされる必要がある（原田，2014）。
2）直島は瀬戸内海の香川県高松市の北に約13km，岡山県玉野市の南に約3kmの位置する諸島の総称である。かつては三菱マテリアル直島製錬所の操業により煙害で禿山と化したが，戦後の植林により，近年は復活している。さらに1990年代に「直島南部を人と文化を育てるエリアとして創生」するための「直島文化村構想」が発表され，ホテル・美術館などが建設され，アートによる「島おこし」の好例となっている。
3）境港は，鳥取県西部に位置し，かつては日本海側の重要港湾として栄えた。大山を背景に風光明媚な景観を有し，「日本の白砂青松100選」や「日本の渚100選」に選ばれている。また，漫画家・水木しげるの出身地であり，「ゲゲゲの鬼太郎」に登場するキャラクターの銅像がならぶ水木しげるロードが整備され，米子駅−境港駅間には「鬼太郎列車」が運転されている。
4）水木しげるの代表作であり，「妖怪漫画」が一ジャンルとして確立するきっかけとなった作品である。
5）厳島神社は広島県廿日市市の厳島（宮島）にある神社であり，旧社格は官幣中社で現在は神社本庁の別表神社である。古くは「伊都岐島神社」とも記され，全国に約500社ある厳島神社の総本社である。ユネスコの世界文化遺産には「厳島神社」として登録されている。
6）三保の松原は，静岡県静岡市の景勝地であり，その美しさは日本新三景（大沼，三保の松原，耶馬渓），日本三大松原（三保の松原，虹の松原，気比の松原）のひとつとさ

第1章　地域デザインの起点としてのトポス　*35*

れる。また，ユネスコの世界文化遺産「富士山―信仰の対象と芸術の源泉」の構成資産に登録されている。

7）明治時代の産業遺産は，2015 年に UNESCO の世界遺産リストに登録され，山口・福岡・佐賀・長崎・熊本・鹿児島・岩手・静岡の８県に点在している。西洋から非西洋世界への技術移転と日本の伝統文化を融合させ，1850 年代から 1910 年にかけて急速な発展をとげた炭鉱，鉄鋼業，造船業に関する文化遺産である。

8）明治の産業遺産のようにある一定箇所に所在するのではなく，８県に点在する明治の産業遺産のようにゾーンとして捉えることができる。

9）小豆島は，古代には「あずきしま」と呼ばれ，中世までは「しょうずしま」と呼ばれた。素麺，醤油，佃煮，胡麻油，オリーブ生産が盛んであり，日本有数の生産地である。また，壺井栄の故郷であり，『二十四の瞳』のロケ地として，これまで２回映画化された舞台でもある。

10）豊島は 1970 年代半ばから 1990 年に至るまで産業廃棄物が違法・大量に投棄・野焼きされた。90 年に兵庫県警が摘発し，公害等調整委員会が実態調査を行い，投棄された廃棄物は約 56 万トンとされた。同委員会が調停手続し，豊島開発が住民に解決金を支払うこと，香川県が住民に謝罪し廃棄物を撤去・処理すること等を定めた調停が成立した。その後，「アートの島」として注目され，かつてのイメージとは大変貌を遂げている。

11）瀬戸内国際芸術祭は瀬戸内海の島々を舞台に開催される現代美術の国際芸術祭である。第１回は 2010 年に開催され，トリエンナーレ形式で３年ごとに開催されている。

12）ダークツーリズムについては，序章注 18）参照。

13）モン・サン＝ミッシェル（Mont-Saint-Michel）は，フランス西海岸のサン・マロ湾上に浮かぶ小島とその上にある修道院である。カトリックの巡礼地のひとつである。1979 年に世界遺産に登録され，1994 年 10 月にはラムサール条約登録地となった。

14）宮島は厳島（いつくしま）の通称である。瀬戸内海西部，広島湾の北西部に位置する島である。行政区分は広島県廿日市市宮島町に属する。

15）島四国は，地四国のひとつで，島嶼の中の四国霊場をめぐる民間信仰である。淡路島や小豆島，粟島，伊吹島など瀬戸内海に浮かぶ島々に多くある。特に有名なのが，愛媛県今治市大島で行われる「島四国」である。多くの遍路姿の人びとが訪れ，島民のお接待も行われる。

16）大地科学の指向コンステレーションでは，最近ジオパークが注目される。ジオパークは「地球・大地（geo）」と「公園（park）」とを組み合わせた言葉であり，「大地の公園」を意味し，地球を学び，丸ごと楽しむことができる場所である。大地の上に広がる，動植物や生態系の中で，ヒトが生活し，文化や産業などを築き，歴史を育むが，ジオパークはこれらの「ジオ」「エコ」「ヒト」の３つの要素のつながりを知ることができる（日本ジオパークネットウェブサイト，2017 年 8 月 6 日アクセス）

17）富士山は日本三名山，日本百名山，日本の地質百選に選定されており，1936 年には富士箱根伊豆国立公園に指定されている。最近では 2013 年に関連する文化財群とともに「富士山―信仰の対象と芸術の源泉」で世界文化遺産に登録された。

18）白神山地は，青森県の南西部から秋田県北西部にかけて広がる標高 1,000m 級の山地

である。1993 年に日本で初めてのユネスコ世界遺産（自然遺産）に登録された。白神山地には人の影響をほとんど受けていない原生的なブナ天然林が世界最大級の規模で分布している。

19) 徳島県神山町は 1997 年に「国際文化村」構想を発表して以降，実業家（大南信也）らにより，1999 年より芸術家を招聘する「神山アーティスト・イン・レジデンス（KAIR）」事業を開始している。2004 年に NPO 法人グリーンバレーとして，町から受託した移住支援事業や，緊急人材育成支援事業などを手がけ，ケーブルテレビ兼用の光ファイバー網の整備，クラウド名刺管理サービスのベンチャー企業がオフィスを置くなど，IT 企業のサテライトオフィスの進出が相次いでいる。さらに新たな第 3 次産業も生まれ，2011 年には神山町が誕生した 1955 年以来初めて社会動態人口が増加に転じ，注目を集めている。

20) オラクル（Oracle Corporation）は，1977 年に設立され，アメリカ合衆国カリフォルニア州に本拠を置いている。主に民間法人や公的機関を対象とするビジネス用途に特化したソフトウェア会社である。

21) シリコンバレー（Silicon Valley）は，アメリカ合衆国カリフォルニア州北部のサンフランシスコ・ベイエリアの南部に位置するサンタクララバレーおよびその周辺地域一帯を指している。特定の一箇所を公的に指す地名ではなく，ある程度広い地域一帯の通称として使用される。

22) レバレッジ（leverage）機能とは，経済活動において，他人資本を使うことで自己資本に対する利益率を高めること，またはその高まる倍率を指す。

23) 生活協同組合とは，略称で生協といわれ，CO・OP と呼ばれる。これは一般市民が集まって生活レベルの向上を目的に各種事業を行う協同組合である。

参考文献

板倉宏昭（2017）「『神山町』のアートデザイン」原田保・板倉宏昭・佐藤茂幸編著『アートゾーンデザイン』同友館，pp. 249-251。

原田保（2013）「直島を越えたグローバルブランディングの推進」原田保・岡田好平編著『瀬戸内・小豆島　瀬戸内の霊場リゾート』芙蓉書房出版，pp. 11-20。

原田保・板倉宏昭（2017）「地域デザインにおけるアクターズネットワークデザインの基本構想—アクターズネットワークデザインの他の要素との関係性を踏まえた定義付けと体系化」地域デザイン学会編『地域デザイン』第 10 号，pp. 9-43。

原田保・古賀広志（2014）「地域デザイン論のコンテクスト転換—ZTCA デザインモデルの提言」地域デザイン学会編『地域デザイン』第 4 号，p. 11。

原田保・西田小百合（（2017）「スピリチュアルゾーンデザインの発展方向」原田保・立川丈夫・西田小百合編著『スピリチュアリティによる地域価値発現戦略』学文社，pp. 270-281。

第2章

地域に多様に見出される
注目すべきトポス群

山田　啓一
原田　　保

はじめに〜クリエイティブビジネスに対する基本認識

　第1章においては，トポスとゾーンの関係性，トポス（topos）とコンステレーション（constellation）との関係性，トポスとアクターズネットワークとの関係性，に関して論じた。第2章では，序章で提示したトポスデザインの3要素，トポスの時間軸構造，トポスの"光"と"影"について，事例を通じて論じることにしたい。ただし，本書では，トポスの光と影について扱うために，まずはこれに関して考察し，影のトポスの分類を行い，そしてトポスの時間軸構造，影から光へのコンテクスト転換，トポスデザインの3要素，影のトポスとの関係，を考察し，最後に世界で多く見られる注目すべき影のトポスについて論じていく。

　なお，本章においては，歴史的な問題にふれることになるが，これに関しては地域デザインに関わる要素としての視点から捉えたものであり，歴史的価値や文化的価値そのものについての専門的な知見を踏まえて議論は行っていない。その意味では，ここでの考察は地域にいかに価値を付与できるかという，新たな地域価値の発現に関する模索が展開されることになる。

　本章では，まず第1節で，トポスの光と影について論じた後に，影のトポス

の分類とそれぞれ代表的な事例を提示する。すなわち，影のトポスとして，①自然災害のトポス，②人的災害のトポス，③戦争のトポス，④内戦，内乱，騒擾，クーデター，革命，テロリズムのトポス，⑤犯罪のトポス，⑥植民地支配のトポス，に分類する。そして，第2節ではトポスの時間軸から捉えた分析を行い，影のトポスの分類とトポスの時間軸との関連を明らかにする。

　第3節で，影のトポス自体，あるいは影のトポスをコンテクスト転換により光のトポスに転換していくうえで，3つのコンテクスト転換形とトポスデザインに不可欠な3つの要素について事例を通じて論じる。第4節では，世界に多く見られる注目すべきトポスの例として，①インドネシア，スマトラ島沖地震・津波による災害と復興を通じたアチェ和平(災害トポス)，②アンネ・フランクの家(戦争トポス)，③日本，網走刑務所と博物館網走監獄(犯罪トポス)，④ニューヨーク市(大都市の光と影のトポス)，⑤フィリピン，マニラのサンチャゴ要塞とリサール記念館(植民地トポス)，について事例を紹介し，分析を行う。

第1節　トポスの光と影とこれらの代表的な事例

　トポスには光と影があるというのが，本書の基本的なテーマである。影のトポスとは，人びとの「苦しみ」「悲しみ」のトポスであり，自然災害，人的災害，戦争，内戦・内乱・騒擾・クーデター・テロリズム，犯罪，植民地支配，などに分類される。また「悪所(歓楽街)」や「スラム(貧困地域)」などの犯罪と関わりがある場所もまた影のトポスである。

(1)　トポスの光と影

　さて，本書においては，トポスの光と影というテーマには，以下のような2つの意味がある。そのひとつは，序章で論じたダークツーリズム[1]に代表されるような「苦しみ」「悲しみ」のトポスの存在であり，いまひとつは大都市発展の例で論じたトポスの持つ正と負という二面性である。

　「苦しみ」「悲しみ」のトポスは，地震や風水害といった自然災害，火事や事

故，環境汚染といった人的災害，戦争やそれに付随する空襲や虐殺などの戦争，内戦や内乱など，そして植民地支配などのような他者・他国・他地域による支配，抑圧と搾取などのような出来事とそれに付随するコンテクストである。

　これらの影のトポスは，コンテクスト転換によって影を乗り越えた光のトポスに転換することができるという特性をもっている。また，光と影の二面性をもつトポスは，いわゆる悪所すなわち歓楽街の存在だけでなく，貧困者が集住するスラムや少数民族が集住する地域等，貧困とそれに起因する犯罪の温床となる地域を含むことである。都市はこうした光と影の両方を包摂して成長していくと考えられる。

(2)　影のトポスの分類とその代表的な事例

　本章での分析を行うにあたっては，まずトポスの分類とその代表的な事例を最初に提示していきたい。影のトポスを論じるにあたり，まず影のトポスの対象となるものについて検討し，その分類を行いたい。ここではその対象を，①自然災害，②人的災害，③戦争，④内戦・内乱・騒擾・クーデター・革命・テロリズム，⑤犯罪，⑥植民地支配，にわけて概要を論じ，かつ事例について検討を行うことにする。

● 　自然災害のトポス

　これはたとえば地震，風水害(台風，ハリケーン，サイクロン，津波，高潮，洪水など)，火山の噴火，地滑りといった自然災害に関わるトポスである。これらは，いずれも甚大な被害をもたらし，人びとに「苦しみ」「悲しみ」を与える影のトポスである。これらの自然災害は，世界各地で起こっている出来事である。

　日本では，東日本大震災(2011年3月11日)[2]，阪神淡路大震災(1995年1月17日)[3]，御嶽山噴火(2014年9月27日)[4]などが記憶に新しい。海外では，インドネシアのスマトラ島沖地震とそれに伴う津波(2004年12月26日)[5]，アメリカの南部を襲ったハリケーンのカトリーナ(2005年8月29日)[6]，フィリピンのレイテ島タクロバン(Tacloban)を壊滅させた台風ヨランダ(2013年11月8日)[7]，

フィリピンのルソン島ピナツボ火山の噴火(1991 年 6 月 15 日)[8]などが著名な事例である(清水・木村，2015)。

● 人的災害とトポス

　人的災害，すなわち人災は人為的に生じる災害であり，有害物質の漏洩(公害問題，原発事故，有害な農薬の使用を含む)，爆発(工場，倉庫など)，火災，水害，交通事故(航空機，船舶，列車，自動車など)，建築物の倒壊(橋，ビルディング，塔などの設計ミス，手抜き工事や老朽化などによる)などである。そして，もちろん，病気や怪我，事業の失敗などによる倒産や破産も，また人的災害に含まれるものと考えられる。これらは，やはり人びとの日常生活の安全・安心を脅かしており，その損害は「苦しみ」と「悲しみ」をもたらすことから影のトポスと捉えられよう。

　この人災も，古来何度も世界各地で繰り返し起こってきたことである。日本においては，水俣病[9]や四日市喘息[10]という公害問題，ダイオキシン[11]やアスベスト[12]といった有害物質の問題，福島第一原子力発電所事故(2011 年 3 月 11 日，これは東日本大震災とそれに随伴する津波という自然災害によって引き起こされているが，事前と事後の対応のまずさから被害を大きくしているという意味では，人災とも考えられる)，日航ジャンボ機墜落事故(1985 年 8 月 12 日)[13]などがあげられるし，海外では古くはタイタニック号の遭難(1912 年 4 月 14 日〜15 日)[14]が代表的な事例であろう。

● 戦争とトポス

　戦争は人びとに「苦しみ」「悲しみ」を与えるものであり，影のトポスを現出させる。戦争に関わるトポスは，たとえば激戦，空爆(大空襲，原爆投下)，ホロコースト(holocaust)[15]，捕虜の虐待，戦争裁判といった出来事が具体的な内容になる。これらの出来事は，古来世界各地で生起している。

　日本の事例としては，日清戦争(1894 年 7 月 25 日〜1895 年 4 月 17 日)，日露戦争(1904 年 2 月 8 日〜1905 年 9 月 5 日)，太平洋戦争(1941 年 12 月 8 日〜1945 年 9 月 2 日)とこれに含まれるミッドウェー(Midway)海戦(1942 年 6 月 5 日〜7 日)[16]，およびガダルカナル(Guadalcanal)島の戦い(1942 年 8 月 7 日〜1943 年 2 月 7 日)[17]

をはじめとする多くの激戦，東京大空襲(1945年3月10日)[18]，および広島(1945年8月6日)・長崎(1945年8月9日)での原爆投下，極東国際軍事裁判(いわゆる東京裁判)(1946年5月3日〜1948年11月12日)[19]があげられる。

また，ホロコースト，およびそれを象徴するアウシュヴィッツ(Auschwitz)強制収容所(ポーランド)[20]とアンネ・フランク(Anne Frank)[21]の家(オランダ，アムステルダム)，サンダカン死の行進(1945年1月29日〜8月1日)[22]，およびバターン(Bataan)死の行進(1942年4月9日)[23]などの日本軍による捕虜虐待などがあげられる。

● 内戦，内乱，騒擾，クーデター，革命，テロリズムとトポス

周知のように，戦争は国と国あるいは国家連合と国家連合の戦いであるが，一国の国内を見ても，古来世界各地で，内戦，内乱，騒擾，クーデター，革命，テロリズムが行われてきた。また，国内外においてテロリズムとそれに対抗する戦いが行われてきた。これらも戦いの当事者のみならず一般民衆の犠牲者や難民を生み出しており，人びとに対して「苦しみ」「悲しみ」を与えてきた影のトポスを現出させている。なお，日本における戊辰戦争(1868年1月2日〜1869年5月20日)[24]とりわけ凄惨を極めた会津戦争(1868年6月10日〜11月6日)および箱館戦争(1868年10月20日〜1869年5月18日)，米国における南北戦争(1861年7月21日〜1865年4月9日)，フィリピンにおけるエドサ革命あるいは黄色い革命(1986年2月22日〜24日)[25]，ニューヨーク・マンハッタン島のグラウンドゼロ(旧ワールドトレードセンター跡)と911メモリアルミュージアム(2001年9月11日)[26]，世界各地におけるイスラム過激派によるテロリズム(2001年以降)，などがあげられる。

● 犯罪とトポス

犯罪とは，犯罪行為とその結果としての被害，裁判(冤罪を含む)，服役(刑務所)などに関するトポスである。これらも世界各地で古来起こってきたものであるが，日本の事例としては，オウム真理教と地下鉄サリン事件(1995年)，網走刑務所と博物館網走監獄[27]，などがあげられる。また，幽閉あるいは処刑というコンテクストでは，英国のロンドンにあるロンドン塔[28]もこの範疇に

入ると思われる。

● 植民地支配とトポス

　以上の分類とは性質が異なるが，戦後独立した旧植民地国が有する植民地時代の抑圧・搾取と抵抗の遺産もまた人びとの「苦しみ」「悲しみ」を表す影のトポスと考えることができる。しかし，このトポスはまた，通常，独立のための歴史的資産も持っていることが多く，「国の独立」という影から光へのコンテクスト転換を果たしていることが考えられる。

(3)　第2のテーマに関する代表的事例

　すでに序章においては，実際の人の暮らしには，その多くが昔から正負のトポスやゾーンとの関係を持ちながら営まれてきたことを指摘している。そして，その事例としてブダペストや江戸をはじめとする大都市のトポスとしての価値については，どこにおいても，またいつにおいても，正負の併存によって現出していることを指摘した。その意味で正負の二面性が大都市の発展のエネルギーとなっているといえるのかもしれない。本章で紹介する米国のニューヨーク市では，悪所[29]の存在だけでなく，都市貧困者の存在(とくにスラム[30])，またそれゆえに発生する犯罪，薬物中毒，また人種の「るつぼ」としてのニューヨーク市の特殊性などが存在し，またこのことがニューヨーク市の活性化の原動力になっていることが指摘される。

　これは，第2のテーマのもうひとつの側面と関係があると思われる。それは，正負の二面性はただ併存するだけなく，それらが相互依存関係にあり，お互いに影響を与えながら，弁証法的に発展していくものと考えられないだろうか。すなわち，負のトポス(影のトポス)をコンテクスト転換により正のトポス(光のトポス)に変えること，言い換えれば弁証法的に「正」(影)→「反」(光)→「合」(影と光のトポス)というプロセスで影のトポスをもう一段高次のものに昇華させていくことにより，影のトポスを"影と光の合"のトポスに変えていくこととして捉えることができるであろう。

　たとえば，原爆投下をみれば，原爆投下とその結果としての大量の犠牲者お

よびその後遺症に苦しむ人びとが出てしまったことは影のトポスに他ならないが，このきわめて痛ましいそして悲しい経験を通して，毎年8月6日に平和記念公園で平和祈念式典を行い，核廃絶と不戦の誓いを立てること，すなわち光のトポスとしての平和祈念式典により，元来負の遺産であった原爆ドームを平和と核廃絶のシンボルとする（影と光の合）トポスに転換することができると考えるのである。この場合，「反」である光のトポスすなわち「核廃絶と不戦の誓い」は，序章であげた「反省」のトポスである。

　また，災害から復興へのコンテクスト転換により影のトポスが発展して光のトポスに昇華した例もある。たとえば，本章第4節で詳述するが，インドネシアのスマトラ島沖地震とそれに随伴して発生した大津波は23万人もの犠牲者を出した大惨事となった自然災害だが，紛争地域における自然災害という影のトポスが，復興のための和平（紛争状態にあった自由アチェ運動とインドネシア政府が和平協定を結び，長らく続いた紛争を解決に導いた）および住民と外部支援との協力による復興活動により，“災害”から“復興”へというコンテクスト転換によって，光のトポスに転換していったと考えることができる。

　なお，フィリピンのピナツボ火山の噴火は，結果として，クラークフィールド空軍基地およびスービック湾海軍基地に駐留する米軍が撤退する原因となり，その意味では米軍撤退＝真の独立国という影から光へのコンテクスト転換が起こったものと考えることができよう。

第2節　トポスの時間軸から捉えた分析

　ここでは，序章で示したトポスの時間軸と前節で示したトポスの分類との関係を検討することとしたい。前述の序章においては，図表序-4で示したように，時間軸を通時性対共時性および直線型時間対円環型時間という2つの分類軸を設定し，それぞれ縦軸および横軸としてマトリクスをつくり，4つのタイプに分類した。ここで通時性か共時性かは，時間軸のある時点での空間にかかわる問題であり，直線型時間か円環型時間かはイベントの循環性にかかわる問題で

図表 2-1　通時性と共時性

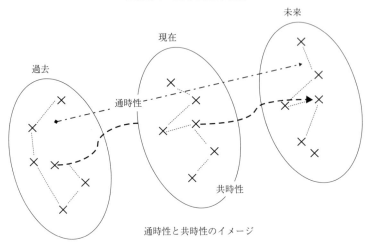

通時性と共時性のイメージ

図表 2-2　直線型時間と円環型時間

ある(図表2-1)。

　ここにおいて，通時性は対象の歴史的変化つまり過去—現在—未来という流れのなかでどのように変化していくかを対象とする時間であり，共時性は同一時点での変化や差異に注目することである。また，直線型時間は，一方向に流れる時間を指し，円環型時間は双方向あるいはまた元の時間に戻ってくるような時間を指す(図表2-2)。

● 通時性／直線型時間(第1象限)

　このカテゴリーは，過去—現在—未来へと直線的に流れる時間軸の中で，ある時点で発生する出来事とその後の変遷にかかわるトポスである。一般に，歴史的な出来事は，このタイプに属するものと考えられる。たとえば，インドネシアのスマトラ島沖地震と随伴して発生した大津波が現出させたトポス(本章第4節参照)は，災害復興，その間に成立したアチェ自由運動とインドネシア政府の和解とアチェ自由運動兵士の復興協力，復興活動の終結とアチェ津波博物館の開館という一連の出来事で構成されている。

● 通時性／円環型時間(第2象限)

　このカテゴリーは，円環的な時間の流れの中で，ある時点で生起した出来事のその後の変遷にかかわるトポスである。円環的な現象としては景気の循環が考えられるが，金融街での出来事，たとえばウォール街におけるリーマンショックなどは，これに該当すると考えられないだろうか。

　そこで，前節で行った分類と以上の時間軸構造の関係を考察すると図表2-3のようになる。

● 共時性／円環型時間(第3象限)

　このカテゴリーは，円環的な時間の流れの中で，ある時点における空間の広がりの中で関係する人びとに共有される，繰り返しあるいは習慣的に継続するトポスである。この事例としては，大都市において営まれる人びとの活動すなわち仕事，遊び，暮らし，などの日常の営みや他の地域からの来街者による空間や営みの共有であると考えられる。本章の第4節で紹介する米国のニューヨーク市の例がこれにあたると考えられる。

図表 2-3 通時性・共時性，直線型時間・円環型時間とトポスのタイプ

	通時性／直線型時間1回だけ	共時性／直線型時間	共時性／円環型時間	通時性／円環型時間
自然災害	✔	✔		
人的災害	✔	✔		
戦争	✔	✔		
内戦・内乱等	✔	✔		
犯罪			✔	
植民地	✔	✔		
大都市			✔	

注）共時性／直線型は，テーマパーク，体験型博物館，ミュージアム，劇場型の施設等が設置してある場合のトポスであると考える。

● 共時性／直線型時間（第4象限）

　このカテゴリーは，過去―現在―未来へと直線的に流れる時間軸の中で，ある時点における空間の広がりの中で関係する人びとに共有されるトポスである。これは第1象限のトポスとの見方の違いによるものと考えられるが，たとえば，本章第4節で紹介する博物館網走監獄における擬似体験やアンネ・フランクの家，3D バーチャルリアリティによる擬似体験などテーマパークや博物館での疑似体験型あるいは劇場型のトポスに見られるタイプといってよいであろう。

第3節　本書に見られる3つのコンテクスト転換

　前節において，われわれは，影のトポスを，①自然災害，②人的災害，③戦争，④内戦・内乱・騒擾・クーデター・テロリズム，⑤犯罪，⑥植民地支配，に分類し，またトポスには光と影の二面性があること，そしてそれらは互いに相互作用を及ぼし，弁証法的に発展していくことを論じた。

　ここでは，こうした影のトポス自体，あるいは影のトポスをコンテクスト転換により光のトポスに転換していくうえで，3つのコンテクスト転換とトポスデザインの3要素がどのように関係していくのかについて事例を通じて考察を

行ってみる。

(1) 3つのコンテクスト転換形の存在

序章で示したとおり，コンテクスト転換には以下のような3つの形態がある。

● コンテクスト転換1：トポスのコンテクスト転換によるゾーンのコンテクスト転換

前述の直島の例では，公害の島から現代アートの島へのコンテクスト転換が示されたが，影から光へのコンテクスト転換という視点で，事例を考えてみたい。

広島市の原爆ドームと平和記念公園というトポスは，毎年8月6日に行われる平和祈念式典を通じて日本および世界に原爆の恐ろしさ，被爆者の苦悩と悲しみを伝えることを通じて原爆の町から核廃絶の象徴の町へとコンテクスト転換されつつあると考えることができないだろうか。

● コンテクスト転換2：ゾーンの拡張によるコンステレーションの更新

直島の例では，現代アートの直島から現代アートの瀬戸内へのコンテクスト転換とされているように，広島と長崎の例からは，将来的には日本が核廃絶の象徴とされることが望まれる。その意味で，かつての「非核三原則」は「非核の国」日本を象徴するキーワードであった。

● コンテクスト転換3：点から面へというコンステレーション装置としての拡大

非核の国日本というコンテクストからすれば，日本国内にある原子力発電所もまた「非核」の対象となるであろう。このとき，事故を起こした福島第一原子力発電所もまた，このコンテクストの対象として，考えることができるであろう。そうすると，核兵器だけでなく，原子力発電所まで含めた，「非核」の国，あるいは「核廃絶」の象徴としての日本というトポスが現出されるであろう。

(2) トポスデザインに不可欠な3つの要素

そこで，第1節で提示した事例のうち，何点かをあげて，検討を行いたい。

ここにおいては，後述する博物館網走監獄の例で，トポスデザインの3要素

について検討する。博物館網走監獄では，「見学する」「体験する」「学ぶ」「つながる」の4種類のプログラムを用意している。

「見学する」では，監獄ガイドツアーと称して，個人向けガイドツアー，団体向けガイドツアー，エンジンカートを利用するガイドツアー（高齢者・障害者および介助者）を提供して，館内の重要文化財，登録文化財等を見学することができる。

「体験する」では，歴史館における中央道路の開削をテーマにした五感を使った体感シアター，重要文化財のひとつである「網走刑務所旧二見ヶ岡農場食堂」を会場として「監獄食」の食事体験ができる。

「学ぶ」では，明治期に監獄の受刑者が行ったさまざまな作業をテーマにした体験講座メニュー，豊かな自然環境に恵まれた野外歴史博物館としての特徴を活かしたプログラム，監獄内部で行われていた草鞋作りやレンガ作りなどの作業を取り入れた体験講座，が準備されている。

また，「つながる」では「監獄友の会」を組織化して，博物館が発行する印刷物や博物館の行う教育普及事業・ワークショップ・イベント等への参加を通して，博物館網走監獄への理解や親睦，監獄，刑務所，網走市の歴史，文化，生活の知識を深めてもらうようにしている。

● ドラマツルギー

博物館網走監獄の以上のようなプログラムを通して，網走刑務所という「劇場」において受刑者の，とりわけ北海道開拓を担った受刑者たちの生活世界での擬似体験を通して，受刑者の苦労，苦しみ，悲しみなどを体験することができるのである。これはある種のドラマツルギーといってよいであろう。

● トライブ

旅人である来館者は，以上のようなプログラムを通して，住人である受刑者（これはバーチャルな存在であるが）と空間を共有し，受刑者の生活を擬似体験し，また「友の会」の広報誌や教育・ワークショップ・イベント等を通じて，交流し，トライブを形成することが期待されている。

● アゴラ

　このように考えると，博物館網走監獄，網走刑務所，およびその他の網走の地域資源，これらはすべてそれぞれコンテクストをもったトポスと考えることができるし，これらのトポスが織りなすコンステレーションが「網走」というゾーンを形成する「アゴラ」として捉えることができるであろう。

第4節　世界に多く見られる注目すべきトポス

　本章の最後において，世界に多く見られる注目すべきトポス，とりわけ影のトポスあるいは影と光のトポスの事例について紹介することにしたい。光のトポスだけであれば，より一般的なトポスたとえば，キリスト教の総本山であるバチカン市国，イスラム教の総本山であるメッカやエルサレムなどがあげられよう。しかし，ここでは「コンテクストとしての光と影を捉えた地域価値の発現」すなわち「影のトポス」および「影から光へのコンテクスト転換」というテーマに沿って，注目すべきトポスを考えてみたい。

⑴　災害トポス：インドネシア，スマトラ島沖地震と復興を通じたアチェ和平

　2004年12月26日，インドネシアのスマトラ島の240km沖で発生した大地震と随伴して発生した大津波は，インドネシアをはじめとして東南アジアから南アジアおよび東アフリカに至るインド洋沿岸地域に未曽有の災害をもたらした。スマトラ島沿岸だけで約17万人，インド洋沿岸を含めると約23万人が犠牲者となった(Featherstone, 2014; 山尾，2011; 弘末，2017)。

　インドネシア政府は，2005年4月に復興基本計画を立て，実施機関として復興庁を創設し，元エネルギー・鉱物相のクントロ氏を復興庁長官に任命して，復興にあたらせた。復興計画は国の中央がトップダウン方式で策定したため，現地事情にマッチせず，復興庁は住民集会を重ねて，計画を修正していった[31]。

　この復興過程で，特筆すべきは，対立を続けていた自由アチェ運動とインド

ネシア政府がこの災害復興のために和解し，自由アチェ運動の兵士と協力して復興活動にあたったことである。天然ガスなど豊かな資源を有するアチェでは，利益配分をめぐってインドネシア中央政府と確執が生じ，1976年より独立を唱える自由アチェ運動が展開されていた。とくに，スハルト政権が崩壊した1998年以降，自由アチェ運動が活発化し，インドネシア中央政府は，2003年に非常事態宣言を発令し，独立派ゲリラ掃討のための軍事作戦を展開していた（弘末，2017）。

　この未曽有の災害に対しては，インドネシアだけで復興支援を担うことができないため，国連，ユネスコ，赤十字，世界各国ならびにNGO，NPOなどのボランティア団体が支援にあたらざるをえなかった。そのような中で，2005年8月15日にヘルシンキにおいて自由アチェ運動とインドネシア政府との間で和平協定が結ばれ，反政府軍の兵士が一般市民として現地に戻り，アチェ復興に協力した（遠藤，2007）。

　アチェの復興では，復興計画が修正されながら実施されたことに加えて，支援団体は12万戸の住宅を用意し，また残された住民によって新たなコミュニティづくりも行われた。なお，2009年に復興庁が解散し，外国からの支援も撤退したが，この災害を記憶にとどめるために，津波博物館が開館し，海の底をあらわしたアッラーのもとに召された「昇天の間」が設けられた（弘末，2017）。復興はまだ終わったわけではなく，アチェの人びとによって進められている。

　この事例では，紛争地域における自然災害という影のトポスが，復興のための和平および住民と外部支援との協力による復興活動を通じた"災害"から"復興"というコンテクスト転換により，光のトポスに転換していったと考えることができる。

(2)　戦争トポス：アンネ・フランクの家（Anne Frank Huis）

　戦争トポスの事例としては，広島市の原爆ドームやポーランドのアウシュヴィッツ強制収容所が代表的であるが，原爆ドームについてはすでに触れているので，ここではオランダのアムステルダムにあるアンネ・フランクの家につい

て紹介したい。

　ここは，アウシュヴィッツ強制収容所と並ぶホロコーストのトポスのひとつといってもよい。アンネ・フランクの家は，アムステルダム市プリンセンフラハト 263 番地のアンネ・フランクが家族および知り合いと一緒に 2 年間ナチスによる強制収容所連行を避けて，隠れ住んだ家である。1960 年にアンネ・フランク財団によって修復され，アンネ・フランクの家(アンネ・フランク・ミュージアム)として一般公開されている [32)]。

　アンネ・フランクは，1929 年 6 月 12 日にユダヤ人として銀行家の父オットー・フランクと母エーディット・フランクの間の第 2 子としてドイツのフランクフルト・アム・マインで生まれた。しかし，反ユダヤ主義を掲げる国家社会主義ドイツ労働者党(ナチス)がユダヤ人を迫害するようになってからは，比較的安全とされたオランダ(第一次世界大戦時中立国であったため戦禍を免れた)のアムステルダムに移り住んだ(アンネ・フランク，2003，表紙裏，筆者紹介)。

　このアンネ・フランクの名を世に知らしめた「アンネ・フランクの日記」は，1942 年 6 月 12 日から 1944 年 8 月 1 日までつづられた日記であり，生き残った父親のオットー・フランクによって公開された。この日記は 1 人の少女の 13 歳から 15 歳に至る間の日記であり，隠れ家に住む前の普通の生活から，1942 年 7 月 8 日に隠れ家に移り住んだ後の生活，1944 年 8 月 4 日にゲシュタポに連行される直前までの不安の日々等の様子が書き綴られている(アンネ・フランク，2003，pp. 3-7)。

　なお，アンネ・フランクは逮捕後，姉のマルゴーとともに 1944 年 10 月末にリューネブルガー・ハイデにあったベルゲン＝ベルゼン強制収容所に送られ，そこで姉とともに大流行したチフスで病死している(アンネ・フランク，2003，p. 585)。

　アンネ・フランクの家は，アンネの日記に綴られた「隠れ家」での生活における「連行の恐怖」「つらさ」「悲しさ」そしてそのような中でもけなげに生きる少女の姿を窺い知ることができるものであり，現在はミュージアムとして一般公開されている。このほか，インターネットのホームページで動画と 3D の

バーチャルリアリティを使用したアンネの家の再現を通じて，実際に訪問できない人たちのために，解説つき（英語）の仮想体験ができるようになっている。

また，日本においても広島市にあるホロコースト記念館[33)]にアンネ・フランクの隠れ家の部屋と日記が展示されており，兵庫県西宮市のアンネのバラ教会[34)]にはアンネ・フランク資料館，福島県白河市のアウシュビッツ平和記念館[35)]にもアンネ・フランクの写真が常設展示されている。

アンネ・フランクの日記とアンネ・フランクの家（アンネ・フランク記念館）は，一人の少女の生きざまを通して，戦争の悲惨さ，ホロコーストの悲惨さを訴え，二度と同じ過ちを繰り返さないという反省，誓いのトポスとして評価することができるであろう。

(3) 犯罪トポス：網走刑務所と博物館網走監獄

刑務所は受刑者が服役する場所であり，影のトポスといってよい[36)]。日本における刑務所の中でもとりわけ著名なのは，網走刑務所であろう。網走刑務所は，未開な北海道の大動脈をなす中央道路開削工事のため，1890 年に人口631 人の小さな漁村の網走に釧路監獄署の外役所として設置された最果ての刑務所であり[37)]，1965 年に高倉健が主演した「網走番外地」がヒットし，その後シリーズとして 19 作が制作され，網走刑務所が全国区の観光名所として知られるようになった。

網走刑務所は，1890 年，受刑者に建設させた網走囚徒外役所としてスタートした。これは，明治政府が道内横断道路建設に受刑者を使役することを計画し，樺戸，空知，釧路の重罪犯約 1,200 人を旭川—網走間の道路建設に充てるため，網走に移送したものであった[38)]。

網走から北見峠までの工事に従事した約 1,115 人の受刑者は，鎖につながれながらの山中重労働で，食事も医療も十分ではないなか，186 人の犠牲者を出しながらも，6 カ月間で完成させたという[39)]。この道路建設の模様は，博物館網走監獄の監獄シアターで体験することができる。

また，道内 8,000 人の服役者に自給自足の生活をさせるために，屈斜路湖畔

の開拓を行わせ，二見ケ岡農場を開設し，建設した道路と相まって，網走発展の礎となった[40]。二見ケ岡農場の獄舎は，博物館網走監獄に移設され，「監獄食」を体験させる場所となっている。

網走監獄は，1909年，山火事の飛び火が原因で全焼し，服役囚によって自前で作ったレンガを使いレンガ造りの塀に囲まれることとなった。このレンガ作りは，現在博物館網走監獄で体験することができる。

網走監獄は，1922年，網走刑務所と改称され，現在に至っているが，現在では重罪人の刑務所ではなくなっている。網走刑務所は，網走開基100年の翌年の1973年から12年をかけて全面改築されたが，それに伴って，明治の文化財等の古い建物を移設し，網走の歴史や文化を紹介するために，1983年7月6日に博物館網走監獄が開館した。

博物館網走監獄では，169,264㎡の広大な敷地に，旧網走刑務所建築物をはじめ，重要文化財，登録文化財など，38件の建築物，1万点を超える資料が備えられている。年8回の看守長屋での年中行事のほか，農園ワークショップ，渋柿染体験を含む12の体験講座，特別展覧会，その他イベントが開催されている。

博物館網走監獄のプログラムは「体験する」「見学する」「学ぶ」「つながる」の4つのカテゴリーで構成されているが，トポスデザインの3要素の項で詳述したのでそちらを参照されたい。

⑷　大都市の光と影のトポス：ニューヨーク市（NYC）

大都市には，必ずといってよいほど，スラムがあり，そこに犯罪も発生する。大都市には，地方都市や農村から職を求めて出稼ぎや移住者がやってくる。多くは，親類縁者，知り合い，同郷のコミュニティなどを頼ってくるのである。しかし，多くの人びと，とくに発展途上国のような貧しい国ぐにでは，学歴の低い人，コネのない人，少数民族に属する人にとって安定的に暮らしていくための定職にありつくことは難しいことが多い。そこに，スラムが発生することになる。

こうした人びとは，いわゆる"インフォーマル経済"と呼ばれる不安定で収入の少ない—その日暮らしの人びとも多い—世界で暮らすことになる。もちろん食べるだけで精一杯で，持ち家もないため，家賃の払えない人びとは，川べりや公園，空き地などを不法占拠して掘っ立て小屋を建て，そこに暮らすようになる。職にあぶれた人たちの中には，殺人や傷害，強盗，窃盗，薬物中毒など犯罪に走る者も現れる，危険な場所となる。

大都市には，歓楽街のような悪所があるだけではなく，こうした犯罪の温床となるスラムがある。たとえば，17世紀の初頭にオランダの植民地ニューアムステルダムとして始まった米国のニューヨーク市は，トップクラスの世界都市であり，ワン・ワールドトレードセンターやウォール街のあるダウンタウンや，エンパイヤステートビルディング，ロックフェラーセンター，グランドセントラル駅等があるミッドタウンは金融，商業などの経済の中心であり，またメトロポリタン美術館，ミュージカルの中心であるブロードウェイなど，文化，ファッション，エンタテイメントなどの中心でもあり，コロンビア大学，ニューヨーク市立大学などハイレベルな教育機関もある。さらに広大なセントラルパークでは，自然にいそしむ人びとも多くみられ，世界でも有数の魅力ある大都市として発展してきた。これらはニューヨーク市の光の部分である。

他方で，ハーレム（アフリカ系アメリカ人が住む地域），リトルイタリー，チャイナタウン，といった特定の国，民族，人種の人びとが集住する地域があり，隣接するクイーンズ島にはクイーンズ大通りを隔ててポーランド系ユダヤ人とヒスパニック（中南米系の人びと）が集住しており，もともと住んでいたWASP（ホワイト・アングロサクソン・プロテスタント）と呼ばれるいわゆる白人の人びとは，ロングアイランドなどの周辺地域に移り住んでいる。このような人種の「るつぼ」のなかで，人びとの日々の営みが行われているが，ハーレムやヒスパニックの人びとが住む地域などでは，失業者や貧困者が多く，それだけでも人びとの「苦しみ」や「悲しみ」があり，影のトポスといえるが，さらにこれらの地域は，麻薬，強盗，窃盗などの犯罪が多く発生する地域でもあり，影のトポスといってよい。また，映画「ゴッドファザー」で有名なマフィアの街でもあり，

その面でも影のトポスといってよいであろう。

　なお，光と影のどちらの要素も持っていると考えられるのが，ニューヨーク市の歓楽街であろう。タイムズスクエア，ロワーイーストサイド，コリアタウンなどが代表的である。

(5)　植民地トポス：サンチャゴ要塞とリサール記念館

　1521 年 3 月 17 日にマゼランの船団がサマール島に到着して以来，米西戦争で米国にフィリピンを割譲するまで，フィリピンはスペインの植民地であった。フィリピンという名称はスペイン国王フェリペ 2 世にちなんでつけられた名称である。この間，カトリック教会の修道士を中心に収奪が行われ，それに対して現地住民が抵抗していった抵抗の歴史がフィリピンのスペイン統治時代の歴史である。米西戦争が勃発する直前の 1890 年前後からホセ・リサールに触発されたアンドレス・ボニファシオらによって独立運動も展開されたが，米西戦争で米国に割譲されてからは米国の植民地として，第二次世界大戦まで支配された。第二次世界大戦中には日本軍が進駐して日本により支配され，戦後復帰した米国より独立を果たすが，米国の経済的な支配はその後も続くという歴史をもっている。

　イントラムロス・サンチャゴ要塞およびリサール記念館は，マニラの人気観光スポットのひとつである。マニラを訪れる人の多くが，まずこれらの観光スポットを訪問している。

　サンチャゴ要塞は，旧マニラ市街(現在のイントラムロス地区)にある。この地域は 333 年にわたるスペイン統治時代をしのばせる観光地となっている。世界遺産に指定されたキリスト教会群，サンチャゴ要塞，スペイン統治時代の政府およびマニラ市の建物などが残されており，スペイン租界の名残を残している(鈴木，1997)。

　フィリピンの歴史は，スペイン統治時代の植民地圧政への抵抗，米西戦争後のアメリカ植民地統治への抵抗，第二次世界大戦中の日本軍支配への抵抗，戦後のアメリカの経済的支配への抵抗というように外国からの圧政への抵抗の歴

史であり，サンチャゴ要塞を含むイントラムロスはその象徴のひとつである。このサンチャゴ要塞の中に，フィリピン独立の英雄とされるホセ・リサールの記念館がある。

ホセ・リサールは，1861年生まれの現地住民（スペイン人はインディオと呼んだ）と中国人およびスペイン人との混血（これをメスティーソと呼ぶ）であり，裕福な階層の出身であった。医師としての研鑽を積むためスペイン留学中に，植民地住民の待遇改善を求めて，『ノリ・メ・タンヘレ（私に触るな）』という小説を発刊し，植民地政府とカトリック聖職者の腐敗および不正により苦しむフィリピンの実態を描いた。さらに続編として『エル・フィリブステリスモ』を著して，フィリピンのスペインからの分離独立を主張した。

スペインから帰国したリサールは，これらの作品が原因で逮捕され，ミンダナオ島北部に流刑となり，その後，サンチャゴ要塞に幽閉され処刑されたが，フィリピン建国の英雄として名を遺すことになった（辰巳，2001）。リサール記念館にはこのリサールの生涯およびサンチャゴ要塞での生活などが展示されている。

フィリピンではホセ・リサールはフィリピン独立の父として慕われており，サンチャゴ要塞およびリサール記念館は，スペイン植民地支配時代とホセ・リサールの「痛ましい」「悲しい」「辛い」歴史が込められた影のトポスであるが，"植民地支配"から"独立"というコンテクスト転換を行い，影を光に転換されたものと位置づけることもできるであろう。第二次世界大戦前に欧米の植民地であった多くの国々で同様の"植民地支配"という影のトポスと，"植民地支配"から"独立"というコンテクスト転換による光のトポスとなるトポスを有しているものと考えられる。

おわりに

本章では，影のトポスについて分類をした後に，トポスの時間軸構造との関係，3つのコンテクスト転換，トポスデザインの3要素との関係，および世界

第 2 章　地域に多様に見出される注目すべきトポス群　　*57*

に多く見られる注目すべきトポスについて考察を行った。

　影のトポスとは，人びとの「苦しみ」「悲しみ」を与えた，あるいは与え続けるトポスであり，これには，自然災害，人的災害，戦争，内戦・内乱・騒擾・クーデター・革命・テロリズム，犯罪，植民地支配，に分類することができる。これらは，コンテクスト転換によって，光のトポスに転換することができる。また，大都市においては影と光すなわち“正”と“負”の二面性が発展のエネルギーとなっていること，つまり光と影のコンステレーションが都市の発展のエネルギーであることを示した。

　影から光へのコンテクスト転換は，単に影を光に変えるのではなく，影を土台として，それを乗り越えるためのコンテクスト転換であり，こうして得られる光のトポスは，影と光を合わせて弁証法的に昇華させたレベルの高い光のトポスとして捉えることができるであろう。

　ここで大事になるのは，何のためにコンテクスト転換が必要かということである。それには，トポスに見られる事実をそのまま紹介したのでは不十分であり，地域価値発現に向けて新たなデザイン行為がなされる必要がある。その意味では，トポスのコンテクスト転換は優れた地域プロデューサー[41]によってなされることが必要となる。

　また，この地域プロデューサーには，地域デザイン学会が提唱する ZTCA デザインモデルに精通していることが期待されることにもなる（原田，2014）。つまり，ここでのトポスの捉え方は，話題のダークツーリズムのデスティネーションではなく，地域発の地域価値創造戦略から展開されるトポスであることが期待されることになる。

注
1 ）ダークツーリズムについては，序章注 18）参照。
2 ）http://www.data.jma.go.jp/svd/eqev/data/2011_03_11_tohoku/index.html（2017 年10 月 21 日アクセス）
3 ）http://www.data.jma.go.jp/svd/eqev/data/1995_01_17_hyogonanbu/index.html（2017 年 10 月 21 日アクセス）

4）「御嶽山の火山活動に関する火山噴火予知連絡会拡大幹事会見解」気象庁報道発表資料，
　2014 年 9 月 28 日，http://www.data.jma.go.jp/svd/vois/data/tokyo/STOCK/kaisetsu/
　CCPVE/kentokai/kansoku/kansoku10/kansoku10_s2.pdf（2017 年 10 月 21 日アクセス）

5）西（2014）。

6）林他（2007）。Kate, et al.（2006）。

7）JICA「台風ヨランダから 1 年，JICA のフィリピン復興支援」https://www.jica.go.
　jp/topics/notice/20141107_01.html（2017 年 10 月 21 日アクセス）

8）清水，2015，pp. 19-20。

9）政野（2013）によれば，水俣病は，熊本県水俣市に起業した新日本窒素肥料株式会社
　（チッソ）が，1932 年から 1968 年までの 36 年間にわたって海に流したメチル水銀化合
　物が原因とされる世界最初の水銀中毒事件であり（p. 5），排水とともに海に流されたメ
　チル水銀化合物が魚介類の体内に入り，それを食べた人間の脳の神経系が冒されるもの
　である。知覚障害，視野狭窄，失調，聴力障害，言語障害などのほか，重篤なものでは，
　麻痺，けいれん，意識障害などを起こし，死に至るとされる（p. 52）。熊本県八代市，
　水俣市，鹿児島県出水市，阿久根市，天草に囲まれた不知火海（八代海）の沿岸 20 万
　人が潜在的な患者といわれる（p. 6）。患者の認定および補償を巡って長期間公害訴訟が
　続いてきた。

10）政野（2013）によれば，伊勢湾西岸に集中的に建設された石油コンビナートを構成す
　る石油精製，火力発電，石油化学の工場から排出される煤煙で大気が汚染され，喘息を
　はじめとする健康被害が広がった事件である。煤煙は，気管支を冒す亜硫酸ガスと，そ
　れが大気中の水分に溶けて酸化して霧状となった硫酸ミストである。亜硫酸ガスは中東
　原油を精製して作られる重油に多く含まれる硫黄分の燃焼によって生じるが，コンビナ
　ートを形成する各社がこの重油を使用したため，四日市の大気が亜硫酸ガスに汚染され
　ることになった（p. 173）。

11）宮田（1999）によれば，ダイオキシン（正確にはダイオキシン類）は，ポリ塩化ジベ
　ンゾパラジオキシン，ポリ塩化ジベンゾフランおよびコプラナー PCB からなる 3 種類
　の化合物群の総称とされる（p. 2）。これら 3 種類の化合物は，相互の類似した生物化学
　的作用をもち，世界的規模で共存して環境や生体を汚染している（p. 3）。除草剤や殺菌
　剤製造，PCB 製造，ごみ焼却，紙パルプ製造工場における漂白などによって副産物と
　して生成される（pp. 64-100）。ダイオキシン類は，自然環境の深刻な汚染や人体に深刻
　な健康被害をもたらす。

12）大島（2011）によれば，アスベストは「天然の鉱物からできた綿のような繊維の集ま
　り」で「石綿」とも呼ばれており，「火山から噴き出た溶岩が，ある条件のもとで固ま
　るときに熱水などと作用すると，岩石の割れ目などで細長い繊維状の結晶に成長してい
　く」ことにより生成される考えられている（p. 10）。アスベストは，高抗張力，耐火性・
　耐熱性，高い絶縁性，密着性・親和性，耐摩耗性，紡織性などの特徴があるため，工業
　製品，摩擦材，保温材，建築材などに使用されてきたが（pp. 10-11），アスベストの粉
　塵を吸うと「中皮腫」とよばれる癌を発症させるという問題がある。中皮腫とは「肺を
　覆っている胸膜などの表面（中皮）付近に腫瘍ができて，それが肺などを取り囲んで圧

迫し呼吸困難などの症状を起こす『がん』」である (pp. 2-3)。

13) 朝日新聞社会部 (1990) の記録によれば, 1985 年 8 月 12 日 (月) 午後 6 時 56 分に, 乗員 15 人, 乗客 509 人, 計 524 人を乗せた羽田発大阪行き日本航空 123 便, ボーイング 747SR 機 (シャンボ機) が機体の右最後部のドアの故障から群馬・長野県境の御巣鷹山南 2 km の山中に墜落した事故である (p. 13)。乗客乗員計 524 人のうち, 4 人が助かったが (pp. 174-175), 520 人の尊い生命が失われた。

14) Butler (1998) によれば, 1912 年 4 月 10 日に乗客乗員計約 2,200 人を乗せて米国のニューヨークに向けて英国のサザンプトン港を処女航海として出航したホワイトスター汽船所属の大型客船タイタニック号が同 4 月 14 日午後 11 時ごろに氷山に衝突し, 浸水が始まり, 翌 15 日午前 2 時に沈没した事故である。救命ボートの不備から全員を助けることができず, 約 1,500 人が犠牲となり, 約 700 人が救助された。

15) ホロコーストは, 「ナチス政権とその協力者による約 600 万人のユダヤ人の組織的, 官僚的, 国家的な迫害および殺戮 (United States Holocaust Memorial Museum, ホロコースト百科事典: https://www.ushmm.org/wlc/ja/article.php?ModuleId=10005143, 2017 年 10 月 21 日アクセス)」をいう。

16) 太平洋上のミッドウェーで展開された日米の海戦で, 戦闘の結果日本側は空母 4 隻, 重巡洋艦 1 隻, 航空機約 300 機を失ったのに対して, 米国側は空母 1 隻, 駆逐艦 1 隻, 航空機 174 機を失うにとどまった。この海戦を機に戦局は米国優位に傾いていった (戸部他, 1984, pp. 70-106)。

17) ソロモン諸島のガダルカナル島でほぼ 4 カ月にわたって展開された日米の陸上戦闘であり, 日本軍は戦死者 12,500 余人, 戦傷死者 1,900 余人, 戦病死者 4,200 余人, 行方不明者 2,500 余人に対して, 米軍は戦死者 1,000 人, 負傷者 4,245 人にとどまった (戸部他, 1984, pp. 107-140)。

18) 米国により行われた東京空襲は 1942 年 4 月 18 日を最初として, 1945 年 5 月まで続けられた。とりわけ 1945 年 3 月 10 日に行われた, いわゆる「東京大空襲」では, 279 機の B29 が 1,667 トンの爆弾を 2 時間 22 分にわたって投下し続け 10 万人以上が死亡したとされる (早乙女, 1971)。

19) 東京裁判は 1946 年 5 月 3 日に極東国際軍事裁判所において開廷された東条英機をはじめとする 28 名の被告 (陸軍大将 10 人, 海軍大将 2 人, 陸軍中将 4 人, 海軍中将 1 人, 陸軍大佐 1 人, 大臣 7 人, 内大臣 1 人, 大使 1 人, 民間人 1 人) を平和に対する罪, 戦争犯罪, 人道に対する罪の 3 つの罪状で, 行われた裁判である (児島, 1971)。

20) ナチス政権によって建設された 3 つの収容所からなる総合施設であり, 全体で, 少なくとも 110 万人のユダヤ人の他何万人もの人びとが死亡したとされる (United States Holocaust Memorial Museum, ホロコースト百科事典: https://www.ushmm.org/wlc/, 2017 年 10 月 22 日アクセス)。

21) アンネ・フランクが 1942 年から 1944 年まで住んでいた「隠れ家」を改修して作られたミュージアムであり, アンネが隠れ家で書いた日記の原本が展示されているほか, どのように 8 人が隠れ住んでいたか, だれが手助けしたかなど, 当時の隠れ家生活をうかがうことができる (http://www.annefrank.org/en/Languages/Japanese/, 2017 年 10

月 22 日アクセス)。

22) ボルネオ島の旧日本軍のサンダカン捕虜収容所で連合軍の捕虜ら約千人にジャングル
を 260 キロ歩かせたもので, 生き残ったのは脱走した 6 人のオーストラリア兵だったと
いう (東京新聞「【伝言 あの日から 70 年】生還 6 人死の行進 ボルネオ島・サンダカン」
http://www.tokyo-np.co.jp/hold/2015/Postwar70th/dengon70th/CK2015011502000164.
html, 2017 年 10 月 22 日アクセス)。

23) 日本軍によって陥落されたコレヒドール島の米軍捕虜がバターン半島の先端のマリベ
ナスからオドネル収容所まで 12 日かけて徒歩と列車で移動させられたが, 多数が死亡
したとされる (増田, 2009, pp.224-240)。

24) 戊辰戦争は, 1868 年 1 月の鳥羽・伏見の戦いに始まり, 江戸城開城 (4月), 上野戦
争 (5月), 東北戦争 (4月～9月), 北越戦争 (5月～8月), 函館戦争 (1969 年 3 月
～5月) という約 1 年半にわたって繰り広げられた薩長土肥連合軍 (明治政府軍) と旧
江戸幕府軍の内戦である (佐々木, 1977)。明治政府軍の勝利後, 明治時代を迎えるこ
とになった。

25) フィリピンの大統領選でのマルコス大統領の不正に端を発した市民革命であり, 軍の
一部の反乱と市民の協力により, マルコス大統領の 20 年間にわたる独裁政治が終焉と
なった (Seagrave, 1988; 加藤, 1986)。

26) 9/11 Memorial & Museum Webisite (https://www.911memorial.org/, 2017 年 10 月
22 日アクセス)

27) 博物館網走監獄ホームページ (http://www.kangoku.jp/, 2017 年 10 月 6 日アクセス)。

28) https://www.hrp.org.uk/tower-of-london/ (2017 年 10 月 22 日アクセス)

29) 悪所とは「江戸時代に遊里と芝居町をさす語 (大辞泉)」とされるが, 現在でいえば
歓楽街を指すものといえる。

30) スラムとは「都市で, 貧しい人たちが寄り集まって住んでいる区域 (大辞泉)」をいう。

31) http://kyodo.newsmart.jp/info/Result/2011/0725.php, (2017 年 10 月 8 日アクセス)
および山尾 (2011)。

32) Anne Frank Huis Website (http://www.annefrank,org/, 2017 年 10 月 12 日アクセス)

33) http://www.urban.ne.jp/home/hecjpn/ (2017 年 10 月 12 日アクセス)

34) http://www.annesrose.com/ (2017 年 10 月 12 日アクセス)

35) http://www.am-j.or.jp/index2.htm (2017 年 10 月 12 日アクセス)

36) 今野 (2012) は,「犯罪者を収容する監獄は, 陰と陽, 光と影の二極で眺めると陰影
である」と述べている (p.77)。

37) 今野, 2012, p.77。

38) 角, 2012, p.66。

39) 重松, 1970, pp.245-247。重松, 2004, p.48。

40) http://www.adnet.jp/nikkei/kindai/21/ (2017 年 10 月 12 日アクセス)

41) 地域プロデューサーとは「地域の要望に対し, 観光まちづくりのリーダー的な役割を
担うプロフェッショナルな人材」をいう (国土交通省ホームページ: http://www.mlit.
go.jp/report/press/kanko05_hh_000001.html, 2017 年 10 月 22 日アクセス)。

参考文献

Butler, D. A. (1998) *Unsinkable: The Full Story of RMS Titanic*, Mechanicsburg, PA: Stackpole Books. (大地舜訳 (1998)『不沈タイタニック―悲劇までの全記録』実業之日本社)。

Featherstone, A. (2014) *Tsunami Ten Years On, Stories of Change 2004-2014: Community Perceptions of the Indian Ocean Tsunami Response and Recovery*, London: Save the Children.

Kate, R. W., Colten, C. E., Laska, S. and S. P. Leatherman (2006) "Reconstruction of New Orleans after Hurricane Katrina: A research perspective," *PNAS*, October 3, 2006, vol. 103, no. 40, 14653-14660.

Lennon, J. and Malcolm, F. M. (2000) *Dark Tourism – the Attraction of Death and Disaster*, New York, N.Y.: Continuum.

Seagrave, S. (1988) *The Marcos Dynasty*, London: MacMillan. (早良哲夫・佐藤俊行訳 (1989)『マルコス王朝―フィリピンに君臨した独裁者の内幕 (上)・(下)』サイマル出版会)

朝日新聞社社会部編 (1990)『日航ジャンボ機墜落』朝日新聞社。

フランク・アンネ, 深町眞理子訳 (2003)『アンネの日記 増補新訂版』文春文庫。

井出明 (2016)「記憶の承継とダークツーリズム」解説アーカイブス, 日本放送協会, http://www.hnk.or.jp/kaisetsu-blog/400/252023.html (2017年10月21日アクセス)

遠藤聡 (2007)「インドネシアにおけるアチェ和平のプロセス―アチェ統治法を中心に」『外国の立法』第232号, 2007年6月, pp. 126-143。

大島秀利 (2011)『アスベスト―広がる被害』岩波書店。

角幸博 (2012)「日本行刑施設の近代化を示す歴史的建造物群の宝庫」網走監獄保存財団編『博物館　網走監獄』網走監獄財団, pp. 66-69。

加藤博 (1986)『ラバン―フィリピンの黄色い革命』大月書店。

児島襄 (1971)『東京裁判 (上)』中央公論社。

今野久代 (2012)「北海道開拓と網走監獄」網走監獄保存財団編『博物館　網走監獄』網走監獄財団, pp. 76-77。

早乙女勝元 (1971)『東京大空襲―昭和20年3月10日の記録』岩波書店。

佐々木克 (1977)『戊辰戦争―敗者の明治維新』中央公論社。

重松一義 (1970)『北海道行刑史』図譜出版。

重松一義 (2004)『史料北海道監獄の歴史』信山社。

清水展 (2015)「先住民アエタの誕生と脱米軍基地の実現―大噴火が生んだ新しい人間, 新しい社会」清水展・木村周平編著『新しい人間, 新しい社会―復興の物語を再創造する』京都大学学術出版会, pp. 17-20。

鈴木静夫 (1997)『物語フィリピンの歴史―「盗まれた楽園」と抵抗の500年』中央公論社。

辰巳頼子 (2001)「ホセ・リサール―国民英雄の遺産」大野拓司・寺田勇文編著『現代フィリピンを知るための60章』明石書店, pp. 39-42。

戸部良一・鎌田伸一・村井友秀・寺本義也・杉之尾孝生・野中郁次郎 (1984)『失敗の本

質—日本軍の組織論的研究』ダイヤモンド社。

西芳実（2014）『災害対応の地域研究 2　災害復興で内戦を乗り越える—スマトラ島沖地震・津波とアチェ紛争』京都大学学術出版会。

原田保（2014）「地域デザイン理論のコンテクスト転換—ZTCA デザインモデルの提言」地域デザイン学会編『地域デザイン』第 4 号，pp. 11-27。

林春男他（2007）『報告書：ハリケーン・カトリーナ災害復興協力のための日米対話プロジェクト』国際交流基金日米センター。

弘末雅士（2017）「書評　西芳実『災害復興で内戦を乗り越える—スマトラ島沖地震・津波とアチェ紛争』災害対応の地域研究 2，京都大学学術出版会，2014 年」『東南アジア研究』第 54 巻，2 号，pp. 263-266。

政野淳子（2013）『四大公害病—水俣病，新潟水俣病，イタイイタイ病，四日市公害』中央公論社。

増田弘（2009）『マッカーサー—フィリピン統治から日本占領へ』中央公論社。

宮田秀明（1999）『ダイオキシン』岩波書店。

山尾政博（2011）「2004 年スマトラ沖地震・インド洋津波災害の復興から学ぶもの」『漁港』第 53 巻，第 2・3 合併号，pp. 36-44。

第3章

トポスの解釈と地域デザインへの活用

石川　和男
原田　保

はじめに

　前章では，地域デザインに活用できる魅力的なトポス[1]が，世界の至る地域で，多様な形態で存在することが理解できる。本章では，トポスの解釈とその地域デザインへの活用に関する考察が行われる。つまり，地域デザインにおける競争優位的な展開を，特に個性的なトポスを捉えたコンテクスト(context)転換の視角(原田他編著，2012)により，議論する。

　まず，トポスに対する概括的な理解を踏まえ，その後に光のトポスの比較競争優位性と影のトポスの比較競争優位性について，コンテクストの視角から読み解く。後者の影のトポスが，競争優位の源泉になることの戦略的意味について，本書で取り上げる事例を踏まえて解明したい。本書では，トポスは中村(1989)[2]のいう思想的な場所という捉え方よりも，むしろ特定の場所に存在する構築されたソフトウェアを含めた，実際に存在する特定の意味のあるメッセージを周辺に発信するコンテクスト的存在である。そこで本章では，単なる構築物がトポスとして存在感を示す感性的かつ価値的な存在としての場所性を，内在する特異な存在に関する価値論的な視角から議論する。

第1節　トポスの定義と地域デザインへの活用

　トポスに関する定義の要約的な説明をし，その後にトポスの地域デザインへの活用方法の考察を行う。最初に概略的にいうと，トポスとは何らかの特別な意味によって価値が内在されている場所，あるいはある区域を占有する構築物と考えられる。このようなトポスが保持している特徴は，おおむね次の2点に要約できる。

　第1は，トポスが人の存在基盤となっているということである。人は特定のトポスから，それぞれの意識の根底に決定的な影響を受けることを考慮すれば，その通りである。第2は，このトポスには地域や国家に対する関係性があるため，暮らしのあり様に多大な影響を与え，コミュニティの形成がトポスから多大な影響を受けている。

　そのため，原田（2013）で構想した地域デザインフレーム（ZCT デザインモデル，または ZTCA デザインモデル）（原田，2014）[3]では，そのデザインの構成要素としてのトポスデザインが入っている。つまり，地域デザインでは，トポスデザインというデザイン要素は，地域デザインフレームにはきわめて重要な要素である。本書は，トポスに焦点を当てた地域デザインを考えるため，結果として地域デザインの起点は本来の姿とは異なり，トポスにおかれることになる。

　それでは，このトポスの性格は，地域デザインに対してどのような影響を与えているのか。どのようなトポスも，各々固有の歴史があり，各時代状況から何らかの影響を受け，各々の時代に生起したことは，部分的には多様な形態で現在でも見出される（原田・宮本，2016）。そのため，以前からトポスの分析では，これを地域の歴史を捉えた5層に分類して考察し，その状態からトポスの価値を引き出せるかを考えてきた。

　そこで設定されたのが，トポスの歴史的特性を5層から捉える分析手法である。なお，この5層の設定はさまざまに考えられるが，現時点では次のような5層構造でトポスの階層構造を捉えている。これらは，第1章の繰り返しになるが，次の5層構造で表される（原田・板倉，2017）（p.7，図表序-2）。

第3章　トポスの解釈と地域デザインへの活用　*65*

　第1層の経済的環境層に適合するコンステレーションデザインは，欲求充足指向のコンステレーションが適合する。それは経済活動が人間の欲望を基に展開されるため，欲望をめぐるコンステレーションデザインにより，人間の心の奥底に長期記憶が定着する。そのため，経済的環境層を捉えたトポスでは，欲求充足型のコンステレーションを指向する。

　第2層の文化的環境層に適合するコンステレーションデザインは，物語創造指向のコンステレーションデザインが適合する。文化活動は，人間の自然への働きかけを契機に展開されるため，物語をめぐるコンステレーションにより，人間の心の奥底に長期記憶が定着する。そのため，文化的環境層を捉えたトポスは，物語創造型のコンステレーションデザインを指向する。

　第3層の自然的環境層に適合するコンステレーションデザインは，本能追求指向のコンステレーションデザインが適合する。自然は，生物の本来的な営みに働きかける対象であり，生物本能をめぐるコンステレーションにより，人間の心の奥底に長期記憶が定着するためである。自然的環境層を捉えたトポスでは，本能追求型のコンステレーションを指向する。

　第4層の気候的環境層に適合するコンステレーションデザインは，激変演出指向のコンステレーションデザインが適合する。それは環境に影響を与える変化を現出させる気候の激変を契機として展開され，荒天の気候をめぐるコンステレーションデザインにより，人間の心の奥底に長期記憶が定着するためである。そのため，気候的環境層を捉えたトポスでは，激変演出型のコンステレーションを指向する。

　第5層の地球的環境層に適合するコンステレーションデザインは，惑星科学指向のコンステレーションの追求が適合する[4]。それは，地球誕生をめぐるコンステレーションにより，人間の心の奥底に長期記憶が定着するためである。そのため，地球的環境層を捉えたトポスでは，惑星科学のコンステレーションを指向する。

第2節　光のトポスと影のトポスの地域デザインへの活用

　「光」の対抗概念では，著名なものとして栗本(1981)のいう「闇」が想起できる[5]。地域デザインでは，何らかの犯罪や暴力の匂いがする闇という概念は，筆者らはやや不適当な概念であると考える。そのため，近年急速に注目度を集めているダークツーリズム(dark tourism[6])との関係から期待されるダークという概念を，たとえば暗闇ではなく「影」と読み替えながら使用することで，従来はいささかネガティブに扱われていた影のトポスを地域デザインにおいて戦略的に活用できる。

　観光においては，光という概念は各地域に価値を与えるトリガー(trigger)になってきたが，近年はこれに加え，逆の意味を保持している影という概念も地域に価値を浮揚させられる概念として考えられてきた(原田他編著，2015)。これは，ツアー型の旅行から滞在型の旅行[7]へ，そしてエンタティメント指向の旅行から自省型旅行への関心領域の変化が生じている(原田，2015)。そこで，気の利いた旅行代理店(travel agency)は，ダークツーリズムという新たなビジネスモデルを提唱しながら，まさに旅行代理店の枠を超えるビジネス領域の拡大を図っている(原田他編著，2015)。しかし，このような影のトポスは，価値発現が可能な特別な場所であるため，これを単なる観光の目的地(destination)とは捉えず，これに加えて地域に価値を付与する地域発の価値発現機会であると考えている。

　つまり，地域では，影のトポスを観光ビジネスではなく，地域デザインから捉えることが重要なことを示している。その意味では，今後はこのような考え方に依拠した地域価値の発現を可能にする地域ビジネスを戦略的に育成することが期待されてくる。つまり，観光ビジネスから地域ビジネスへ，そして目的地トポスから価値創造(value creation)トポスへのコンテクスト転換(原田他編著，2012)が不可欠である。

第3章　トポスの解釈と地域デザインへの活用　*67*

◆　光から影へのコンテクスト転換
　　①　観光ビジネス　→　地域ビジネス
　　②　目的地のトポス　→　価値創造のトポス

　地域デザインにおいて期待が寄せられる影のトポスについて考察することにしたい。これらの多くは，現在では地域価値が見出せないと考えられる，どちらかといえばある種のおぞましいがゆえ，できれば近づきたくないトポスの例は多くある。このいわば日影的な存在であり，社会から完全に無視されてきたトポスには，これらの地域価値を発現させるには，地域デザインに期待されるべきことはいうまでもない。

　そのため，トポスは単なる観光ビジネスの対象としての目的から，地域のビジネス主体として，価値創造者への転換が期待される。これは地域では，トポス主体のビジネスモデルを確立することの必要性を意味している。そのため，黒川温泉(熊本県)のように，地域に大手旅行代理店が関わることを拒否するような果敢な対応は[8]，地域の自律的な行為である(原田，2013)。

　このように考えると，トポスのコンテクスト転換では，次の5つのコンテクスト転換が考えられる。もちろん，これはわずかな事例であるが，全国的には少数であり，多様なコンテクスト転換が見出される場合もある。そのため，現在考えられるいくつかのコンテクスト転換の事例を紹介する。なお，第Ⅱ部で論述される事例は，この他のコンテクスト転換によるとされるものもあるが，新たなコンテクスト転換が紹介される。

◆　コンテクスト転換の諸現象
　　①　過去隠蔽型トポスデザイン……例)「直島」(香川県)—公害の島から現代アートの島へコンテクスト転換
　　②　コンテンツ取り換え型トポスデザイン……例)川崎駅前地区・藤沢JR沿線地区(神奈川県川崎市，藤沢市)—工場地区から大規模ショッピングモール・大規模住居地区コンテクスト転換

③ 既存コンテンツ活用型トポスデザイン……例）あいりん地区（大阪市）―日雇い労働者用ドヤ街[9]地区から外国人用民泊施設地区へコンテクスト転換
④ グローバルエンタメ型トポスデザイン……例）セントーサ（シンガポール）のカジノ―未開発辺境地区からグローバルカジノシティ地区へコンテクスト転換
⑤ プロデューサーイニシアティブトポスデザイン……例）ハウステンボス（佐世保市）―経営破綻テーマパークからコストマネジメントテーマパーク
⑥ コンステレーション起点埋蔵遺産トポスデザイン……例）仁徳天皇陵（堺市）―地域の伝承神話・伝説からコンステレーションツールとしての神話・伝説

　第1の過去を隠蔽するためのコンテクスト転換によるトポスデザインは，前述した直島のように，おぞましい過去に完璧に蓋をし（原田・板倉，2017），そこへ過去には全く存在しなかった現代アートを導入することで，公害の島から現代アートの島へというコンテクスト転換を行った。これにより，過去との関係を完全に断ち切った新たな直島ブランドがグローバルなレベルで構築された（原田・板倉，2017）（図表3-1）。
　第2のトポスにおけるコンテンツを完全に入れ替えるコンテクスト転換によるトポスデザインは，大規模工場跡地に大規模集合住宅や大規模ショッピングモールを構築する，全く異なる地域価値を発現するコンテンツを新たに構築し，

図表3-1　直島のコンテクスト転換

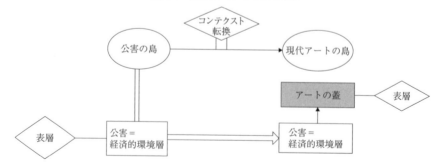

トポスの存在意義を全く異なる方向への転換を指向している。これは，かつて京浜工業地帯などが繁栄していた時代の大規模な工場が撤退した後のトポスデザインであり[10]，大東京圏においていくつかの事例がある。代表的なものは，川崎駅前にあった製鉄工場から大規模ショッピングセンターへの転換[11]や藤沢のJR沿線にあった家電メーカーの工場から大規模住宅地への転換[12]は有名である。これは人口密度が高かった東京近郊では，産業構造の転換への対応施策として，期待が寄せられたコンテクスト転換であった(図表3-2)。

第3の不要コンテンツに対する代替的活用のコンテクスト転換によるトポスデザインは，産業構造の転換を迎えたドヤ街の日雇い労働者の減少を捉えた増大する外国人観光客の安価な宿泊施設への転用の実現にある。これはある程度，設備投資が必要であるが，それでも外国人観光客対応の民泊施設が必要な現在の情況を考えると，いささかネガティブなイメージが残る地域での事業機会の獲得と，これに伴う地域のグローバルな交流を可能にする地域へのコンテクスト転換である。このようなドヤ街から民泊施設地区へのコンテクスト転換は，大阪に所在する愛隣地区のようなダークなイメージが残る大都市のトポスでは期待できる(図表3-3)。

第4は多額の設備投資を伴う大規模開発によるカジノを核とする大規模なグローバルエンタメ対応施設[13]の構築によるトポスデザインである。この代表は，

図表3-2 川崎駅前のコンテクスト転換

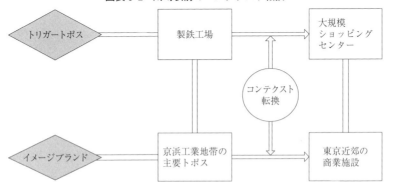

図表 3-3　釜ヶ崎のコンテクスト転換

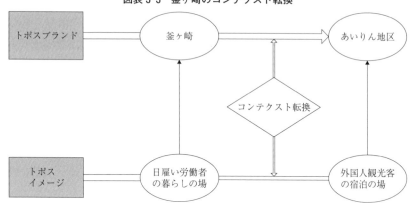

　マリーナベイ(Marina Bay)やセントーサ(Sentosa)におけるカジノ地区の成功によるシンガポールのグローバルシティとしてのポジショニングである。これにより，シンガポールではエンタメ付きのグローバルファイナンスシティという都市ビジネス国家[14]としてのグローバルなアイデンティティを確立することができた(図表 3-4)。
　第 5 は経営主体の交代による再生型トポスにおけるビジネス主体の競争力獲得のトポスデザインである。この代表例はハウステンボス[15]である。ここでは，破綻した前経営者が構築した基本施設の大規模な改修をせず，プロモーションやサービスなどソフトパワーの投入による事業再生でのトポスの復権である。その意味では，アクターズネットワークのエクスパティーズ(expertise)[16]によってトポスの価値が左右される事例である。そして，ローコストオペレーションとフリーゾーンの設定による安定した継続指向のオペレーションに依拠したことで，日本最大のテーマパークとなっている(図表 3-5)。
　第 6 は神話・伝説を戦略的に活用することで，新たな地域価値を可視化するトポスデザインである。これは見えなければ見えないほど，その価値は自由に現出できるという考え方に依拠している。人間の想像力やそれに的確に働きかけることによって，一人ひとりに対し，固有な地域との結び付きを心の奥底に

図表 3-4　シンガポールのコンテクスト転換

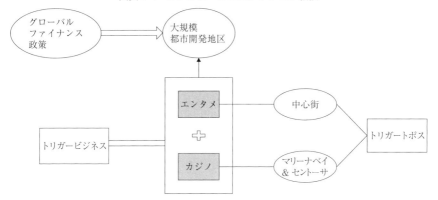

図表 3-5　ハウステンボス再生に見るコンテクスト転換

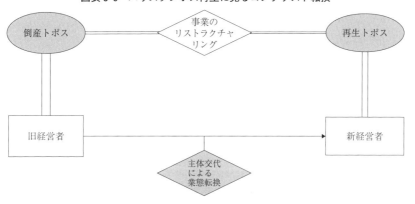

描けるような高度な対応でもある。つまり，これは可視化できないものを可視化するというコンテクスト転換によるトポスデザインである。世界遺産化が推進されている中百舌鳥古墳群[17]に限らず，歴史がある埋蔵遺産地域は全国的には数多あるが，それこそ地域の神話や伝説を捉えたコンステレーションデザインによる地域価値の発現が期待できる(図表 3-6)。

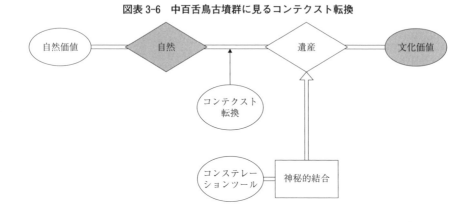

図表 3-6　中百舌鳥古墳群に見るコンテクスト転換

第 3 節　個別事例編 A……光のトポスの特徴

(1)　「テーマパークトポス」と「カジノトポス」

　これらは，ともに非日常的な時空間であることが期待されるトポスである。この大部分はいわゆる普通の人びとにとっては，日常は生きるための時空間であり，その意味では時には息が詰まるようなことが生じる。そこで息抜きのための時空間が，多くの人びとには不可欠な時空間になる。このような日常の生活から一時的に脱出できる非日常空間の存在が必要である。

　このような非日常的時空間に自らの身をおくことは，当然ながら日頃の何らかのしがらみに縛られない自由人として存在できることが一時的に期待される。そのため，テーマパークやカジノでは，他者の現実的な関係や将来的な展望を考えさせるものは，原則的には排除される。つまり，一瞬の欲望の充足やひとときの癒しの体験ができることが，このようなトポスに対して求められる地域価値になる。

　多くの先進国は，グローバルエンタテイメント型トポスデザインが求められることが多い。つまり，広大な土地と莫大な資金が必要とされ，このようなトポスを展開するための未開発地区からグローバルカジノシティ地区へのコンテ

クスト転換が期待される。

● テーマパークトポス＝未開発地区からグローバルテーマパーク地区へのコンテクスト転換

● カジノトポス＝未開発地区からグローバルカジノ地区へのコンテクスト転換

⑵ 「超高層マンショントポス」と「リゾートトポス」

　これらのトポスは，人の暮らしのために獲得する場所であるが，前者は，都会での日常生活のためのトポスであり，後者は地方での非日常性が期待される場所である。近年は，日常的なトポスでも非日常的な暮らしができ，非日常的なトポスで日常的な暮らしを期待する人も増えている。東京人にとっては，非日常的な時空間であると考えられる軽井沢が暮らしや仕事の場になり，日常的な時空間であると考えられる六本木のミッドタウンがリゾートやパーティの場として活用されていることなどに見出される。

　こう考えると，超高層マンションも地方のリゾートでも，異なる2つのニーズの双方に対応させる必要がある。そのため，伝統的な考え方である日常性は都会，非日常性は地方という考え方を修正する必要性がある。このような場合の相互コンテクスト転換は，新幹線の普及がトリガーになっている。そのため，今後の仕事や生活の空間に対するニーズは，単一的に捉えられない時代の到来とも考えられる。

　いわゆる普通の人も，地方の自然があふれるトポスを仕事空間，また眠らない大都市で休息するというようなコンテクスト転換を行うことで，新たな形態の仕事空間や居住空間を作りあげられる。平日に軽井沢で仕事をしながら，休日には六本木で感性を磨き，自身のネットワークを拡充する，つまり場の役割が逆転する，まさにライフデザイン（life design）のコンテクスト転換が行われる。したがって，既存コンテンツを活用したトポスデザインが，新たなコンテクストによって多様に展開される。

● 「超高層マンショントポス」＝平日の日常空間から週末の非日常空間へのコンテクスト転換

● 「リゾートトポス」＝週末の非日常空間から平日の日常空間へのコンテクスト転換

(3) 「サービスエリアトポス」と「道の駅トポス」

わが国では，高速道路だけでなく一般道路でも，単にドライバーへのサービスの範囲を越え，実に多様なショッピング対応のトポスが構築されてきた。この代表的なものが，小さなショッピングモールのような相貌を見せる高速道路沿いのサービスエリアにおけるサービスエリアトポス[18]と，地方の一般道路に見出される道の駅トポス[19]である地域産品の集積販売拠点があげられる。

これらは道路の付帯トポスから道路付きの良好なサービストポスというコンテクスト転換がなされている。これはいわば交通事情が良好なショッピングトポスであり，アクセスがよい場所に立地しているため，当然のことでもあろう。

これらのトポスは，道路という既存のトポスの機能性を高めることができるトポスとして新たに追加されたものである。しかし，既存の道路というトポスが有効に機能することにより，新たに追加されたトポスが集客にほとんど注力せずに，容易に顧客誘引が図ることができる。これは現在，ショッピングが主目的である事例も存在しており，専用道路付きのサービストポスになる。つまり，道路のためのトポスからトポスのための道路というコンテクスト転換がなされている。

● 「サービスエリアトポス」＝道路の付帯機能から主機能へのコンテクスト転換
● 「道の駅トポス」＝農産物の直売場から道の駅ショップへのコンテクスト転換

(4) 「日本遺産トポス」と「国立公園トポス」

日本遺産や国立公園は，今後期待できるコンテクストによる価値発現に注力できるトポスであり，このトポスを捉えたコンテクストの発現する効果によって，地域の訪問者に対し，多様なコンステレーションを現出できる重要なトポスである。特にコンテンツの指向性が濃厚な今までの世界遺産と比較すると，日本遺産や国立公園から地域価値を発現するには，その大部分がそこに関わる

プロデューサーの保持するエクスパティーズに依存している。もちろん，世界遺産でも近年はコンテクストへの指向性を強めているが[20]，世界遺産はコンテンツの価値が多大であるため，コンテンツに依存する傾向が高くなってしまう。

多様な日本遺産も国立公園もコンテンツにはそれほど多大な価値は見出せないが，前者はトポスからいかに日本文化のエッセンスを引き出すかというトポスの第2層に関わる課題が見出される。後者はトポスからいかなる自然の価値を読み取るかというトポスの第3層を捉えた価値発現が必要となる。つまり，これらのトポスでは，ともにプロデューサーのエクスパティーズが問われる。

その意味では，これらからいかに新たなコンテンツ創造による地域価値を引き出すかが，地域ではコンテンツの保持よりも重要になる。前者の場合，多様に手を加えるが，後者はあまり手を加えられないという差異[21]もある。その意味では，後者は世界遺産の自然遺産と類似しているところがある。より深い層である地球層を捉えたジオパークなどは原則的には手を加えられるため，手を加えることによる地域価値の発現は容易であろう。

● 「日本遺産トポス」＝不可視トポスから可視トポスへのコンテクスト転換
● 「国立公園トポス」＝維持目的トポスから活用目的トポスへのコンテクスト転換

第4節　個別事例編 B……影のトポスの特徴

(1) 「原発トポス」と「公害トポス」

未だに地域デザインの観点から積極的に関与することが困難な，いわゆる多様に存在するダークイメージがあるトポスを捉えながら，地域価値の発現が試みられる。第1の事例は，現在，わが国の最大の課題になっている福島[22]に代表される原発トポスであり，第2の事例はこれと比較すればリスクはやや小さいと思われる水俣[23]などに見られる公害トポスである。このような場合の対応課題は，一般的には復興というスローガンになることが多いが，計画が予定通りに進行しても地域デザインの観点から見れば不十分である。それは，地

域デザインは未来創造のための行為であるため，被害が大きければ大きいほど
未来への期待が大きな構想を保持すべきである。つまり，最大の不幸を最大の
希望へとコンテクスト転換することが期待される（原田，2015）。福島では，こ
のような抗危険・災害対応の全国的な運動の中心として，国の安全・安心に関
わる中心としてのポジションを確立するために展開されるべきである。これは
いわば逆張りのコンテクスト転換による価値発現である。それは，福島は原発
によって東日本大震災における最大級の致命的なダメージを受けたため，この
ダメージからの復活は通常の災害戦略レベルでは実現しえないレベルである。

● 「原発トポス」＝復興シンボルトポスから未来シンボルトポスへのコンテク
　スト転換
● 「公害トポス」＝公害被害トポスから公害批判トポスへのコンテクスト転換

(2)　「収容所トポス」と「被爆地トポス」

　近年，観光の対象や世界遺産の対象が大きく転換し，これが急速に影のトポ
スへの期待に結びつきはじめている。このような状況を踏まえ，従来はいわば
地域の厄介ものであった影のトポスに対する観光ビジネスや地域デザインから
関心が高まってきた。危険なため，踏み込めない長崎県の通称軍艦島は，産業
遺産として世界遺産[24]に認定され，ハンセン病の患者が収容されていた大島[25]
を国民に対する啓発のための地域とするハンセン病療養所世界遺産推進協議
会[26]まで立ち上がっている。これは人が観光のために旅をするだけではなく，
併せて反省や学習のためにも旅行することを示している。

　また，広島と長崎は原爆被災地であるため，これらは被爆地としての地域ブ
ランディングを展開するべきである。これらの都市は，わが国でグローバルな
地域ブランドとして期待できるのは，広島と長崎を外して全くない。そのため，
広島と長崎が世界に対し，平和のメッセージを明確にすることが，わが国が行
うべき国際貢献になる。

　つまり，「HIROSHIMA & NAGASAKI」というグローバルな平和のための
ツインブランドの確立が急務の課題になっている。その意味では，重視すべき

はカジノシティを特区[27]にするのではなく，平和都市こそ特区にすべきであろう。なお，このようなコンテクスト転換は，地域価値発現のためには可能な限り早期に行うべきである。実は，このようなコンテクスト転換が行えなかった「水俣」には長い間，公害イメージがつきまとっており，現在でも産業経済的側面においては負の遺産が消えてはいない。

● 「収容所トポス」＝隔離隠蔽トポスから解放公開トポスへのコンテクスト転換
● 「被爆地トポス」＝激甚被害地トポスから平和祈願トポスへのコンテクスト転換

(3) 「空家トポス」と「廃校トポス」

少子高齢化や人口減少は国家的課題であるが，地方ではこの傾向が加速度的に進んでいる[28]。そのため，地域の存在可能性は次第に減少することになる。崩壊に向けて大きな影響を与える要素では，廃校と空家の増大が対応すべき課題である。この2つの地域問題に対する地域デザイン視点からの再構築が期待される。

空家の管理者が不在になっているため，住民に対する地域の安全・安心の十分な担保が不可能になっている。これに加え，イノシシやシカなどの動物の里への進出があり，里の人の暮らしの場としてのポジションが危うくなっている。これは人のテリトリーの縮小を示しており，今後は狭い範囲でのコンパクトなコミュニティの形成が期待されてくる。

これに対し，廃校の場合には規模が大きく公共施設としての活用も可能であるが，一層コミュニティ指向を強めた対応も可能である。地域における公民館や図書館などへの転用を図りながら，住民の連帯感を強化することも追求すべきである。つまり，人口が減少するほど住民の集まる機会の提供は大切になる。これは，施設の単機能型トポスから多機能型トポスへのコンテクスト転換である。

● 「空家トポス」＝無人家トポスから個人外国人民泊トポスへのコンテクスト転換

● 「廃校トポス」＝放置トポスからマルチコミュニティトポスへのコンテクスト転換

(4)　「工場跡地トポス」と「大型店跡トポス」

　各地域で最も深刻な課題は，工場や大型店の撤退によって広大な空き地化した地域の再生である。このような土地を使用できる事業はそれほど多くない。当然，工場はその残骸を完全に撤去することが条件になっており，大型店では擬似的なショッピングセンター化を試みても，そのための適切なデベロッパー(developer)を探すのは難しい。

　工場跡地の場合，地域特性を踏まえた根本的なコンテクスト転換が不可欠である。市場が見出されれば，大型集合住宅地や大型ショッピングモールの誘致も考えられるだろう。ただし，人口減少地域が多いことから，このような生活拠点への転換は，東京や横浜，川崎あたりまでに限定された対応になる。なお，前者の工場跡地は，環境アセスメント[29]が必要になることも再開発のハードルを高くしている。

　大型店は，高度経済成長期には郊外で多く展開されてきたが，人口減少が進むようになると次第に撤退が見られるようになってきた。このような郊外型の大型店は，駅前立地の大型店と比較すると民間資本での受け皿づくりは期待できない。そのため，期待されるビジネスは小売業以外での自家用車を利用したビジネスになる。しかし，現在，このようなビジネスはなく，根本的な対応は不可能である。いずれにしても，コンパクトシティ(compactcity)化の推進機運が高まるなか，郊外の再開発は困難な課題である。したがって，更地化するしか対応が見出せない。

● 「工場跡地トポス」＝生産拠点トポスから生活拠点トポスへのコンテクスト転換

● 「大型店跡トポス」＝施設利用ビジネストポスから更地ビジネスへのコンテクスト転換

おわりに

　本章では，光のトポスと影のトポスを取り上げて地域デザインの視点からこれらのコンテクスト転換時による価値発現について考察してきた。また，第Ⅱ部における事例を読み解く際に有益と考えられるアプローチを紹介した。

　地域デザインでは，ゾーンが先かトポスが先かという議論があるが，ここでは次のように考えたい。まず，トポスの棚卸を行いながら，これらを捉えて意味あるゾーンとして何が考えられるかを決定する。そして，このゾーンとの関係の中で，トポスの価値を投影したコンテクストで表現できるコンステレーションデザインを行うことで，トポスの価値の最大化を指向しようということである。このようなことを考慮しながら，コンテクスト転換を追求することが重要である。その方法は，トポスに対して新たな設備投資などを行い，コンテンツの価値を発現させるのではなく，コンテクスト転換によってトポスの価値を向上させること。

　注
1）繰り返しになるが，本書におけるトポスとは「特別な意味ある場所」ということになる。
2）場所（トポス）は見えにくいものであるが，さまざまな領域でわれわれの存在や思考や感受性を支えている。中村（1989）では，哲学，修辞学，物理学，精神医学，言語論，身体論，演劇論，都市論などを貫く場所の最先端的・本格的な考察を行っている。
3）当初は，Z，C，Tという順序で表記されていた。
4）惑星科学の指向コンステレーションについては，第1章注16）参照。
5）栗本（1981）は，政治組織から個人的存在に至るまで，光に対する影の如く等価の反対物があることを説明している。
6）ダークツーリズムについては，序章注18）参照。
7）ツアー型の旅行から滞在型の旅行とは，これまで日本人は，訪問先として有名な観光地が組み込まれたパッケージ型の旅行に慣れていた。長期休みが取れず，効率よく観光地を回るのにはその方がよかった。しかし，欧米人がこれまで行ってきたように，長期間，一定地域に滞在する旅行が注目を浴びるようになっている。
8）黒川温泉では，顧客が全く来なくなり，まちが消滅しそうになったとき，誰も支援してくれなかったという経験から，自主自立体制で観光客を誘致する取り組みを行ってきた。

9）ドヤ街は日雇い労働者が多く住む街である。「ドヤ」とは「宿（ヤド）」の逆さ言葉であり，旅館業法に基づく簡易宿所が多く立ち並んでいる。東京の山谷，大阪の愛隣地区，横浜の寿町が有名である。

10）かつて高度経済成長期に工場が集中し，京浜工業地帯と呼ばれた地域は，産業の空洞化の影響により，生産拠点を海外に移転，縮小した企業の工場撤退が相次いでいる。その場所に高層マンションや大型小売店などの出店が相次いでいる。

11）JR 川崎駅にかつて隣接していた製鉄工場の跡地は約 10 年前に大型ショッピングセンターとして生まれ変わり，以前は東京・横浜に流れていた消費者は川崎でも消費をするようになった。

12）藤沢から辻堂にかけてかつて存在した家電メーカーの工場跡地は，1,000 戸以上の戸建て住宅が立ち並ぶ地域へと変貌し，単に住宅地になっただけではなく，日本でも有数のエコタウンとして注目されつつある。

13）日本でも 2016 年に海外では一般的になっているカジノを合法化し，導入しようする法案が成立した。正式名称は「特定複合観光施設区域の整備の推進に関する法律（IR 推進法)」である。IR 推進法の成立により，海外からの観光客を呼び込む材料となり経済効果が期待されている。

14）シンガポールは，世界の貿易，交通及び金融の中心地のひとつであり，世界の金融センター，外国為替市場および世界の港湾取扱貨物量で上位に位置する。世界銀行の『ビジネス環境の現状』の報告書は，シンガポールを世界で最もビジネス展開によい国とした。

15）ハウステンボスは，長崎県佐世保市に所在するテーマパークであり，1992 年に開業したが，経営危機を経験しながら，経営者が交代することで営業を継続している。中世のオランダの風土や文化を模しており，美術館，ホテル，マリーナ，スポーツ施設などがあり，ホテルや別荘のほか定住可能な住宅もある。

16）エクスパティーズとは，専門知識や専門技術のことを指す。

17）中百舌鳥古墳群は，大阪府堺市にある古墳群であり，半壊状態のものも含めて 44 基存在する。このうち 17 基が国の史跡に指定されており，別に宮内庁が 3 基を天皇陵，2 基を陵墓参考地とし，18 基が陵墓陪冢となっている。以前は 100 基の古墳があったが，第二次世界大戦後，宅地開発により，半数以上の古墳が破壊された。

18）かつてのサービスエリアは，軽食の購入やガソリンの給油のための場所であったが，海老名サービスエリアに代表されるように，最近はショッピングセンター化したサービスエリアが多い。また，テーマ性を持たせ，江戸の町を再現したサービスエリアなども存在する。

19）道の駅は，一般国道沿いなどにトイレや一時休憩の場所として設置されるようになったが，現在では当該地域の農産物や加工品を販売する拠点として非常に賑わっているところもある。

20）明治期の産業は，わが国の場合，「いとへん産業」を中心として，殖産興業を図ろうとした経緯がある。世界遺産に指定された富岡製糸場などはその典型である。

21）世界遺産の場合，保守するために手を加えることは認められているが，国立公園の場合は，そもそも対象範囲が広いために，手を加えるにも加えられないという事情がある。

第3章　トポスの解釈と地域デザインへの活用　*81*

22）2011年3月に発生した東日本大震災により，福島第一原子力発電所が甚大な被害を受けた。その周辺に居住していた人たちは現在ももかつて住んでいた住居には戻ることができず，避難生活を続けている。他方，廃炉に向けた手続きもあまり進んでいないという問題がある。

23）水俣病は有機水銀よる中毒性中枢神経系疾患で，産業活動が発生源となり，同物質が環境に排出され，食物連鎖によってヒトが経口摂取して発生した。1956年に熊本県水俣市で発見され，1957年に発生地の名称から命名された。その後，類似の公害病にも命名された。1997年にようやく水俣湾の安全宣言がなされ，漁が再開された。

24）軍艦島は正式には端島といい，長崎県長崎市に所在する。明治から昭和にかけて海底炭鉱で繁栄したが，1974年に閉山し，無人島となった。2015年には，軍艦島は「明治日本の産業革命遺産 製鉄・製鋼，造船，石炭産業」の一部として世界文化遺産に登録された。

25）香川県高松市に所在する大島青松園は，1909年に中四国8県のハンセン病療養施設「第4区療養所」として開設され，1946年に「青松園」に改称され，多くのハンセン病患者が半ば強制的に収容されてきた。

26）瀬戸内海に浮かぶ長島と大島にある国立ハンセン病療養養所の世界遺産登録運動を進める専門組織が「ハンセン病療養所世界遺産登録推進協議会」であり，2017年11月に法人設立総会が開催される。NPO法人への認証を経て，2017年度末から本格活動に入る。

27）特区とは，民間事業者や地方公共団体が経済活動や事業活性化や新産業創出のため，国による規制が緩和される特例措置が適用される特定の地域を指す。

28）加速度的に進んでいる状況は，「消滅可能性都市」として日本創成会議が公表した中に多くの地方都市が含まれたことでも明らかになっている。

29）環境アセスメントとは，環境影響評価であり，大規模開発事業を実施する際，予め当該事業が環境に与える影響を予測・評価し，その内容を住民や関係自治体などの意見を聴き，専門的立場からその内容を審査し，事業実施において適正な環境配慮がなされるようにする一連の手続きをいう。

参考文献

奥野一生（2012）『新・日本のテーマパーク研究』竹林館。

木曽崇（2014）『日本版カジノのすべて』日本実業出版社。

栗本慎一郎（1981）『光の都市 闇の都市』青土社。

佐々木一彰・岡部智（2014）『カジノミクス―2020年，日本が変わる！ 日本を変える！』小学館新書。

中島恵（2017）『テーマパーク産業の形成と発展』三恵社。

中村雄二郎（1989）『場所』弘文堂。

原田保（2013b）「地域デザインの戦略的展開に向けた分析視角」地域デザイン学会編『地域デザイン』第1号，地域デザイン学会，pp.7-15。

原田保（2014）「地域デザインのコンテクスト転換」地域デザイン学会編『地域デザイン』第4号，地域デザイン学会。

原田保（2010）「『黒川温泉』のブランディング―入湯手形で著名な癒しの温泉」街」原田
　　保・三浦俊彦編著『ブランドデザイン戦略―コンテクスト転換のモデルと事例―』
　　芙蓉書房出版，pp. 255-271。
原田保（2015）『安全・安心 革新戦略―地域リスクとレジリエンス』学文社。
原田保・板倉宏昭（2017）「地域デザインにおけるアクターズネットワークデザインの基
　　本構想―アクターズネットワークデザインの他のデザイン要素との関係性を踏まえ
　　た定義付けと体系化」地域デザイン学会編『地域デザイン』第 10 号，地域デザイ
　　ン学会，pp. 9-43。
原田保・板倉宏昭・加藤文昭編著（2015）『旅行革新戦略 地域デザインとライフデザイン
　　によるコンテクスト転換』白桃書房。
原田保・三浦俊彦・高井透編著（2012）『コンテクストデザイン戦略―価値発現のための
　　理論と実践』芙蓉書房出版。
原田保・宮本文宏（2016）「場の論理から捉えたトポスの展開　身体性によるつながりの
　　場とエコシステムの創造」地域デザイン学会編『地域デザイン』第 8 号，地域デザ
　　イン学会，pp. 9-36。

第Ⅱ部

個別分野編＝
光のトポス
～期待と開発を捉えて

第4章

「テーマパークトポス」と「カジノトポス」

本田　正美

はじめに〜問題の所在

　本章は，第2部の「個別分野編＝光のトポス」のデザインの事例として，「テーマパークトポス」と「カジノトポス」を取り上げる。ここでは，光のトポスの「テーマパークトポス」と「カジノトポス」のコンテクスト転換による地域価値の発現方法について考察する。

　テーマパークやカジノは「リゾート（resort）」施設として位置づけられている。わが国では，テーマパークは1987年に制定された総合保養地域整備法（通称：リゾート法）の後押しを受けるように，全国でその開設が相次いだ。そして，カジノは2016年に制定された特定複合観光施設区域の整備の推進に関する法律（IR推進法）および2018年に成立した特定複合観光施設区域整備法（IR実施法）を契機に，その開設に向けた検討が行われている。いずれも余暇の時間を過ごす場所を創出するという点で共通しているのである。

　余暇の時間を過ごすということは日常生活から非日常への一時的な脱出を意味する。非日常の空間をいかに創出するのか。その方法としてテーマパークやカジノの開設が位置づけられるのである。

　ここで注意すべきことは，あらゆる場所に日常の生活空間が広がっていると

いうことである。たとえば観光地であっても，そこに住まい，日常生活を営む人びとが存在する。日常空間が途切れなく広がる中に非日常空間を創出しなければならない。これがテーマパークやカジノを開設し，運営し続ける上で常につきまとう困難性である。非日常空間であるための取り組みを止めると，そこは日常空間に飲み込まれていくことになる。少なからずのテーマパークが廃止に追い込まれた理由は，いつもそこにあるものとして日常空間に飲み込まれたことにより，非日常空間を形成するという価値が内在する場所という意味のトポス性を喪失したことによるものと考えられる。

　連綿と広がる日常空間の中で，いかに非日常空間として光を放ち続けるのか。光のトポスとして存在し続けるためには，地域デザインの考え方が参照されるところである。本章は，テーマパークとカジノにつき，成功と目される事例を取り上げることによって，光を放ち続けることによる地域価値の発現方法について考察するものである。

　なお，テーマパークトポスとカジノトポスは「経済的環境層トポス」から「文化的環境層トポス」へのコンテクスト転換により，光のトポスとして，その光を放ち続けることが可能となる。

第1節　トポスとしての「テーマパーク」

(1)　テーマパークのトポス性

　1987年制定のリゾート法は，国民が余暇を利用して行う各種の活動に資するための施設の開発を促進するために制定された。その企図するところは，各道府県がリゾート施設の整備に関する計画を策定し，それにつき国の承認を受けると，税制上の支援や金融機関等による融資を認めるというものであった。

　リゾート法の適用第1号は，「宮崎・日南海岸リゾート構想」，「三重サンベルトゾーン構想」，「会津フレッシュリゾート構想」の3カ所である。「宮崎・日南海岸リゾート構想」では主に宮崎シーガイア，「三重サンベルトゾーン構想」では主に志摩スペイン村，「会津フレッシュリゾート構想」では主にアル

ツ磐梯がそれぞれ開発された。このうち，宮崎シーガイアとアルツ磐梯は運営
会社の破綻を経験している。

　リゾート法適用第1号の3事例のうち2事例が一度は破綻を経験しているように，リゾート法に基づくリゾート開発は順調に進んだわけではない。同法の適用を受けた地域は42カ所にのぼったが，後の2004年に国の方針転換があり，政策評価を行った上で構想の見直しを行うこととされたため，12地域の構想は廃止されるに至っているのである[1]。

　このリゾート法の制定と合わせて，わが国においてテーマパークの開設を促したのは1983年の東京ディズニーランドの開園とその成功である。1960年に京成電鉄，三井不動産，朝日土地興業により設立された株式会社オリエンタルランドが事業主体となって，すでにアメリカで開園されていたディズニーランドを誘致するというかたちで，埋め立てによって東京湾岸地域に生じた人工的な土地に，東京ディズニーランドが開設された。後の2001年には，東京ディズニーシーも開設された。東京ディズニーランドと東京ディズニーシー，さらにディズニーホテルやイクスピアリなどのショッピング施設と合わせて，JR舞浜駅南口一帯が東京ディズニーリゾートとして運営されている。

　1980年代後半以降，日本全国にテーマパークと目されるリゾート施設が開設されていくこととなったが，大貫(2008, p.152)は，次の3点を備えたものをテーマパークと定義付けている。

① 特定のテーマを持っている
② テーマに基づいたアトラクションを有し，パレードやイベントを行っている
③ 100千㎡以上の非日常空間を演出できる一定の空間を有している

　特定のテーマに基づいて，一定程度以上の広さの空間の中で，アトラクションやイベントを展開する。これは非日常空間を創出するための条件であるともいえる。

第4章 「テーマパークトポス」と「カジノトポス」 *87*

図表 4-1 日本のテーマパーク

施 設 名	住 所	開 業	敷地面積(千㎡)	テーマ
東 京 ディ ズ ニ ー ラ ン ド	千葉県	1983 年	735	ディズニー
江戸ワンダーランド 日光江戸村	栃木県	1986 年	495	江戸時代
ス ペ ー ス ワ ー ル ド	福岡県	1990 年	330	宇宙
NEW レ オ マ ワ ー ル ド	香川県	1991 年	690	おもちゃ
ハ ウ ス テ ン ボ ス	長崎県	1992 年	1,520	オランダ
志摩スペイン村 パルケエスパーニャ	三重県	1994 年	340	スペイン
倉 敷 チ ボ リ 公 園	岡山県	1997 年	120	デンマークの チボリ公園
東 条 湖 お も ち ゃ 王 国	兵庫県	2000 年	200	おもちゃ
東 京 ディ ズ ニ ー シ ー	千葉県	2001 年	589	海
ユニバーサル・スタジオ・ジャパン	大阪府	2001 年	540	ハリウッド映画
ラ グ ー ナ 蒲 郡 ラ グ ナ シ ア	愛知県	2002 年	108	海のシルクロード

出所）大貫(2008, p. 152)の図表を引用

大貫(2008)では，2005 年時点のデータに基づき，以上の定義から以下の 11 の施設をテーマパークとしている[2]（図表 4-1）。

当地のコンテクストとは必ずしも関係のないテーマに基づいた非日常空間が創出されていることが見て取れる。その他に，大貫(2008)の定義の①や②を満たしているという意味でのテーマパークは全国各地に点在しており，それらについても立地する地域とは必ずしも関係のないテーマに基づいて非日常空間が創出されているといえよう。

テーマパークは，千葉県浦安市に立地しながら，「東京ディズニーリゾート」という名称を用いていることからも示唆されるように，ゾーンの設定については当該地域の地理に必ずしも制約されない。ユニバーサル・スタジオ・ジャパンも大阪市に立地しながら，「ジャパン」としていることも同様である。地域のコンテクストとは無関係であっても，何らかのテーマを基調として施設を開設することでテーマパークは現出する。この点をもってして，新たな人やモノの流れを創出したい地域にとって，テーマパークはその開設の誘惑に駆られる存在となる。

しかし，図表 4-1 にあるテーマパークのうち，スペースワールド，NEW レオマワールド，倉敷チボリ公園は閉鎖されている。また，前述のように，リゾート法に基づく構想にも廃止とされたものが見受けられるというのが現状である。

ここで，存続するテーマパークと廃止されたテーマパークを分けるのがトポス性の有無にあると考えられる [3]。何らかの特別な意味によって価値が内在されている場所という意味でのトポス性を帯びることができなければ，その施設は当該地域とは何の関係もなく存在するだけとなり，日常空間に飲み込まれていく。施設のコンテンツとしての魅力を継続的に維持するなど，非日常性を創出する取り組みを怠ると，そのテーマパークは早晩に立ちいかなくなるのである。

なお，テーマパークがそのコンテンツとしての力だけでは立ちいかないことは，特に日本におけるテーマパークの失敗の歴史を見れば明らかである。日本を代表するテーマパークとして知られる東京ディズニーリゾートやユニバーサル・スタジオ・ジャパンでは，アトラクションの持続的な更新により，そのコンテンツとしての魅力維持に努めている。当初のテーマ設定が明確であり，そのテーマに基づいて施設を更新することによって，その空間内でのコンテクスト転換を図っていると評することもできる。この 2 つの事例のような強力なコンテンツがあれば別だが，そうではない場合には，コンテクスト転換による価値発現が求められることになる。コンテクスト転換を果たした事例として，以下では，数度の危機を迎えながら再生を遂げた長崎県のハウステンボスの事例を紹介する。

(2) ハウステンボストポス

1) 長崎県にオランダの環境都市を創出する

ハウステンボスは長崎県佐世保市にあるテーマパークである。リゾート法の適用を受けて，1992 年 3 月に開業した。そのテーマは「オランダ」と「環境都市」であり，環境に配慮したオランダの街並みが園内に再現されている。

このオランダというテーマ設定は，ハウステンボスのルーツとして長崎オラ

ンダ村があったことによる。1983年，長崎県西彼杵郡西彼町(現・西海市)に，西彼町の職員であった神近義邦が長崎オランダ村を開園した。当初は小規模な施設であったが，金融機関の融資も受けて，施設は拡大していった[4]。そして，長崎オランダ村の対岸に当たる長崎県に払い下げられていた大村湾北端の陸上自衛隊針尾駐屯地の跡地利用が行き詰っていたところ，神近が長崎オランダ村を発展的に大規模化した施設の開設を構想し，跡地利用としてハウステンボスが建設されることになったのである[5]。この跡地利用という点に着目すると，ハウステンボスはコンテンツ取り換え型トポスデザインの一事例として捉えることができる。

　ハウステンボス開業にあたっての初期投資は2,000億円を超えた。黒字化のラインを年間入場者数500万人に設定してそれを回収する予定であったが，初年度の入場者は375万人であり，最大が1996年の380万人であった。以降，入場者数は減少を続け，そのため初期投資の負債が解消できずに，2003年に運営会社が会社更生法の適用を受ける事態となる。そこで，投資ファンドである野村プリンシパル・ファイナンスをスポンサーとする更生計画のもとで，経営再建が進められることになった。しかし，この経営再建は，愛知万博の人気パビリオンの移設に代表されるようにコンテンツ拡充を重視したものであり，一時の人気回復にしかならなかった。その結果，2009年には入場者数は過去最低の141万人を記録し，2010年3月で経営再建は打ち切られることになった。そして，2010年4月から，旅行代理店業のH.I.S.が中心となる新たな経営再建が開始された。この際に，運営会社であるハウステンボス株式会社の社長にH.I.S.から澤田秀雄が迎えられた[6]。

　当初，ハウステンボスは佐世保市にオランダの街並みを再現した環境都市を作るというコンテクストの下で運営がなされた[7]。ハウステンボスの住所が「佐世保市ハウステンボス町1-1」とされたことからも見て取れるように，佐世保市にオランダの街並みを再現した都市を作るという強いこだわりがあり，コンテクスト転換は困難であったのである。

　素晴らしいオランダの街並みが再現されたとしても，それだけでは何度も繰

り返し訪れたいということにはならず，ハウステンボスは日常空間化していく。非日常空間を一瞬だけ創出したという意味では，一定の目標は達せられたといえるのかもしれないが，本書の問題意識とするところのトポス性を持続的に帯びさせることには失敗し，結果として入場者数の伸び悩みに直面して，2度の経営主体の変更に至っているのである。そのような背景の下で，H.I.S. の創業者である澤田秀雄というチェンジワールドアクターを得て，コンテクスト転換を行うことで再興を果たしたというのがハウステンボスである[8]。

2）再興へ向けたプロセス

澤田新社長の下で，2010年4月以降，矢継ぎ早に各種のイベントが実施されることになる[9]。それらのイベントは小規模なものから季節毎に行われる大規模なものまで多岐にわたる。図表4-2 は，その一覧である。「ONE PIECE」や「AKB」など一目して明らかなように，それらは施設のテーマであるオランダと関係があるものばかりではない(図表4-2)。

なかでも，ハウステンボスの再興を象徴付けるイベントとなったのが2010年冬に開始された「光の王国」である。これは園内をLEDによってライトアップするイルミネーションイベントである。このイベントは「東洋一」を掲げ，全国的な注目を集めることに成功した。光を放つことで非日常性を際立てるという意味では，これこそ「光のトポス」であるテーマパークとしての再生を象徴するイベントであるといえよう。

同じく2010年には，ガーデニングの技量世界一を決めるイベント「ガーデニングワールドカップフラワーショー」が実施された。これが「花の王国」における主要イベントとなる。かように，イベントに関連付けることで「王国」が作られていき，現在，ハウステンボスは「1年中楽しめる6つの王国」を打ち出している。具体的には，「花の王国」，「光の王国」，「ゲームの王国」，「音楽とショーの王国」，「健康と美の王国」，「ロボットの王国」の6つである。2010年4月以降に次々と打ち出されたイベントは，当初は実施可能なものから実施するというものであったが，現在は6つのテーマで再編集され，「王国」として提示されているのである。

第4章 「テーマパークトポス」と「カジノトポス」　*91*

図表 4-2　ハウステンボスにおける開催イベントの歴史

年月	開催イベント
2010 年	
7 月 - 10 月	ONE PIECE メモリアルログ in ハウステンボス
8 月	AKB48 DAY
10 月	ガーデニングワールドカップ 2010 ナガサキ
11 月	イルミネーションイベント「光の街」
11 月 - 2 月	イルミネーションイベント「光の王国」
2011 年	
3 月 - 6 月	花の王国
6 月 - 7 月	初夏のハウステンボス・闇と光の王国
2012 年	
3 月 - 5 月	ドラゴンクエスト展 in ハウステンボス
7 月 - 10 月	幻のゴッホ展
10 月	和牛の祭典 in ながさき
2013 年	
1 月 - 2 月	第二章光と炎の王国
2 月 - 1 月	第三章光と炎の王国
7 月	カプコンサマーフェスティバル in ハウステンボス
9 月	D1GP NAGASAKI DRIFT in ハウステンボス
10 月	ガーデニングワールドカップフラワーショー 2013 in JAPAN
10 月 - 11 月	世界一周植物園
11 月 - 3 月	光の王国 2013
2014 年	
7 月	ゲームの王国
12 月 - 5 月	光と闇の王国

出所）ハウステンボスの各種プレスリリースより筆者作成

　オランダの街並みという日本においては非日常の空間がすでに提供されている。現在のハウステンボスでは，その非日常空間での過ごし方のモデルも提供されていると言い換えることもできる。単にオランダの街並みを体験するということではなく，実際に足を運んで体験できるストーリーが提供されているのである。この6つの王国の楽しみ方は来場者それぞれに異なるものと考えられ

るが，ハウステンボスの Web サイトには，ファミリー向け，ヤング向け，シニア向けのモデルコースが紹介されている [10]。

　2013 年には，ハウステンボス歌劇団が創設された [11]。これは女性のみで歌劇やショーを行うもので，当初は野外での活動であったが，2014 年には園内に「ミューズホール」が完成したことで，劇場での活動に移行している。この歌劇団の例のように，イベントのみではなく，非日常を楽しむための工夫も積み重ねられている。

　ハウステンボスは，オランダの街並みを体験するというコンテクストからオランダの街並みに設定された「王国」で非日常空間を楽しむというコンテクストへの転換を遂げたのである。年間を通じて入場者を飽きさせない取り組みを常に展開したことで入場者数は回復し，2014 年 10 月から 2015 年 9 月の 1 年間の入場者数が 310 万人となった。その後は，入場者数は伸び悩んでいるといえるが，それでも年間 300 万人前後を確保している [12]。澤田による経営再建はローコストでの運営を旨として，黒字化のラインを年間入場者数 150 万人に設定していることから，年間 300 万人前後の入場者を得ることで現在のハウステンボスは安定した収益が期待できるテーマパークとしてその地位を確立しているのである。

3）トポスデザインの特徴

　前項では，ハウステンボスの事例を紹介した。この一事例をもってテーマパークのトポスデザインを論じても普遍性に欠けるが，一時の苦境から再生をとげたテーマパークの事例は少なく，ハウステンボスの事例からインプリケーションを導き出すのは一定の意義があるものと考えられる [13]。

　このハウステンボスの事例は，「ゾーンイニシアチブからトポスイニシアチブへの転換」と「ゾーンとの連携からコンステレーションとの連携への転換」の実現によるトポス性の獲得の成功例として位置づけられる。つまり，長崎県佐世保市に環境に配慮したオランダの街並みを再現するというゾーンに着目した取り組みからオランダの街並みに設定された非日常空間を体験するというトポスを起点とした取り組みへと転換がなされたのである。また，佐世保市に作

第4章 「テーマパークトポス」と「カジノトポス」　93

り出されたオランダというゾーンに依存するのではなく，そのゾーンの中で展開されるイベントを通じて描き出されるコンステレーションに重心が置かれるという転換もなされている。そして，その転換を行う上で澤田のようなアクターが重要な役割を果たしていることも指摘されるところである。

(3) 「経済的環境層トポス」から「文化的環境層トポス」へのコンテクスト転換

　ハウステンボスの再興のプロセスにおいても確認されるように，テーマパークはコンテクスト転換を図り，非日常空間を創出することで，トポスとして成立する。テーマパークは，日常空間に飲み込まれることに抗して非日常空間であり続けることに，その存立の当否がかかっていると言い換えることもできる。

　テーマパークの開設は，未開発地域の開発や大規模施設の跡地利用の方法として位置づけられやすい。これは，テーマパークが経済的環境層トポスとして位置づけられることを意味する。そして，本書第1章の整理に従えば，経済的環境層トポスは欲求充足指向コンステレーションと適合する。確かに，テーマパークはそこに集まる人びとの欲求を充足して初めて，その価値が発現される。そして，どこにでもあるテーマパークとして認識されるようになったとき，そこに訪れようという動機が失われる。つまり，非日常空間を創出するためのコンテクスト転換が必要とされるのである。

　このコンテクスト転換については，文化的環境層トポスへの転換が想定される。本書第1章によれば，文化的環境層トポスは物語創造指向コンステレーションと適合する。人間の心の奥底に長期記憶が定着し，また訪れたいと思わせるような物語を想像させるコンステレーションデザインが求められるのである。そこで，ハウステンボスの「6つの王国」はコンステレーションデザインの試みと見ることもできるだろう[14]。星の間に線を引き星座を描くように，テーマパークでの楽しみの方の動線が提示される。これにより，テーマパークにあって，コンステレーションがデザインされるのである。

第2節　トポスとしての「カジノ」

(1)　カジノのトポス性

　カジノはテーマパークと同様の特徴を有している。つまり，カジノも非日常空間を創出するものであって，ある地域のコンテクストとは無関係に開設が可能であるということである。そして，開設により一定の経済効果が見込めるため，さまざまな地域でその開設が検討されることになる。特に未開発の地域があれば，そこにカジノを開設して振興を図ることが期待される。ただし，カジノの場合は，そこで金銭を賭するギャンブルが行われるということから，賭博に関わる刑罰との兼ね合いもあって，開設したい主体があったとしても簡単に開設が可能とはならないという特徴がある[15]。実際に，カジノは世界各地に存在するものの，それぞれの国の中でも特定の地域に設置が認められるというかたちをとっている。

　その開設に向けた議論が行われている日本においても，カジノが設置される運びとなった際には，その数は限定的なものになることが想定されている。カジノは，特定の地域のコンテクストに依存しない存在であり，裏を返せば，いずれの地域においても設置可能な存在であるが，現実にはその開設が限定されているのである。一方で，施設の数が限定されることから，開設された際に来客が集中することも想定され，開設運営主体にとって一定の収益が期待できるのである。

　しかし，カジノに代表されるギャンブル施設は，その設置にあたっては批判も想定される。そのような施設が設置されることにより，当該地域の治安の悪化を招くという批判がなされ，実際に設置しようとなった時には反対もなされる可能性がある。いわば，ギャンブル施設は負のイメージを帯びているのである。これは本書が関心を払うところの負のトポスとしての側面を有していることを意味する。

　地域デザインにおいては，地域価値を最大化するためにデザイン対象を設定することを原則とする。その意味では，負のイメージを帯びたギャンブル施設

は最初の段階で不利な条件を背負っているといえる。裏を返せば，カジノの開設にあたっては，新たな地域価値を創造するための地域デザインを行うことが求められているのである。それができない時には，カジノは非日常空間を提供する施設ではなく，単なる迷惑施設に成り下がる。

　なお，わが国では，IR 法の制定によりカジノの開設へ向けた動きが見られることは本章の冒頭で指摘した。IR とは，「Integrated Resort」の頭文字を取ったものであり，シンガポールで 2004 年に提唱されたことから普及した（自治体国際化協会，2015）。

　IR は，ホテル，レストラン，カジノ，ショッピングモール，MICE[16]に関わる施設などが集積したものを指す。対して，カジノといえば世界的に著名なラスベガスの場合は，カジノホテルがその中核となり，カジノ企業の集積地と目されている（藤本，2013）。しかし，ラスベガスはトレードショー開催地として 24 年連続で全米 1 位を獲得するなど MICE 誘致に力を入れており[17]，カジノの存在で世界的に名前を知られるラスベガスであっても IR を売りにした地域へと変貌を遂げているのである[18]。これは，たとえばアジアにおける代表的なカジノが立地するマカオも同様である（増子，2016）。

　単に「カジノ」と呼称する場合でも，カジノ施設のみではなく，カジノを含む IR を指すようになっている。そこで，本章はカジノトポスを扱う章であるが，その議論は IR を対象とすることになる。これには，IR 法が制定されたにもかかわらず，カジノ開設の部分に議論の重点が当てられているわが国の現況に対しての批判の意味も込められている。岩屋(2016)，木曽(2014)，佐々木・岡部(2014)，鳥畑(2015)など軒並み表題には「カジノ」を入れていることからもうかがえるように，わが国における IR 法を巡る議論ではカジノに重心が置かれており，地域デザインの観点からカジノを捉えることができずに，結果としてギャンブルの当否に議論が矮小化されてしまっているのである。

　カジノは IR の中のひとつの要素として非日常空間を創出するために機能する。つまり，カジノは非日常空間を形成するという価値が内在する場所という意味のトポス性を発露させるうえで重要な役割を果たすのである。

次項では，2010 年に開設されたシンガポールのマリーナベイのカジノとセントーサのカジノを取り上げる。いずれもカジノ単体での開設ではなく，IRの導入が行われた最新の事例である。

(2) マリーナベイ・セントーサカジノトポス

1) カジノを中心とした IR の導入

シンガポールでは，2005 年 4 月に，リー・シェンロン首相が IR 導入を決断した。その理由として「観光産業の低迷」と「魅力ある都市としての再生の必要性」があげられた[19]。シンガポールでは，建国以来，カジノが禁止されていた。しかし，景気後退に見舞われた際に，地域振興策として 1985 年にセントーサ島カジノ構想が浮上したが，これは当時のゴー・チョクトン副首相により却下された。2002 年にも，カジノ導入案が提起されたが，これも実現には至らなかった。カジノ開設に対しては社会的な拒否反応もあったことから，その実現には至らなかったのである。そのような経緯があったなかで，リー・シェンロン首相は単なるカジノの開設ではなく，IR の導入を行うことを強調して，カジノ開設を決断したのである。

IR 導入にあたっては，シンガポールの中心地区にあるマリーナベイ地区とシンガポール島の南に位置する島であるセントーサ地区の 2 カ所が対象とされ，世界中から事業提案が募集された。入札の結果，マリーナベイ地区はラスベガスでベネチアン・カジノ・リゾートを運営しているラスベガス・サンズ社が選定された。また，セントーサ地区は東南アジアでリゾート事業や不動産事業を展開しているゲンティン・グループのゲンティン・インターナショナル・スタークルーズが選定された。いずれも，チェンジドワールドアクターの主導による開発が行われたのである。

セントーサ地区では，リゾート・ワールド・セントーサ(Resort World Sentosa)が 2010 年 2 月に開業した。続く 4 月には，マリーナベイ地区で，マリーナベイ・サンズ(Marina Bay Sands)が開業した。

リゾート・ワールド・セントーサは，家族で楽しめる大型リゾート施設の構

築がそのコンセプトである。6つのテーマ別ホテルやショッピングストリート，MICE 施設や水族館「S.E.A. アクアリウム」，カジノから成る。カジノは，ホテル「クロックフォード・タワー」の地下に設置された。さらに，2010 年 3 月には，セントーサ島でユニバーサル・スタジオ・シンガポールが開業している。テーマパークとカジノがいずれも非日常空間を創出する点で共通しており，その親和性も高く，テーマパークも IR の一環として組み込まれているのである。このユニバーサル・スタジオ・シンガポールも合わせて，セントーサ島全体で非日常空間が演出されているともいえる。

リゾート・ワールド・セントーサの運営会社は日本語による Web サイトを開設しており，そこにアクセスすると，「選べる七つのモデルコース」がおすすめコンテンツとして紹介されている。その 7 つとは，「ファミリーでアクティブ満喫コース」，「ファミリーでパパ・ママも満足コース」，「女性同士で充実女子旅コース」，「女性同士で女子力アップコース」，「カップルでアクティブデートコース」，「カップルで贅沢デートコース」，「取引先・同僚とビジネスコース」である [20]。それぞれのコースの中におけるカジノの位置づけ方には差があるが，いずれのコースでも非日常空間の楽しみ方が提示されているのである。

もう一方のマリーナベイ地区には，シンガポールを代表するシンボルであるマーライオンがある。多くの観光客が訪れるマーライオンが設置されているマーライオン公園の対岸に開設されたのがマリーナベイ・サンズである。

マリーナベイ・サンズのランドマークとなるのが 3 つの超高層ビルとその屋上を連結する空中庭園「サンズ・スカイパーク」(Sands Sky Park) である。この空中庭園には屋上プールが設置されている。そして，ホテルを主とする超高層ビルの周囲に，ショッピングモールや蓮の花をイメージしたミュージアム，シアターや MICE 施設などが配置されている。また，巨大な植物園「ガーデンズ・バイ・ザ・ベイ」が隣接し，超高層ビルからの連絡橋が整備されており，一体となって IR を構成していると目される [21]。マリーナベイ・サンズにあっては，カジノはそれら施設の一要素にすぎないが，カジノとしての規模自体は世界最大級である [22]。

マリーナベイ・サンズは，島に開設されたリゾート・ワールド・セントーサとは異なり，中心市街地と接続する地区にある。それゆえ，非日常空間を創出するという点で困難性が存在するものと考えられるが，それを克服するのが目を奪われる特徴的な外観を持つ3つの超高層ビルと「サンズ・スカイパーク」や異世界を思わせる不思議な風景が広がる「ガーデンズ・バイ・ザ・ベイ」であり，さらにカジノを含む一群の各施設で提供されるアトラクションがそれを強化している。

マリーナベイ・サンズの運営会社は日本語の Web サイトを開設しており，それにアクセスすると，「マリーナベイ・サンズだけの心ときめく体験」と掲げられている[23]。ここでも何か特定の施設についての来訪を促すのではなく，他ではできない体験が可能であることを前面に出したプロモーションが行われていることが確認できる。

2) IR の価値発現プロセス

藤本(2014)では，IR は多岐にわたるコンテンツを提供することが可能であり，これが消費者の求めるロングテール的なニーズに応えることを可能としているとする。IR が「多様な遊び方が混沌と共存する状態」(藤本，2014，p. 280)を実現する可能性を指摘するのである。セントーサとマリーナベイのいずれもがカジノに限定されない多様な遊び方や楽しみ方を提供しており，IR の本旨を実現しているといえるだろう。

なお，セントーサとマリーナベイに IR が開設されたわけだが，両者はそのカジノ収入が IR 収入の全体の8割以上を占めている[24]。いずれの IR においても，その経営においてカジノが重要な位置を占めているのである。中島(2011)によれば，長期間成功しているテーマパークは，市場の指向や社会の変化を敏感に察知し，追加投資を続けることで常に進化しているとされている。IR についても，その魅力維持のためには追加投資が必要とされるところであり，IR について多種多様な施設の存在が強調されるとしても，収益源としてのカジノを抜きにして，それを論じることができないことは付言しておく必要がある。

3) トポスデザインの特徴

前項では，シンガポールのマリーナベイとセントーサにおけるカジノ開設の事例を紹介した。この事例のうちセントーサは，未開発辺境地区からグローバルカジノシティ地区へのコンテクスト転換の成功例といえる。いわば何もないところを非日常空間で埋め尽くしたのである。対して，マリーナベイはシンガポールの中心地区に立地するものであり，未開発辺境地区に関するコンテクストとは言い難い。ただし，マリーナベイ・サンズは埋め立て地にグローバルカジノ地区を創出したものであり，新たに生じた土地に非日常空間をしたものと考えることもできる。つまり，マリーナベイとセントーサの事例も「ゾーンイニシアチブからトポスイニシアチブへの転換」の実現によるトポス性の獲得の成功例として位置づけられる。いずれの事例も特定のゾーンの開発というコンテクストから他ではできない体験が可能な空間を作り出すというトポス性の創出というコンテクストへの転換がなされているのである。

さらに，マリーナベイとセントーサの両事例は，「ゾーンとの連携からコンステレーションとの連携への転換」を行った事例でもある。いずれも特定のゾーンにおける開発という方法が取られているが，そのゾーンの中で多様に展開可能な体験によって描き出されるコンステレーションデザインに重心が置かれるという転換もなされているのである。そして，その転換を行う上でラスベガス・サンズ社やゲンティン・グループのようなチェンジドワールドアクターが重要な役割を果たしていることも指摘されるところである。

(3) 「経済的環境層トポス」から「文化的環境層トポス」へのコンテクスト転換

カジノを中心に据えたIRもテーマパークと同様にそこに集まる人びとの欲求を充足して初めて，その価値が発現される。そして，トポスとしての魅力を維持するために，非日常空間を創出するためのコンテクスト転換が必要とされるのである。

このコンテクスト転換についてもテーマパークトポスと同様に，文化的環境

層トポスへの転換が想定される。文化的環境層トポスは物語創造指向コンステレーションと適合するものであり，リゾート・ワールド・セントーサの「選べる七つのモデルコース」はコンステレーションデザインの試みと見ることもできるだろう。

　カジノトポスは光のトポスとして位置づけられている。ここで，光は各地域に価値を与えるトリガーとして捉えられているが，この光をトポスとしての魅力と言い換えると，議論の見通しがつきやすい。本章でもテーマパークに関して論じる際に指摘したところであるが，これまでに開設されたテーマパークはそのすべてが順調に運営されているわけではない。その魅力を喪失したことで，閉鎖に追い込まれている事例もあるのである。その時には，本書でも別の章で論じられているダークツーリズムの対象として扱われることになる可能性もあるが，テーマパークやカジノとして存続するには，その魅力＝光をいかに放ち続けるのかが課題となるのである。その方法としては継続的な投資による施設の更新やイベントの持続的な展開が考えられる。この点で，IRはコンベンション施設も併設することにより，その場所で多種多様なイベントを展開することが可能であり，その魅力を維持する方法を考えやすい。

　2018年6月には，米国のトランプ大統領と北朝鮮の金委員長の会談がセントーサ島で行われた。その会談にも象徴されるように，コンベンション施設で実施されるイベントは非日常空間を創出するものであり，これはカジノトポスとしての特性を強化する営為となるものと考えられる。

おわりに〜地域デザインからの総括

　本章では，テーマパークトポスとカジノトポスの事例について論じた。最後にこれらの事例に関する今後の展望について言及しておく。

　テーマパークやカジノは，今後も開設されることがあれば，閉鎖されることも予想される。そのような中で考えられるのは，リゾート・ワールド・セントーサおよびユニバーサル・スタジオ・シンガポールの事例に見られるように，

テーマパークとカジノを合わせて IR として運営されるトポスの登場である。いずれの施設も人びとが余暇を楽しむ非日常空間を提供する点で目的を一にする。それゆえに，テーマパーク開設やカジノ開設といったコンテンツ主導のあり方ではなく，非日常空間の創出というコンテクスト主導のあり方が今後は求められることが予想される。

　また，「マリーナベイ・サンズ」に隣接して国立の植物園である「ガーデンズ・バイ・ザ・ベイ」が立地していることからも示唆されるように，IR の開発という経済的環境層に関わる取り組みに自然的環境層に関わる取り組みが接続される可能性も指摘されよう。いわば，経済的環境層と自然的環境層を並置させ，両層への移動を物理的に可能とすることで，それを体験する観光客にコンテクスト転換を感じさせることができるのである。

注
1）リゾート法にかかわる経緯と現況については，国土交通省の Web サイトの以下のページを参照した。http://www.mlit.go.jp/kokudoseisaku/chisei/crd_chisei_tk_000025.html（2018 年 4 月 4 日アクセス）
2）この 2005 年以降，日本のテーマパークは冬の時代を迎え，新規の大規模な施設の開業は 2006 年の「キッザニア東京」程度しか存在しない。そのため，ここでは大貫（2008）の一覧をそのまま引用する。
3）トポス性をめぐっては，本書第 3 章で展開されている議論を参照する。
4）長崎オランダ村は，2001 年に閉館した。
5）ハウステンボス開設の経緯については，神近（1994）を参照した。
6）澤田が迎えられるまでの経緯については，木ノ内（2014）を参照した。
7）神近（1994）によれば，神近は観光と結び付いた環境未来都市の開発を指向していた。この点，テーマパークという非日常空間の創出ではなく，日常空間の創出を目指していたと考えることもできる。
8）チェンジワールドアクターについては，原田・板倉（2017）を参照した。
9）澤田社長の下での取り組みについては，澤田（2012）を参照した。
10）ハウステンボス Web サイトを参照。http://www.huistenbosch.co.jp/guide/modelcourse/（2018 年 4 月 4 日アクセス）
11）現在は，名称を「歌劇 ザ・レビュー ハウステンボス」としている。その詳細については，公式 Web サイトを参照した。http://www.huistenbosch.co.jp/htb-kageki/（2018 年 4 月 4 日アクセス）
12）入場者数は，ハウステンボスの業績に関するプレスリリースを参照した。http://www.

huistenbosch.co.jp/aboutus/release.html（2018 年 4 月 4 日アクセス）

13）テーマパークを取り上げた研究自体が必ずしも多くはなく，それらも中島（2013）のように成功事例であるディズニーリゾートを取り上げたものか，奥野（2012）のように事例を網羅的に集めたものが主である。

14）コンステレーションデザインについては，原田（2014）を参照した。

15）カジノの設置には政策上の判断が必要とされるところである。この点につき，カジノと公共政策について整理した中條（2017）を参照した。

16）MICE は，Meeting, Incentive tour, Conference/Convention, Exhibition/Event の頭文字をとったものである。MICE については，以下の観光庁の Web サイトを参照した。http://www.mlit.go.jp/kankocho/shisaku/kokusai/mice.html（2018 年 4 月 4 日アクセス）

17）以下のラスベガス観光庁の Web サイトに，Trade Show News Network による調査結果が掲載されている。http://press.lvcva.com/News-Releases/ALL/las-vegas-continues-to-take-the-top-spot-among-trade-show-destinations/s/974032ee-e58d-4108-9dd0-9662f35a44af（2018 年 4 月 4 日アクセス）

18）自治体国際化協会（2015）によれば，1966 年にネバダ州の開発業者ジェイ・サルノが建設した「シーザーズ・パレス」が IR の先駆けであり，ラスベガスに IR の原型は見出される。

19）シンガポールにおけるカジノ開設の経緯および概要については，自治体国際化協会（2015）を参照した。

20）リゾート・ワールド・セントーサの Web サイトを参照した。http://www.resortsworldsentosa.jp/Resort/Family.html（2018 年 4 月 4 日アクセス）

21）ガーデンズ・バイ・ザ・ベイはシンガポールの国立公園であり，この整備自体がシンガポールの国家プロジェクトである。

22）自治体国際化協会（2015）において，世界最大級のカジノであるとされている。

23）マリーナベイ・サンズの Web サイトを参照した。https://jp.marinabaysands.com/#4bHhyggD4SVfZbey.97（2018 年 4 月 4 日アクセス）

24）自治体国際化協会（2015），pp. 35-36 を参照した。

参考文献

岩屋毅（2016）『「カジノ法」の真意「IR」が観光立国と地方創生を推進する』KADOKAWA。

大貫学（2008）「テーマパークの経営」『流通科学大学論集—流通・経営編』第 20 巻第 2 号，pp. 145-165。

奥野一生（2012）『新・日本のテーマパーク研究』竹林館。

神近義邦（1994）『ハウステンボスの挑戦』講談社。

木曽崇（2014）『日本版カジノのすべて』日本実業出版社。

木ノ内敏久（2014）『H.I.S. 澤田秀雄の「稼ぐ観光」経営学』イースト・プレス。

佐々木一彰・岡部智（2014）『カジノミクス—2020 年，日本が変わる！ 日本を変える！』小学館新書。

澤田秀雄（2012）『運をつかむ技術—18 年間赤字のハウステンボスを 1 年で黒字化した秘

密』小学館。

自治体国際化協会（2015）「シンガポールにおける IR（統合型リゾート）導入の背景と規制」
　　　　『Clair Report』No. 417。

鳥畑与一（2015）『カジノ幻想』ベストセラーズ。

中島恵（2011）『テーマパーク産業論』三恵社。

中島恵（2013）『東京ディズニーリゾートの経営戦略』三恵社。

中條辰哉（2015）「統合型リゾートにおける 2 つのビジネスモデル—リンク型 IR とクロー
　　　　ズ型 IR」『大阪商業大学アミューズメント産業研究所紀要』第 17 号，pp. 131-154。

中條辰哉（2017）「カジノと公共政策」『大阪商業大学アミューズメント産業研究所紀要』
　　　　第 19 号，pp. 27-43。

原田保（2014）「地域デザイン理論のコンテクスト転換」地域デザイン学会編『地域デザ
　　　　イン』第 4 号，地域デザイン学会，pp. 11-27。

原田保・板倉宏昭（2017）「地域デザインにおけるアクターズネットワークデザインの基
　　　　本構想—アクターズネットワークデザインの他のデザイン要素との関係性を踏まえ
　　　　た定義付けと体系化」地域デザイン学会編『地域デザイン』第 10 号，地域デザ
　　　　イン学会，pp. 9-43。

藤本光太郎（2013）「カジノ産業における競争環境に関する考察—米国シーザーズ社にお
　　　　けるロイヤリティ・プログラムとビッグデータマーケティングを参考に」『大阪商
　　　　業大学アミューズメント産業研究所紀要』第 15 号，pp. 183-200。

藤本光太郎（2014）「観光集積としての統合型リゾートにみられるロングテール的特徴」『大
　　　　阪商業大学アミューズメント産業研究所紀要』第 16 号，pp. 267-282。

増子保志（2016）「マカオカジノ産業における構造変化—転換点としての対外開放」日本
　　　　国際情報学会誌『国際情報研究』13 巻 1 号，pp. 26-36。

第5章

「超高層マンショントポス」と
「リゾートトポス」

趙　時　英

はじめに〜問題の所在

　本章は，第2部の個別分野編＝光のトポス〜期待と開発を捉えての事例のひとつである。ここでは，光のトポスの「超高層マンショントポス」と「リゾートトポス」のコンテクスト転換による新たな地域価値の発現方法について考察する。

　1990年代後半以降，東京大都市圏においては，人口の都心回帰の動きが継続している。そして人口増加に伴う住居需要の受け皿として，工場やオフィスの跡地において大規模な超高層マンションの開発が盛んである。東京からほど近い川崎市では，中原区武蔵小杉を川崎の第三都心(都心＝川崎，副都心＝溝の口・新百合ヶ丘)に指定し，住・商・医が整った「コンパクトな街」を標榜し，東西南北エリアごとに再開発と交通インフラ整備の計画を策定した。これにより，武蔵小杉駅周辺の3ヘクタール以上の工場跡地やグラウンド跡地には，超高層マンションの建設が相次いでいる。また，大型商業施設のグランツリー武蔵小杉が開業するなど，再開発後，首都圏の住みたい街ランキングでも上位をキープしている。

　また，近年の祝日法改正による3連休の増加や長期休暇が取りやすくなった

ことなどにより，旅行を楽しむ人が増え，多くの地域では，さまざまな旅行の楽しみ方を提案している。特にリゾート(地)では，これまでと同様，非日常を訴求することを中心として，ホテルや旅館をはじめ，観光事業に力を入れる事業者が増加している。他方，インバウンド(外国人旅行者)の数は，毎年かなりの勢いで伸張している。インバウンドもはじめての日本訪問では，ゴールデンルートをまず経験するが，リピーターとなってからは，日本人旅行者もなかなか訪れないような地域を訪れている。宿泊に関してもラグジュアリーな施設やこれまで経験したことのない民泊などさまざまな楽しみ方をしている。

　本章では，工場跡地やグラウンド跡地に建設された高層マンショントポス，旧来の温泉旅館から新しい温泉の楽しみ方を提示するリゾートトポスを対象としている。そこでは，それらトポスの有効性と地域デザインへの貢献を検討する。なお，ここで論じられる2つの事例では，それぞれのコンテクスト転換は，トポスの空間構造では経済的環境層から文化的環境層への転換，さらには自然的環境層への転換について言及している。

第1節　トポスとしての「超高層マンション」

(1)　超高層マンションのトポス性

　日本でいわゆるマンションが住居形態として，本格的に供給されはじめたのは高度経済成長期といわれており，1970年代の東京都港区の三田綱町パークマンション，さいたま市の与野ハウス，板橋区のサンシティなどが，超高層マンション時代の幕開けともされている。超高層マンションについて明確な定義はないが，建築基準法第20条に規定されている「高さが60mを超える建築物」を超高層と同義とすることが多い。したがってマンションの場合，概ね20階を超えるものがこれに相当する[1]。また，超高層マンションはその外観からタワーマンションとも呼称される。

　1997年には，特定地域の容積率の上限が400％から600％へと引き上げられ，「高層住居誘導地区」の指定，周辺の日照を確保するための日影規制や斜線制

限が緩和された。さらに廊下，階段，エレベーターホール，エントランスホール等を容積率の計算対象から除外し，専用住居面積を増やす特例制度が全国一律で設けられた[2]。これにより，超高層マンションの建設が急増し，東京都心や湾岸地域などで供給されたことにより，人口の都心回帰と呼ばれる現象が起こった。その後，大都市近郊の鉄道沿線や地方都市などでも超高層マンションが多く建設されるようになり，日本中で超高層マンショントポスが形成されるようになった。

(2) 武蔵小杉超高層マンショントポス

1) 川崎市中原区というトポス

　川崎市中原区武蔵小杉は，十数年ほど前まではほとんど全国的な知名度がなく，無名に近かった街である。その街が，現在では超高層マンションが林立し，急速に変貌している。これらの超高層マンションは，武蔵小杉駅周辺に所在した企業の厚生施設や大規模工場の跡地やグラウンドをマンション用地として利用し，再開発を進めたことにより出現した。これにより，武蔵小杉は，首都圏の住みたい街ランキングでも，ここ数年上位をキープしている。武蔵小杉駅はJRの南武線，横須賀線，湘南新宿ライン，東急の東横線，目黒線が乗り入れている首都圏屈指のターミナル駅である。特に2000年に目黒線が乗り入れたことによって，東京メトロ南北線や都営地下鉄三田線とも直結し，2010年にはJR横須賀線武蔵小杉駅が開業し，東京，新宿，池袋，品川，横浜などへもアクセスしやすい地域へと生まれ変わった。

　また，駅前には6つの商店街や大型商業施設などが次々と建設され，買い物にも便利で，多摩川に近く，競技場や市民ミュージアムを備えた等々力緑地もあり，子育てやレジャーの環境が整っている。まさに経済的環境層に文化的環境層と自然的環境層が重なり始めたといってもよいだろう（図表5-1）。

2) 人口減少時代と逆行する川崎市中原区

　川崎市に7つ存在する行政区のひとつである中原区は，再開発が始まった十数年前から毎年1,000人から5,000人超の勢いで人口が増加し続けている。川

第 5 章 「超高層マンショントポス」と「リゾートトポス」　*107*

図表 5-1　武蔵小杉の主要交通アクセスマップ

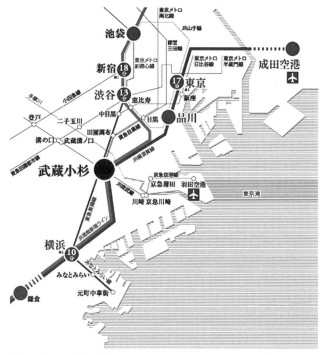

出所）ブリリア武蔵小杉，http://www.b-musashikosugi.com/（2018 年 3 月 26 日アクセス）

崎市の調査によれば，同区の人口増加率は 2005 年 6.2％，2010 年 11.1％，2015 年 5.8％と他の区を圧倒している。川崎市 7 区の人口順位では 2005 年からずっと 1 位であり，2016 年には川崎市内の区として初めて人口が 25 万人を突破している。そして，人口密度(16,793 人／km²)も，世帯数(123,547 世帯)も 1 位となっている。特に中原区内の武蔵小杉駅周辺には超高層マンションの建設が進んでいることもあり，ファミリー層や DINKs (double income, no kids)層の転入増加が顕著となっている。中原区では，出生から死亡を引いた自然増が 2015 年に 1,501 人となり，市内 7 区でトップであった。転入から転出を引いた社会増

も 2,192 人と多くなっている。転入して出産する例も多い。また，武蔵小杉駅周辺の人口増加率は，川崎市や中原区のそれを大きく上回っている[3]。

「シティタワー武蔵小杉」を建設した住友不動産のアンケートによると，契約者の 7 割は中原区外からの転入者であり，年齢別では 30 代が 32% と最も多くなっている。武蔵小杉駅周辺にタワーマンションを建設する業者の多くは，

図表 5-2　武蔵小杉駅周辺の開発地区および開発概要

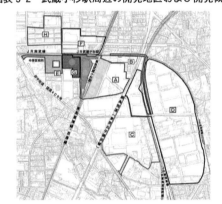

地区	主な建物の概要	主要用途および高さ	完成年
A	パークシティ武蔵小杉ミッドスカイタワー パークシティ武蔵小杉ステーションフォレストタワー エクラスタワー武蔵小杉 ららテラス武蔵小杉(商業棟)／パークシティ武蔵小杉 ザ・グランドウイングタワー	市民館，住宅(794 戸)，59 階建 商業，住宅(643 戸)，47 階建 商業，住宅(326 戸)，39 階建 商業，住宅(506 戸)，38 階建	2009 年 2009 年 2013 年 2014 年
B	ブリリア武蔵小杉	住宅(130 戸)，20 階建	2011 年
C	リエトコート武蔵小杉イーストタワー／ザ・クラッシィタワー ザ・コスギタワー シティハウス武蔵小杉	住宅 2 棟(1,084 戸)・生活関連施設，45 階建 住宅(689 戸)，49 階建 住宅(188 戸)・店舗，22 階建	2008 年 2008 年 2009 年
D	NEC 玉川ルネッサンスシティ レジデンス・ザ・武蔵小杉 リッチモンドホテルプレミア武蔵小杉	業務，26 階建／37 階建 住宅(389 戸)・店舗，24 階建 ホテル，21 階建	2005 年 2007 年 2008 年
E	プラウドタワー武蔵小杉	商業・業務・住宅(591 戸)，45 階建	2014 年
F	商業・保育所・住宅(2 棟 1,500 戸)，50 階建，2025 年完成予定		
G	商業・業務・住宅(519 戸)・子供文化センター，38 階建，2019 年完成予定		
H	商業・コンベンションホール・住宅(592 戸)，53 階建／商業・保育所・住宅(613 戸)，53 階建 2018 年完成予定		

出所）川崎市まちづくり局拠点整備推進室の資料を基に作成

50代以上を主な顧客層と予想していたが，実際にはそれよりも若いファミリー層が多数を占めている状況となった[4]。さらに武蔵小杉ではなく，同じ中原区内にある向河原や平間，元住吉などの駅周辺でも転入者が増加している。これらの駅は，武蔵小杉から少し離れてはいるが，若い人にとっては東京や横浜にアクセスがよいことが高く評価されている（図表5-2）。

3) 新旧住民が融合しはじめる街

　武蔵小杉駅周辺では，2005年に完成したNEC玉川ルネッサンスシティを皮切りに，超高層業務用ビルやホテル，そして超高層マンションが次々と建設され，完成した。当初は駅東口エリア（図表5-2のA地区）から始まった開発は，駅の西側，北口，その周辺にも拡大している。図表5-2で示したように，20階建て以上の超高層マンションは，現在，計画中のものも含めて約20棟に及んでいる。最近10年間で供給された住宅総戸数は，およそ5,340戸にのぼり，今後の供給計画が明らかになっているものだけでも3,000戸以上ある。したがって，今後の人口増加も十分に期待できる状態である。

　中原区武蔵小杉駅周辺は，かつて企業の厚生施設や工場が多く所在していた。その跡地に超高層マンションが建ち並ぶようになり，そこに入居する世帯の大半がファミリー層である。そして，マンションが完成するたびに数千を超す新住民が流入している。東京都でも湾岸地域を中心に大規模な超高層マンションの開発が続いており，例えば江東区の豊洲駅周辺では6,000戸以上のマンションが供給され大量の人口流入があったが[5]，昔からの活気あふれる商店街や既存の住宅地を中心に市街地が広がっていた武蔵小杉駅周辺とは街の成り立ちが異なる。この地域に統計上では，最近10年間で4万人近くの人口が増えている（2005年21万人→2015年24.8万人）。このような状況になると，以前から居住している住民と新しく転入してきた住民との間でさまざまな問題も起こりうる。つまり，既存住民と新住民との融和が，街のさらなる発展には必要不可欠な課題となる。急激な新住民の受け入れを行政だけの対応で行うには不十分であり，新旧住民をつなぎ，ともに街をマネジメントする組織が必要となる。こうした課題に取り組むため，2003年からは川崎市が音頭を取り，地域住民，

商業者，事業者などに呼びかけ，街づくりの方向について検討を重ねてきた。そして，NPO法人小杉駅周辺エリアマネジメントが2007年組織されることとなった[6]。同組織は，地域住民や商店会の商業者などが新住民の受け入れ態勢を整え，開発ごとに異なるマンション管理組合とは横のつながりを取り持ち，新住民と地域の融和を図り，地域の発展につないでいくことを目的としている。地域の町内会，商店街，市民活動団体，そして会員マンションを束ねるプラットフォームともいえる。2016年の会員マンションは9棟，5,000世帯を数える[7]。

　エリアマネジメントの主な活動は，街に寄与する「公益事業」と加盟するマンションに共通利益を模索する「共益事業」の2つあるが，その内容は多岐にわたっている。たとえば，乳幼児の父親や母親の交流サロンや地域清掃活動，読書を通じたコミュニティ，10万人もの人を集めるようになったコスギフェスタといったイベントほか，防災や防犯に関する活動や広報誌製作などもある。また共益事業では，会員マンション間でコスト削減などの情報交換を行い，共通する問題点を共同で解決していく活動や共益に資するイベントなどの企画，実施も行っている。こうして，新旧住民が自然と交わるようになっていくことで，町内会の高齢化で何年も行われていなかった夏祭りが復活したり，マンション住民が神輿の担ぎ手になったりしている。そこでは，エリアマネジメント，情報，場所が揃ったことにより，武蔵小杉では人がつながりやすくなると同時に，いろいろなコミュニティが立ち上がるようになってきた。これはこの街をもっと楽しく，面白く，住みやすい街にしていこうという雰囲気が醸成されてきたためである。

　従来の再開発においては，新旧住民がほとんど交わらない地域が実際に存在していることなどを考えると，武蔵小杉における新旧の融合ぶりや，地域の活動の活発さには多くの示唆がある。外からは超高層マンションが並ぶ，無味乾燥な街にしか見えないものの，その内部では人がつながり，街をよりよく，面白くしようという活動が増加している。ここでは，開発で生まれたハード面の住みやすさ，人のつながりが生むソフト面での住みやすさ，その2つが揃っていることが武蔵小杉の強さといえよう[8]。

(3) 経済的環境層から文化的環境層へのコンテクスト転換

　武蔵小杉駅周辺は，川崎市の広域拠点として市街地再開発事業や住宅市街地総合整備事業が進められている。駅周辺は，1926年に現在の東急東横線が開通したことによって，東京への通勤圏に組み込まれたことから人口が増加し，駅前にはいくつもの商店街も形成された。また，周辺には電機，通信，機械関連の工場や社宅などが多く建設された。世界でも有数の工業都市として発展を遂げてきた川崎市は，産業構造の変化の中で，工場の再編や海外移転などによる工場閉鎖が進み，その跡地を利用した街づくりを進めてきた。川崎市では武蔵小杉の他に，川崎駅周辺地区では商業や業務中心地としての機能強化を目指した再開発が行われ，新百合ヶ丘駅周辺地区は文化芸術等の地域資源を活かした賑わいのある街づくりが進められている。つまり，地理的に南北に長い川崎市が，その長さを生かした特色ある街づくりをそれぞれの地域で行うことを後押ししているともいえよう。それぞれの地域では，かつては経済的環境層のみであった地域が多いが，それらゾーンに対し，文化的環境層を重ねたり，あるいは経済的環境層を取り払い文化的環境層としたり，自然的環境層としている地域も存在するようになった。

　現在の日本では，人口減少の兆しが見える都市も多くある中，人が集まり続けるまちである武蔵小杉は，各種の民間調査でも「住みたい街」として常に上位にランクされるが，人口の大幅な増加は課題も生んでいる。2010年にJR横須賀線の新駅が武蔵小杉にでき，都心へのアクセス時間は短縮されたが，朝夕の駅の混雑はかなりひどくなった。同駅の乗車人数は，新駅ができた直後の2010年度は約10万人であったが，2016年度には約13万人に増えた。地域住民による「小杉・丸子まちづくりの会」のアンケートで7割の住民が「交通の便が良い」ことを住んで良かったと評価する一方，「駅の混雑」については6割の住民が不便に感じ，不満を口にしている[9]。これらの駅を利用する住民の不満解消は急務であろう。

　こうした日本各地での都市整備においては，大きな役割を担ってきた官民の市街地再開発であるが，東京都では超高層マンションを備える割合が1990年

代前半の 15% から 2016〜2020 年には 5 割近くに増加することが予想されている [10]。このように超高層マンションが増加する中でも，各地域では街を安全・快適なトポスとし，多くの人や店舗，企業が集まる都市に生まれ変わらせる努力が継続され続けている。

第 2 節　トポスとしての「リゾート」

(1)　リゾートのトポス性

　2016 年の訪日外国人旅行者(インバウンド)数は，過去最高であった 2015 年の 1,974 万人をさらに上回り 2,404 万人となり，4 年連続で過去最高を更新した。これらインバウンドのうち，アジアからのインバウンドは 2,010 万人となり，インバウンド全体に占める割合は 84% にも達している [11]。日本政府も 2010 年を境として，観光を地方創生の切り札，国の成長戦略の柱と位置づけている。また，インバウンドによる日本国内における消費額も 2011 年の 8,000 億円から急速に拡大し，2016 年には 3.7 兆円となった。さらにインバウンドの費目別消費額をみると，買物額は減少しているものの，宿泊料金は 8,974 億円から 1 兆 140 億円へと増加している [12]。そこで，インバウンド 1 人当たり旅行支出を費目別にみると，買物額が 5 万 9,323 円と最も高く，次いで宿泊料金(4 万 2,182 円)，飲食費(3 万 1,508 円)の順となっている。これを国籍・地域別にみると，宿泊料金は，オーストラリア，スペイン，英国，ドイツ，イタリア等の欧豪の国々が上位を占めている。他方，買物額では中国が 12 万 2,895 円で最も高かった。このように日本を訪れるインバウンドは，8 割以上がアジア圏からであり，旅行支出費目も異なる。そこでこれらのインバウンドの特性を生かしたビジネスが展開されることを考察しなければならない。

　観光庁の宿泊旅行統計調査によれば，日本国内のホテル・旅館等における延べ宿泊者数は 2017 年 4 億 9,819 万人にのぼり，そのうち外国人延べ宿泊者数は 7,800 万人で前年比 12.4% 増加であった(図表 5-3)。外国人の割合は 15.7% を占める。また，外国人延べ宿泊者数の対前年比を三大都市圏と地方部で比較す

ると，三大都市圏の 10.2％増に対し地方部は 15.8％増となっている。ここ数年地方部の伸びが三大都市圏の伸びを大きく上回ってきており，地方部のシェアが調査開始以来初めて 4 割を上回っている[13]。

宿泊施設タイプ別では，特にシティホテルにおける外国人の割合が高く，2011 年は 13.8％であったが，2016 年には 32.6％にまで拡大している。またリゾートホテルも 2011 年の 3.6％から 2016 年では 13.7％へ，旅館も 1.3％から 7.7％へと拡大している。

さらに，1998 年と 2015 年で希望する国内旅行の種類を比較すると，「温泉旅行」，「自然観光」に対するニーズが引き続いて高くなっている。当然のことながら，そこでは地域が有するコンテンツをいかに活用するかが重要となる。なお，2016 年の日本人 1 人当たりの国内宿泊観光旅行の回数は，1.39 回，宿泊数は 2.28 泊となっており，国内旅行消費額は 20.9 兆円である。これらの数字を見ると，日本人の旅行スタイルは国内とはいえ，回数が少なく，宿泊数も少ないことから，「安・短」の特徴が出ているといえよう。他方，インバウンドは日本人の旅行よりは，宿泊数も長く，滞在期間も長いことが理解できよう。

図表 5-3　外国人・日本人の延べ宿泊者数の推移

出所）観光庁「宿泊旅行統計調査」をもとに作成

(2) 星野リゾートトポス

1) 星のやの展開開始とパターン

　非日常[14]を求めて，海外から多くのインバウンドが日本を訪れ，他方で年間延べ4億2,000万人の日本人が国内外へと足を運んでいる。インバウンド需要は，近年急速に伸びてはいるものの，国内のホテル・旅館等における宿泊者数のインバウンドは，全体の15.7％程度にすぎない。残り86％は日本人による国内観光であり，その市場規模は21兆円にのぼるとされる。すなわち，日本人による国内観光の需要をいかに維持していくかが重要な課題となる。大事なのは，軽井沢や日光など風光明媚なところに加え，いかに日本らしさを感じる文化やそれを体験できるかが重要であり，それらを経験できる都市でいかに非日常性をデザインするかにかかっているといえよう。

　星野リゾートの本拠は，軽井沢に約28万坪の広大な敷地を誇る星野温泉である。創業から1世紀を超える高級旅館「星のや」を中心として，複数ブランドのホテルや旅館を展開している。最もラグジュアリーなブランドである星のやは，当該地域でナンバーワンの施設とサービスを提供することを第一義としている。つまり，顧客が日常から離れて過ごす時間を満たす最も上質な滞在空間を提供する和のリゾートホテルである。客室数30〜50規模の「界」は，心地よい和にこだわった上質な温泉旅館として全国8県に15施設を展開している。また，大人も楽しめるファミリー向けリゾート施設「リゾナーレ」は，洗練されたデザインと豊富なアクティビティを備えている西洋型リゾートホテルである。そして，街を楽しみ尽くす都市観光ホテルブランド「OMO」，その他に個性豊かなリゾートホテルや温泉旅館，日帰り施設など国内外において48施設を展開している。これらの施設の多くは，2005年以降に運営を開始しており，客室数および取扱高も年々拡大している[15]。これらの多様なフォーマットの宿泊施設の展開は，多様な顧客に対応しようとする姿勢のあらわれである。

2) 非日常トポスの提供

　星のやは，90年の歴史を有する星野温泉ホテルを閉館し，新しく生まれ変わった。ここでは，宿泊客の気持ちを「日常」から「非日常」へ切り替えるた

めのさまざまな仕掛けが施されている。たとえば星のや京都では，船で川を渡っていくような自然の環境を生かした非日常を演出している。また，星のや軽井沢は宿泊するエリアからあえて離れた場所に駐車場を設け，レセプションと呼ばれるチェックイン専用の建物を用意し，リゾート専用車に乗り換えて施設に向かわせることで，顧客を日常から非日常への空間へ導こうとしている。したがって非日常が始まるのは，集落の中心にパブリック施設を集めた「集いの館」と呼ぶ建物に入ってからである。この建物は中に入ると，とてつもなく大きな空間が広がり，前面のガラスの向こうには，棚田を模した緑と水が見えるようになっている。客室は天井が高く，床面積も広々としており，日本旅館なのに海外のリゾート空間に滞在しているような気分を感じさせる。さらに敷地内から日常をなるべく排除し，非日常を提供するために，客室はもとより館内にはテレビを置かず，四季を感じ季節の風や音など非日常が楽しめるようになっている。これらの取り組みは，自然環境層へ顧客を誘うものと捉えることができよう。

3) 温泉旅館の極みへ

　星のやの事業コンセプトは，「温泉旅館道を極める」[16]である。たとえば，24時間ルームサービスの作り立てのうどんが夜中でも客室に届けられるなど，一般的温泉旅館では融通が利かないとされてきた食事の時間や場所の制限を解決できる運営スタイルを確立し，真の魅力を徹底的に追求している。さらに「もうひとつの日本」をデザインコンセプトとしている。すなわち，日本が独自の文化にこだわりを持ちながら，それらが近代化していくとどうなっていたかという空想の世界を設定している。それは自然の中に家（客室）が点在するという感じではなく，施設全体を谷の集落に見立て，外界と隔絶された非日常の世界を作り上げている。集落の中心にはパブリック施設を集めた「集いの館」を配置，客室は集落の中央を流れる川を挟んで立つ離れ家になっている（図表5-5）[17]。そして日が暮れると，さらなる非日常に遭遇する。それは，日没とともに敷地内がなめらかな闇にすっぽり包まれることである。この暗さの演出が最もドラマチックに展開されているのはメディテーションバスと命名された大浴場

図表 5-4　星のや軽井沢の客室

出所）星野リゾート，https://www.blestoncourt.com/wedding/plan/hoshinoya/
（2018 年 3 月 26 日アクセス）

である。ここが温泉であったことさえ忘れてしまうような神秘的で精神性の高い非日常の空間となっている。顧客にとっては，東京から新幹線で 1 時間余りの至近でありながら，非日常の中に身を置くことができる。

　このような取り組みは，旅館やホテルを文化的環境層だけではなく，自然的環境層へと拡張するものであり，それによって，顧客に非日常性を提供するトポスとなっている。

(3)　和風旅館トポスからリゾートトポスへのコンテクスト転換

　2016 年 7 月東京・大手町にオープンした「星のや東京」のコンセプトは，世界の都市で通用する日本旅館である[18]。広い庭の中の平屋木造という伝統的な仕様ではなく，地下 2 階地上 17 階のビル一棟の中に旅館の要素を組み込んでいる。客室は全室和室であり，最上階には地下 1,500m から湧き出た温泉につかる露天風呂付きの大浴場もある。日本の生活文化や様式を進化させた空間やデザイン，伝統的な日本旅館の良さ，そして一流ホテルの機能性や利便性で宿泊客をもてなそうとしている。したがって，東京都心に建つ星のや東京は，日本旅館の独特な文化的装置をもって非日常感を演出している。東京のオフィ

第 5 章 「超高層マンショントポス」と「リゾートトポス」　*117*

図表 5-5　星のや東京の玄関入口

出所）星のや東京，https://www.hoshinoresorts.com/sp/nihonryokan/
（2018 年 3 月 26 日アクセス）

ス街から非日常への切り替えの場は，まず 1 階の玄関にある。非日常を堪能できるように 1 階は玄関のみ配置している。玄関ドアは，高さ 3 m の青森ヒバの一枚板で作った木製の扉である。重厚な扉が開くと，上がり框があり，その先に畳の廊下がまっすぐに伸びる（図表 5-5）[19]。足を踏み入れた瞬間，和服姿の案内人に笑顔で迎えられ，都市のざわめきがすっと消え，異空間であることに，にわかに気持ちが高ぶる。玄関で靴を脱ぎ，畳に上がるという伝統的な日本の生活様式を通して，気持ちの切り替えも狙っている。外国人観光客にとっては，靴を脱いで畳に上がること自体が異文化体験である。

各フロアには日本旅館らしいおもてなしの空間を設けている。各階の宿泊客専用のお茶の間ラウンジがあり，常駐のスタッフが旅館の女将さんのように，お茶を入れたり，酒をふるまったり，季節や時間帯に合わせて顧客をもてなしている。そして，客室はすべて和室である。和室のない住宅が増えている中，現代の日本人にも快適に過ごせる和のデザインにしている。利用客には日本人も多い。日本旅館を日本だから泊まるのではなく，快適でリラックスでき，日本文化の「舞台装置」として位置づけ，日本文化を経済価値に変えていける，海外の都市でも通用する日本旅館として最適な形を見極めている（図表 5-5）。

図表 5-6　星野リゾートの運営施設一覧

星のや	圧倒的非日常感に包まれるラグジュアリーホテル	星のや竹富島(沖縄県八重山郡)，星のや富士(山梨県富士河口湖)，星のや軽井沢(長野県軽井沢)，星のや東京(東京大手町)，星のや京都(京都府嵐山)，星のやバリ(インドネシア)
界	地域の魅力を再発見。心地よい和にこだわった上質な温泉旅館	青森県「界 津軽」，栃木県「界 日光」「界 川治」「界 鬼怒川」，神奈川県「界 箱根」「界 仙石原」，静岡県「界 伊東」「界 熱海」「界 遠州」「界 アンジン」，長野県「界 松本」「界 アルプス」，石川県「界 加賀」，島根県「界 出雲」，大分県「界 阿蘇」
リゾナーレ	洗練されたデザインと豊富なアクティビティをそなえる西洋型リゾート	リゾナーレトマム(北海道勇払郡)，リゾナーレ八ヶ岳(山梨県北杜市)，リゾナーレ熱海(静岡県熱海市)
OMO	街を楽しみ尽くす都市観光ホテル	OMO5 東京大塚(東京大塚) OMO7 旭川(北海道旭川市)
その他	個性際立つリゾートホテルや温泉旅館	トマム ザ・タワー(北海道)，青森屋(青森県)，奥入瀬渓流ホテル(青森県)，磐梯山温泉ホテル(福島県)，ホテルブレストンコート(長野県)，ロテルド比叡(京都府)，Kia Ora ランギロア(タヒチ)
日帰り施設		温泉からスキーまで一日の休日を満喫できる施設が全国15カ所

出所) 星野リゾートホームページをもとに作成

　これまでの日本旅館は，温泉施設があり，畳の部屋(和室)に布団を敷き，休むことで日本人の旅行客は，疲れを癒やし，ゆっくりした時間を過ごしたものであった。これはかつての湯治の延長であった。一方，インバウンドにとっては，これらは「日本を感じる」ことができる仕掛けであった。しかし，星野リゾートが取り組んできたことは，グローバルな日本旅館であった。概観ではなく，空間に日本を入れることである。つまり，概観からではなく，「感じることによる日本」である。これはコンテンツの組み込みではなく，さまざまな仕掛けによるプロセスの転換であり，大いなるコンテクスト転換といえよう。

おわりに～地域デザインからの総括

　本章では，工場跡や福利厚生施設跡において，通常であれば，影のトポスとなるトポスにおいて，超高層マンションが建設されたり，リゾート施設が建設されたりという，光のトポスへの転換を取り上げてきた。工場はまさしく経済的環境層であったが，コンテクスト転換により，文化的環境層，自然的環境層への転換が図られようとしている。

　これら影のトポスから，光のトポスへと転換される中において，ZTCAデザインによる考察を加えておきたい。超高層マンショントポスのアクターは，新しく転入してきた新住民である。一方で，古くから当該ゾーンに居住する住民がいる。通常であれば，新住民と旧住民との間には，軋轢が起こりがちであるが，地域に古くからあった祭礼やイベントへの参加を通して，融合が始まっている。したがって，超高層マンショントポスでのアクターは，新住民だけではなく，旧住民も含まれることになる。

　他方，リゾートでは，星野リゾートを取り上げたが，旧来の日本旅館あるいは温泉旅館といわれるコンテクストを大きく転換させようとしている。星野リゾートが展開する施設を含むゾーンでは，顧客とサービスを提供する従業員というアクターが，非日常を作り上げようとしている。またその顧客のアクターには，近年急増しているインバウンドが含まれ，これらによっても新たな地域価値を発現させようとしている。

　このように2つの事例では，経済的環境層トポスから，文化的環境層トポス，さらには自然的環境層トポスへの転換が試みられている。そしてそこにおけるコンテクスト転換は，ゆっくりと多くのアクターを巻き込みながら日々行われていることが確認された。

　注
　1）日本マンション学会編（2008）『マンション学事典』民事法研究会，pp. 3-19。
　2）『日経ビジネス』1997年6月30日号。

3）中原区役所まちづくり推進部企画課（2016）「統計で知る "なかはら"」。

4）『日本経済新聞』2016年6月11日。

5）小泉諒他（2011）。

6）『日経ビジネス』2006年12月11日号。

7）NPO法人小杉駅周辺エリアマネジメントホームページによる。

8）東洋経済オンライン，2016年1月26日。

9）『朝日新聞』2017年10月6日。

10）『日経ビジネス』2018年3月20日号。

11）観光庁（2017）「平成28年度観光の状況及び平成29年度観光施策（観光白書）について」による。

12）観光庁（2017）「平成28年度訪日外国人消費動向調査」による。

13）観光庁（2018）「平成29年宿泊旅行統計調査（速報値）」による。

14）「非日常」の概念については嶋根・藤村（2001）に詳しい。

15）『日経ビジネス』2014年9月1日号。

16）『月刊ホテル旅館』（2005年10月号）および『月刊レジャー産業資料』（2005年9月号）による。

17）星のや軽井沢，https://hoshinoya.com/karuizawa/（2018年3月26日アクセス）を参照されたい。

18）『日経デザイン』（2017年4月号），『月刊ホテル旅館』（2016年10月号），星のや東京ホームページをもとにしている。

19）星のや東京，https://hoshinoya.com/tokyo/（2018年3月26日アクセス）を参照されたい。

参考文献

観光庁（2017）「平成28年度観光の状況及び平成29年度観光施策（観光白書）について」。

観光庁（2017）「平成28年度訪日外国人消費動向調査」。

『月刊ホテル旅館』2005年10月号，柴田書店。

『月刊レジャー産業資料』2005年9月号，綜合ユニコム。

小泉諒・西山弘泰・久保倫子・久本元美琴・川口太郎（2011）「東京都心湾岸部における住宅取得の新たな展開」『地理学評論』84巻6号。

嶋根克己・藤村正之編（2001）『非日常を生み出す文化装置』北樹出版。

島原万丈・HOME'S総研（2016）『本当に住んで幸せな街』光文社。

中沢康彦（2009）『星野リゾートの事件簿　なぜ，お客様はもう一度来てくれたのか？』日経PB社。

中原区役所まちづくり推進部企画課（2016）「統計で知る "なかはら"」。

『日経デザイン』2017年4月号，日経PB社。

日本マンション学会編（2008）『マンション学事典』民事法研究会。

三浦展（2017）『東京郊外の生存競争が始まった』光文社。

第6章

「サービスエリアトポス」と「道の駅トポス」

山田　啓一

はじめに〜問題の所在

　本章は，第2部の個別分野編＝光のトポス〜期待と開発を捉えての事例のひとつである。ここでは，光のトポスの「サービスエリアトポス」と「道の駅トポス」のコンテクスト転換による新たな地域価値の発現方法について考察する。

　サービスエリアや道の駅は，本来，長時間運転の途中で，休憩・トイレ・飲食のために立ち寄る場所とされてきた。最近では，他の競合施設との差別化を図り，休憩・トイレ・飲食以外の価値を創造し，提供するという戦略で躍進する例が見られるようになった。

　本章では，こうした新しい価値発現の装置としての「サービスエリアトポス」と「道の駅トポス」について検討を行う。なお，ここで論じられる2つの事例は，それぞれのコンテクスト転換については，トポスの空間階層構造では，経済的環境層から文化的環境層への転換，トポスの時間軸構造では通時性から共時性への転換が望ましいとの考え方から言及している。

第1節　トポスとしての「サービスエリア」

(1)　サービスエリアのトポス性

　サービスエリア(以下「SA」)とは，「高速道路で，給油所・食堂・便所などの設備を備えた区画(デジタル大辞泉)」とされる。英文では "an area next to a highway where people can stop to rest, use the bathroom, get food, etc."[1] とされ，ほぼ同義である。このほか高速道路にはパーキングエリア(以下「PA」)もあるが，国土交通省では「高速道路の休憩施設は，提供するサービスの内容，休憩施設相互の位置関係により，サービスエリア(SA)とパーキングエリア(PA)に区分して」おり，「一般的にはサービスエリアには休憩所，駐車場，トイレに加え売店，食堂，給油所などが備わっており，パーキングエリアには駐車場，トイレ，必要に応じ売店が備わって」いるものとされている[2]。

　SA と PA (以下「SA・PA」)は，2005年の道路公団の分割・民営化により，競争原理が導入され，劇的な変貌を遂げている。すなわち，2005年6月1日に，道路関係四公団民営化関係法令が公布され，同年10月1日に道路関係四公団民営化会社と独立行政法人日本高速道路保有・債務返済機構が発足した。それまで日本の高速道路は，日本道路公団，首都高速道路公団，阪神高速道路公団，本州四国連絡橋公団の4つの公団による運営であったが，民営化により日本道路公団は，東日本道路株式会社(NEXCO 東日本)，中日本高速道路株式会社(NEXCO 中日本)，西日本高速道路株式会社(NEXCO 西日本)に3分割され，首都高速道路公団は首都高速道路株式会社，阪神高速道路公団は阪神高速道路株式会社，本州四国連絡橋公団は本州四国連絡高速道路株式会社に，それぞれ組織変更されるとともに，独立行政法人日本高速道路保有・債務返済機構が新たに設立された。そして，高速道路の施設管理運営や建設は，NEXCO 東日本・NEXCO 中日本・NEXCO 西日本に移管し，保有施設および債務は日本高速道路保有・債務返済機構に分割・譲渡され，これらの会社・機構の発足とともに日本道路公団は解散した[3]。

　この分割・民営化の結果，SA・PA の施設は各道路会社に移管され，各道

第6章 「サービスエリアトポス」と「道の駅トポス」　*123*

路会社は SA・PA の管理をそれぞれのグループの管理会社に委託するように
なった。管理会社では，道路会社に賃借料を支払い，エリアごとにさまざまな
テナントに施設を貸し付け，テナントは管理会社に使用料を支払うという形式
で運営されている（清水，2009）。

　このような流れの中で，SA・PA は従来のトイレ・食堂・ガソリンスタンド・
駐車場という基本機能に土産物屋と自動販売機という平凡なスタイルから劇的
に変化し，SA の中にはテーマパーク化[4]あるいはエキナカ化[5]するものが現れ，
「用もないのに，SA までわざわざ行く時代」になったといわれる（佐滝，2016,
p. 169）。このような SA・PA について雑誌でも特集されるようになり，SA・
PA が注目されるようになっている。

　本章では，エキナカ化する SA の事例として，東名海老名 SA を取り上げ，
そのトポスについて検討を行うことにする。

⑵　海老名 SA（上り）トポス

1）民営化から発展までのプロセス

　道路公団の民営化に伴い，東名高速海老名 SA（上り）は NEXCO 中日本のグ
ループ会社である中日本エクシス株式会社[6]へ管理運営が委託され，EXPASA
海老名としてリニューアルオープンした[7]（図表6-1 参照）。

　中日本エクシス株式会社は，SA・PA における飲食・物販・不動産賃貸業
（SA・PA）をはじめとする各種事業を事業目的として，2005 年 12 月に NEXCO
中日本の 100％子会社として設立され，翌年 4 月 1 日より営業を開始した。名
古屋の本社のほか，東京，八王子，静岡，名古屋，および金沢に支店を置き，
東名高速道路，中央自動車道，北陸自動車道の SA・PA の運営管理を行って
いる[8]。

　同社では「設立以来 SA・PA が『お客さまの旅の目的地になるように』と
いう願いを込めて，『お招き』と『おもてなし』の心で『より快適』で『より
便利』で『より楽しい』SA・PA の創造に努めてきた」[9]という。具体的には，
設立以来 10 年間は「ひとつ一つの SA・PA の『個性化』と『標準化』に取り

図表 6-1　東名高速海老名 SA の位置

出所）NEXCO 中日本ホームページ（http://sapa.c-nexco.co.jp/sapa?sapainfoid=9，2018 年 4 月 30 日アクセス）の地図を筆者が加工

組み，EXPASA と NEOPASA をはじめとするブランド化・複合商業施設化を進めるとともに，『商業施設革命』，『CS 革命』，『物販革命』と冠した三つの大胆な改革に取り組んできた」[10]が，次の 10 年に向けては「常にお客さまの利用シーンやお客さまが求める顕在化・潜在化するニーズを先取りしてキャッチし，これを商業施設づくりに体現できる専門家集団としてさらなる飛躍を目指し，お客さまの安全を最優先にするという意識のもと，『店舗運営事業等の深化』，『社会ニーズの変化への対応』，『新たなビジネスモデルの探求』を推進していく」[11]としている。

そして，EXPASA では，「お客さまの多様なニーズに応えるために複合商業施設化をおこない，移動の通過点に過ぎなかった SA から，目的地として選ばれるような新しいスタイルの SA へと転換を」図ることとしている[12]。

本事例で取り上げる東名高速海老名 SA（上り）は，以上のような経営理念の下で，リニューアルが行われ，海老名 EXPASA に生まれ変わったのである。海老名 EXPASA のリニューアルにあたっては，海老名 SA（上り）が都心へ向かう東名高速道路の最後のサービスエリアであり，顧客の立ち寄った際の「食べたい・欲しい」といったニーズだけではなく，帰宅後や翌日までのニーズに

も応えられるモノ・コトを揃えたサービスエリアを目指して，「1.5日分のマイパートナー」をコンセプトとして，帰宅後や翌日のニーズに応える店舗を揃えるという戦略がとられた[13]。

2) エキナカ化の展開

2011年12月15日，EXPASA海老名がグランドオープンした。ひとつのSA内では国内最大となる全28店舗が出店し，うち19店舗が高速道路初出店となった。グランドオープンに先立って，同年7月30日にとんかつ店，デリカテッセンおよびショッピング2店舗，8月10日には2階フードコートにラーメン店やステーキハウスなど4店舗，11月15日には同フードコートにどんぶり屋，が開店し営業した。グランドオープニングでは，これらに加えて中国料理店，ショッピング3店舗，グロッサリー，スイーツ4店舗，デリカテッセン3店舗，ベーカリー／カフェ，テイクアウト5店舗が開店した。

店舗構成について，とくに留意すべきは，「1.5日分のマイパートナー」というコンセプトに従って，従来の休憩・トイレ・食事に加えて，帰宅後や翌日のニーズにも応えられるような品ぞろえを用意したことである。しかも，出店店舗はいずれも全国的にも認知された有名店もしくは認知度は低くても老舗やこだわりの店で構成されており，これらの店舗の商品や料理がEXPASA海老名で手に入るというワンストップ性やこだわりの商品や料理のなかから選択できるという点で顧客満足度も高いと考えられ，他のSA・PAとの差別化を図っている点である。

さらに，高感度なファッションを提案し続けるセレクトショップの株式会社ユナイテッドアローズが，新たに高速道路向けストアブランドとして，The Highway Store United Arrows Ltd.を出店し，ハイセンスなウェアやギフト・セレクト雑貨等を販売したことである[14]。このように従来は高速道路のSAには縁が遠かった店舗が，SAのコンセプト次第では新たに高速道路のSAに進出してくる可能性が示されたことである。

2018年4月30日現在の店舗は全25店舗で，オープニング当初と比べると，ユナイテッドアローズを含む11店舗が撤退し，8店舗が出店したことになる

が（もちろん，この7年間で入れ替わりはもっと多い），17店舗がオープニング当初から引き続き営業を続けている。現在の店舗構成は，レストラン1店舗，フードコート5店舗，テイクアウト6店舗，デリカテッセン6店舗，ベーカリー／カフェ3店舗，ショップ4店舗となっている。継続店の内訳では，フードコート2店舗，テイクアウト4店舗，デリカテッセン5店舗，ショップ4店舗，ベーカリー／カフェ2店舗となっている。これらの店舗は，どちらかといえば，本来SAに求められる飲食およびテイクアウトが多く，「1.5日分のマイパートナー」というコンセプトからすると，ショップでの食料品や総菜，テイクアウトでの昼食や夕食のお持ち帰り，といったところで利用されているものと考えられる。グランドオープニングから7年が経過した現在，顧客ニーズも変化していると考えられるため，「1.5日分のマイパートナー」という当初のコンセプトの有効性の検証を行うことも必要かもしれない。

EXPA SA（上り）ではこのほか，エリア・コンシェルジェ[15]，ぷらっとパーク[16]，ベビー＆キッズサービス[17]，バリアフリー[18]，ビューティー＆リラクゼーション[19]，メディカル[20]，その他のサービス[21]，およびガスステーション[22]，を展開している[23]。

3）トポスデザインの特徴

SA・PAは，道路公団分割民営化に伴って，競争原理が導入され，他のSA・PAとの競争にさらされるようになった。公団時代には，基本的機能である休憩，トイレ，食事等の提供がサービスの中心であり，標準化されたありきたりのサービスを提供するだけであり，また利潤追求が目的ではないため，販売努力や合理化努力がさほどなされず，サービスレベルも低いという状況であった。

しかし，民営化後は他のSA・PAとの競争のため，差別化を図ることが求められ，競争戦略上のコンセプトが重要になってきた。たとえば，「1.5日分のマイパートナー」というコンセプトの下で，「エキナカ化」というSAのコンテクストデザインがなされ，それにしたがって，提供するサービス，施設，駐車場等のSAの具体的なリニューアルが行われることになった。

第6章 「サービスエリアトポス」と「道の駅トポス」　*127*

　このように，民営化時代のSAトポスは，差別化のための独自性もしくは特異性を生かした競争戦略上の優位性を確保するための装置としてのトポスデザインが求められるようになったと考えてよいであろう。その際に，留意すべきは「顧客価値の発現」であり，当該SAに顧客がどのような価値を求めているか，あるいは当該SAがどのような顧客価値を作り上げ，それをどのように提供するか，という視点でトポスデザインがなされることが大切である。

⑶　SAトポスからエキナカ化SAトポスあるいはテーマパーク化 SAトポスへのコンテクスト転換

　東名高速道路の上り車線に位置し，東京に最も近いSAというロケーション特性から（これは海老名SAの競争戦略上の強み＝差別化要因と考えてよい），帰京客，関西や中部からの旅行客やトラック運転手らの顧客を対象として，東京へ到着後のその日および翌日の「コト」をも考慮して，「1.5日分のマイパートナー」というコンセプトを作り，それを実現するために，SA施設のデザイン，提供するサービス，店舗構成や品ぞろえ，雰囲気づくり等を行って，「エキナカ化」というコンセプトでリニューアルオープンした。

　ただし，都会に近いSA・PAでは，エキナカ化というコンテクストを生かせるかもしれないが，エキナカ化にそぐわない特性をもったSAもあるだろう。その場合には，むしろ特定のテーマを訴求し，それにしたがって，SA全体のデザイン，提供する商品とサービスの品揃え，店舗構成と施設のデザイン，雰囲気づくりなどを行っていくことが有効である。たとえば，SAの事例ではないが，黒川温泉はその地域特性から「日本のふるさと」というテーマで，雑木林の植林，ネオンサインの撤去と看板の統一，「日本のふるさと」を発現する建築物への統一といったコンセプトに合致したまちづくりと，入湯手形，露天風呂，を売りにして成功した事例である（後藤，2005）。

　その意味で，単なる休憩・トイレ・食事等（ガソリンの給油や店舗および自動販売機等での物品の購入を含む）のSAトポスからエキナカ化SAあるいはテーマパーク化SAへのコンテクスト転換が生き残りのための必須条件となるものと

思われる。

このコンテクスト転換は，従来の SA が，休憩，トイレ，食事等を目的として立ち寄るだけのいわば「経済的環境層」にとどまっていたのに対し，エキナカ化やテーマパーク化は「立寄り客」に別の新しい価値を提供することによって「顧客」に転換させ，顧客のハイウェイライフに新たな意味や価値をつくり出すことになるであろう。そのことを踏まえると，経済的環境層のみならず文化的環境層をも含む，複合的な環境層へとコンテクストの拡大が図られることが望ましい。

第2節　トポスとしての「道の駅」

(1)　道の駅のトポス性

　道の駅は，道路利用者への安全で快適な道路交通環境の提供と地域の振興に寄与することを目的として，市町村またはそれに代わり得る公的な団体が設置し，市町村長からの登録申請により，国土交通省で登録されたものをいう。その要件として，24時間利用可能な駐車場・トイレ，情報提供施設，地域振興施設を備えていること，整備の方法は道路管理者と市町村長等で整備する「一体型」と市町村ですべて整備を行う「単独型」の2種類とする[24]。その機能としては，「道路利用者のための『休憩機能』，道路利用者や地域の人々のための『情報発信機能』，道の駅を核としてその地域の町同士が連携する『地域の連携機能』という3つの機能を併せ持つ」[25]ことが求められる。

　道の駅は，2017年11月現在で全国1,134駅が存在するが[26]，国土交通省では，さらに全国モデル「道の駅」[27]，特定テーマ型モデル「道の駅」[28]，重点「道の駅」[29]，および重点「道の駅」候補[30]，をそれぞれ毎年選定し，重点支援を行っている[31]。

　道の駅のトポスは，「道路利用者への安全で快適な道路交通環境の提供と地域の振興に寄与することを目的として，市町村またはそれに代わり得る公的な団体が設置し，国土交通省に登録された，休憩機能，情報発信機能，地域の連

携機能を併せ持つトポス」とすることができよう。

　なお，高速道路のSA・PAと道の駅の違いは，SA・PAが「通過客の休憩所にすぎず，地域との接点は乏しい」のに対し，道の駅は「地域への入り口なのであり，一筋道を曲がれば地域に深く入っていくことができる」ものであることである。それは，「農産物の直売や郷土の伝統食，伝統菓子の提供」等を通じて地域の人びとと道の駅に停泊する人びととの深い交流をもたらす交流拠点と捉えることができるとされる(酒本・関，2011，pp. 13-14)。

　ここでは，上記のモデル「道の駅」等ではないが，前述の「道の駅トポス」としての特性を有し，とくに地域の連携という視点で重要であると考えられる，「水辺の郷おおやま」を事例として検討する。

(2)　水辺の郷おおやまトポス

1)　水辺の郷おおやまの誕生と発展

　道の駅水辺の郷おおやま(以下，水辺の郷)は，1998年に設立された株式会社おおやま夢工房が，事業の一環として2004年12月にオープンし，運営を行っている。おおやま夢工房は，農産物の生産および農産加工品の製造販売，果実酒類およびリキュール類の製造販売，飲食店の経営，宿泊施設の経営，温泉浴場の経営を事業目的としており，水辺の郷以外にも，日田市(旧大山町)[32]と第三セクター形成で豊後・大山ひびきの郷(2017年に「奥日田温泉うめひびき」としてリニューアルオープン)，および主力の梅酒の製造販売を行っている。同社が生産する「樽仕込高級うめひびき」は2015年に全国梅酒品評会醸造アルコール梅酒部門で金賞を受賞し，2016年には「梅花爛漫プレミアム」が全国梅酒品評会の醸造アルコール梅酒部門で，「和紅茶梅酒クレハロワイヤル」がブレンド梅酒部門でそれぞれ金賞を受賞している。なお，同社は2016年1月に，JR九州の傘下に入り，子会社となって現在に至っている[33]。

　このように，水辺の郷を含む日田市大山町は梅が特産品として有名であるが，これは1961年に「梅栗植えてハワイに行こう」というキャッチフレーズで矢幡治美元大山町長が始めたNPC運動(New Plum and Chestnut)として，稲作に

向かない山間の農地での梅の生産を始めたことに由来する。1979年に平松守彦元大分県知事が副知事時代に旧大山町の取り組みから触発され，のちの「一村一品運動」につながったとされる(山神，2007，p. 152)。

旧大山町では，梅のほかに多様な農産物の生産に挑戦してきた。NPC運動の当初は梅と栗を栽培した。その理由は，「軽労働で収入が多く，収穫期以外の余剰労働力をほかに振り分けることができること」であった。その後，スモモ，巨峰ぶどう，きのこ，ハーブなど付加価値の高い農産物の生産において機械化を行うことにより，利益率の高いものにするべく努力がはらわれた。現在の主流は，えのきであり，果実では梅とスモモとなっており，また，観光農園にも力を入れている。なお，梅に関連しては，1989年から全国の梅干し自慢を対象とした「梅干しの主張・全国コンクール」を開催し，1987年には初の「梅酒全国コンクール」を開催するなど，梅の加工品分野における全国大会を通じて大山の梅の知名度向上に努めている(山神，2007，pp. 152-156)。

こうした動きは，農林水産省が進める6次産業化，あるいは農林水産省と経済産業省が進める農商工連携の好事例といえるであろう。

2) 道の駅としての展開

水辺の郷は，大分県日田市大山町西大山にあり，国道212号線日田街道と大山川の川辺に挟まれた響渓谷の山間の道の駅である(図表6-2参照)。レストラン(焼肉グリルおおやまの小うめひびき)と農産物直売所(ファーマーズマーケット)が主要な施設で，隣接する芝生・親水公園でカヌーや川遊びもできる。駐車場は，大型バス4台，普通車103台が収容でき，バリアフリーの身体障害者用設備駐車場が完備している[34]。

レストランは，日田地域の新鮮・安心・安全・環境に配慮した食材を使用したバイキング形式のレストランを業態変更して，無煙ロースターで食事を楽しむことができる焼肉グリルレストランに改装した。個室席も用意し，さまざまな用途で利用できるようになった。料金もランチで1,400円〜1,800円，ディナーで1,600円〜2,000円と手頃な価格で焼肉を楽しめるようになった[35]。

ファーマーズマーケットでは，大山・日田地域を中心に地元産にこだわった

第 6 章 「サービスエリアトポス」と「道の駅トポス」　　131

図表 6-2　水辺の郷おおやまの位置

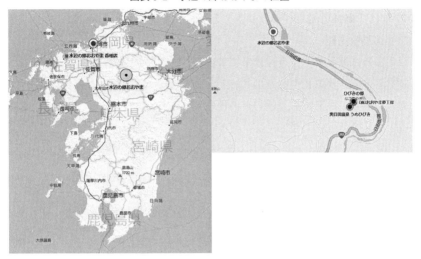

出所）http://www.mizubenosato-oyama.com/（2018 年 4 月 30 日アクセス）のグーグルマップを拡大および縮小して使用

　採れたて野菜とフルーツ，大山の特産品である梅を使用した梅干し・梅酒等を揃えており，またB級グルメでは全国ブランドのひとつである「日田焼きそば」を楽しむことができる。水辺の郷のおすすめは，「樽仕込高級うめひびき」，「おおやまばあちゃんの手作りらっきょう漬け」，「天領おばあちゃん直伝の味うまか鶏めしの具」をはじめとする商品が店内に所狭しと陳列されている[36]。なお，水辺の郷は，福岡市東区の香椎駅前にアンテナショップを運営して，福岡市内でのPRと販売を行っている[37]。

　道の駅としての水辺の郷の今後の展開は，水辺の郷を運営する株式会社おおやま夢工房がJR九州の100％子会社となり，そのバックアップを受けるようになったことが大きく影響するだろう。JR九州は，鉄道事業においてはクルーズトレイン「ななつ星」を開発し，デベロッパーとして博多シティをはじめとするJR九州の主力駅の再開発，福岡市の六本松421の再開発[38]等，近年めざましい活動を続けており，またJR九州リテール株式会社がエキナカを超え

て活発な活動を展開している [39]。大山においても，豊後・大山ひびきの郷を2017年に「奥日田温泉うめひびき」としてリニューアルオープンさせ，本格的に集客活動を行っている [40]。

このような事情から，今後は単に日田街道を通過する旅行客の休憩所としての道の駅から，奥日田温泉をはじめとする日田市大山町を訪れる旅行客の食事，川遊び，物産所としての発展の可能性を大いに秘めている。また，水辺の郷で販売している地元の特産品，特に梅干しおよび梅酒をはじめとする梅の加工品については，JR九州リテールおよびJR九州を通じた販売チャネルにより，全国に販売が拡大することが期待される。

3）トポスデザインの特徴

道の駅トポスのデザインの特徴は，まず道の駅の持つ3つの機能，すなわち，道路利用者のための「休憩機能」，道路利用者や地域の人びとのための「情報発信機能」，道の駅を核としてその地域の町同士が連携する「地域の連携機能」を併せ持つトポスであるということである。

しかし，全国1,134駅，九州・沖縄地域に136駅が存在する中で，通過客を獲得するだけの待ちの姿勢では，地域や地域の特産品の情報発信，旅行客による飲食や物品の購入による売り上げが期待できず，地域の連携機能が生かされない。

そこで，競合する他の道の駅との差別化を図り，顧客がわざわざ来駅するような独自性もしくは特異性を持った道の駅になるようなコンセプトづくりが必要となる。水辺の郷でいえば，特産品としての梅干しや梅酒，奥日田温泉うめひびきとの連携で，「うめの郷おおやま」あるいは「うめの郷ひびき」というコンテクストが考えられる。

したがって，トポスデザインを行う際には，顧客に対する地域価値を発現するための装置としてのトポスという特性を，3つの基本機能に加えて行うことが必要である。すなわち，道の駅を単なる3つの機能を満たす「モノ」として捉えるのではなく，道の駅に行くことによってそこで何かを体験し，感動し，また訪れたいという気持ちにさせる「コト」としてのコンセプトを考案し，そ

れに基づいて競争戦略としてトポスデザインがなされることが有効であろう。

(3) モノとしての道の駅トポスからコトとしての道の駅トポスへのコンテクスト転換

　道の駅の３つの基本機能では，立ち寄り客が消費する飲食および商品・サービスとその対価としての売り上げ，それがもたらす経済的側面での地域への貢献，といった経済環境層として道の駅を捉えることになるが，前項で述べたように顧客へのアプローチを「モノ」から「コト」へ転換させるという視点では，特産品を地元で買う・食べる，温泉につかる，まつりやイベント，歴史といった文化的環境層，山や川，海といった自然環境層までをも含めた複合層トポスへのコンテクスト転換が必要になる。

おわりに〜地域デザインからの総括

　本章では，SA・PA のトポスと道の駅のトポスについて，事例を通じて検討を行った。両者に共通することとして，激化する競争の中で，競合相手との差別化を図ること，そのためには特異性あるいは独自性を生かしたコンセプトをつくり，それに従って競争戦略を展開すること，それを織り込んでトポスデザインがなされること，があげられる。

　なお，第２章であげたトポスの時間軸から捉えた分析では，SA トポスも道の駅トポスも共時性時間にあたると考えられる。問題は，直線型時間か円環型時間かであるが，SA にしろ，道の駅にしろ１回だけの一過性の立ち寄りで終わってしまうと直線型時間となってしまうのに対して，立ち寄りが繰り返されると円環型時間に転換されると捉えることができよう。したがって，単なる通りすがりの立ち寄り客を，当該 SA や道の駅のファンにしてしまう仕掛けづくりがトポスデザインに求められる。そのためには「モノ」から「コト」へ，あるいは，「待ちの戦略」から「特異性・独自性に基づいた差別化戦略」へのコンテクスト転換が必要となる。

3つのコンテクスト転換について，以下のとおりである。第1のコンテクスト転換は，SAもしくは道の駅を単なる基本機能を満たす施設としてのトポスから差別化戦略の装置としてのトポスへ転換するというコンテクスト転換である。第2のコンテクスト転換は，SAもしくは道の駅というゾーンを地域というゾーンに拡張した場合，たとえば，水辺の郷おおやまというゾーンを梅の産地や奥日田温泉を含む地域に拡張した場合，道の駅というコンテクストから梅の郷おおやま（あるいはひびき）というコンテクストにコンテクスト転換が起こるであろうというものである。さらに第3のコンテクスト転換は，個別の「点」としてのトポスであるSAや道の駅を共通のコンセプトでまとめた場合に，競合するSAもしくは道の駅同士の協力による地域価値の発現という戦略も考えることができ，「点」としてのSAや道の駅を他の「点」と組み合わせた「面」としてのコンステレーションに転換することが可能であるということを意味することになろう。

　また，トポスデザインに必要な3つの要素に関しては，つぎのように考えることができる。すなわち，SAや道の駅が休憩，トイレ，飲食等の単純な基本機能のみを提供するのであれば，それは「モノ」としてのSAや道の駅ということになるが，「コト」としてのSAや道の駅には体験を通じた地域価値の発現が付随し，その体験から得られるストーリーをドラマツルギーとして捉えることができる。その場合，SAや道の駅に立ち寄る旅行客は，SAや道の駅という劇場で他の旅行客やSAや道の駅の住人と場を共有するトライブとして捉えられ，この場合，SAや道の駅をアゴラとして捉えることができると考える。また，そのような仕掛けづくりをすることが競争戦略上必要であろう。

　最後に，アクターズネットワークについて考察すると，SAについては，日本道路公団時代には，道路公団という役所がサービスを提供する側のアクターであり立ち寄り客がそれを利用する側のアクターとなって，道路公団が単に休憩・トイレ・飲食等の基本的な機能を提供し，立ち寄り客はそれを利用するだけのトポスであったが，民営化後は分割民営化された各道路会社とSAの管理を委託された関連会社，SAのテナントなどがサービスを提供する側のアクタ

ーであり，立ち寄り客がそれを利用する側のアクターとなって当該 SA が提供するエキナカ化やテーマパーク化の価値を利用するトポスに転換されるようになった。

道の駅については，市町村や農業協同組合，第三セクター，民間企業などの管理運営者，各テナント等が，提供する側のアクターであり，道の駅の立ち寄り客が提供される側のアクターであった。本章の事例では，ローカル企業によって設立・運営されていた道の駅が，ローカル企業が大手鉄道会社に買収され，それによって新展開が可能になった例であった。ここで付記すべきは，力のあるデベロッパーがアクターとして設計・開発・管理運営を行うことにより，経営資源に限りのあるローカル企業ではなしえない，大きな変革を起こすことができるということもありうることである。

SA と道の駅の事例からいえるのは，サービスを提供する側のメイン・アクターの転換によってトポスのコンテクスト転換が誘発されることが明らかにされたことである。

注

1）Merriam Webster Dictionary（https://www.merriam-webster.com/dictionary/service%20area，2018 年 4 月 30 日アクセス）

2）http://www.mlit.go.jp/road/soudan/soudan_01b_06.html（2018 年 4 月 30 日アクセス）

3）http://www.mlit.go.jp/road/ir/ir-council/gyomu_tenken/pdf01/7.pdf（2018 年 4 月 30 日アクセス）

4）テーマパーク化の例としては，寄居 PA の「星の王子さま PA」，羽生 PA（上り）の「鬼平江戸処」，さらにはハイウェイオアシスと呼ばれる新業態も現れている（佐滝，2016，pp. 192-201）。

5）エキナカとは，東日本旅客鉄道の若手社員によって作られた造語で，鉄道の駅構内にコンビニエンスストアや飲食店をはじめとする商業施設を備えることによって，顧客利便性を高めることをいうものと捉えることができる（鎌田，2007）。

6）サービスエリア（SA）・パーキングエリア（PA）における飲食・物販・不動産賃貸業（SA・PA）をはじめとする各種事業。

7）http://www.c-nexco.co.jp/corporate/pressroom/news_old/?id=1962（2018 年 4 月 30 日アクセス）

8）http://www.c-exis.co.jp/corp/index.html（2018 年 4 月 30 日アクセス）

9）同上。

10）同上。

11）同上。

12）同上。

13）http://trendy.nikkeibp.co.jp/article/column/20111214/1039011/?rt=nocnt（2018 年 4 月 30 日アクセス）

14）ただし，残念ながらユナイテッドアローズは，2015 年 2 月に撤退している（2015 年度 3 月期ユナイテッドアローズ有価証券報告書，p. 6）。

15）ベビーカーの貸し出し，老眼鏡の貸し出し，コピーとファックスサービス（有料），近隣の観光案内，車椅子の無料貸し出しなどを行う（http://sapa.c-nexco.co.jp/guide/concierge，2018 年 4 月 30 日アクセス）。

16）商業施設を一般道からでも気軽に利用できるように整備されている SA・PA（http://sapa.c-nexco.co.jp/guide/platpark，2018 年 4 月 30 日アクセス）。

17）ベビーコーナーの設置，ベビーカーの無料貸し出し，おむつ替え台，ベビーグッズの販売，ベビーチェア付トイレ，授乳用椅子等の提供を行う（http://sapa.c-nexco.co.jp/guide/baby，2018 年 4 月 30 日アクセス）。

18）障がい者用駐車スペース，多機能トイレ，オストメイト対応トイレ，車椅子貸し出し（http://sapa.c-nexco.co.jp/guide/barrierfree，2018 年 4 月 30 日アクセス）。

19）パウダールーム。

20）AED 設置。

21）ATM，Free Wi-Fi，郵便ポスト，バス乗務員休憩所，喫煙所，老眼鏡の貸し出し，宅配サービス，コピーとファックスサービス等（http://sapa.c-nexco.co.jp/sapa/guide?sapainfoid=9#panel，2018 年 4 月 30 日アクセス）。

22）EV 急速充電スタンドを含む。

23）http://sapa.c-nexco.co.jp/guide（2018 年 4 月 30 日アクセス）

24）http://www5.cao.go.jp/keizai-shimon/kaigi/special/local_economy/04/haifu_04_1.pdf（2018 年 4 月 29 日アクセス）

25）http://www.mlit.go.jp/road/Michi-no-Eki/outline.html（2018 年 4 月 28 日アクセス）

26）https://www.michi-no-eki.jp/about（2018 年 4 月 28 日アクセス）

27）地域活性化の拠点として，特に優れた機能を継続的に発揮していると認められるもの。

28）特定のテーマについて，「道の駅」の質的向上に資する全国の模範となる取り組みを行い，その成果が認められるもの。

29）地域活性化の拠点となる優れた企画があり，今後の重点支援で効果的な取り組みが期待できるもの。

30）地域活性化の拠点となる企画の具体化に向け，地域での意欲的な取り組みが期待できるもの。

31）http://www.mlit.go.jp/road/Michi-no-Eki/juten_eki/juten_eki_index.html（2018 年 4 月 28 日アクセス）

32）2005（平成 17）年 3 月に，市町村合併により旧大山町は日田市に編入された。

33）https://shop.hibikinosato.co.jp/info/about.php（2018 年 4 月 28 日アクセス）

34) http://www.mizubenosato-oyama.com/（2018 年 4 月 28 日アクセス）

35) 同上。

36) https://www.kireilife.net/contents/area/history/1189959_1504.html（2018 年 4 月 28 日アクセス）

37) http://www.mizubenosato-oyama.com/（2018 年 4 月 28 日アクセス）

38) https://www.nikkei.com/article/DGXLASJC26H4V_W7A920C1LX0000/（2018 年 4 月 28 日アクセス）

39) https://www.jr-retail.co.jp/company/index.php（2018 年 4 月 28 日アクセス）

40) https://www.umehibiki.jp/（2018 年 4 月 28 日アクセス）

参考文献

鎌田由美子（2007）『ecute 物語』かんき出版。

後藤哲也（2005）『黒川温泉のドン後藤哲也の「再生」の法則』朝日新聞社。

酒本宏・関満博（2011）『増補版　道の駅／地域産業の振興と交流の拠点』新評論。

佐滝剛弘（2016）『高速道路ファン手帳』中央公論新社。

清水草一（2009）『高速道路の謎』扶桑社。

山神進（2007）「一村一品運動の原点―大山町の米作から果樹栽培，きのこの栽培への転換の軌跡」立命館大学『政策科学』第 14 巻 3 号，2007 年 5 月，pp. 151-166。

第7章

「日本遺産トポス」と「国立公園トポス」

菊池　史光

はじめに〜問題の所在

　本章は，第2部の個別分野編＝光のトポス〜期待と開発を捉えての事例のひとつである。ここでは，光のトポスの「日本遺産トポス」と「国立公園トポス」のコンテクスト転換による新たな地域価値の発現方法について考察する。

　近年，モノ消費からコト消費に消費者の関心が移行しているといわれるが，独自の文化や豊かな自然を生かして訪問者を引きつけ，地域活性化に結びつける取り組みは全国で数多く実施されている。また，インバウンド消費の喚起にもこれらが用いられるケースが増えてきている。その意味でも，文化や自然は地域に価値を付与する重要な要素であることは間違いないだろう。

　わが国独自の文化に関するトポスのひとつとして，文化庁によって認定されている「日本遺産」(Japan Heritage)がある [1]。日本遺産とは「地域の文化的魅力や特色を通じて我が国の文化・伝統を語るストーリー」と定義され，ストーリーを語る上で欠かせない魅力溢れる文化財群を地域が主体となって総合的に整備・活用し，国内だけでなく海外へも戦略的に発信していくことにより，地域の活性化を図ることを目的としている。また，わが国が有する豊かな自然に関するトポスのひとつとしては「国立公園」(national park)があげられる [2]。国

立公園とは「日本を代表するすぐれた自然の景勝地を保護するために開発等の人為を制限するとともに，風景の観賞などの自然に親しむ利用がし易いように，必要な情報の提供や利用施設を整備しているところであり，環境大臣が自然公園法に基づき指定し，国が直接管理する自然公園」と定義される。指定の要件は「同一の風景型式中，我が国の景観を代表すると共に，世界的にも誇りうる傑出した自然の景観であること」と明記されている。

　本章ではこの日本遺産と国立公園を対象として，そのトポス性を考察する。それに当たり，特にトポスの空間階層構造に注目する。前者では文化的環境層から経済的環境層へのコンテクスト転換のあり方を，後者では自然的環境層から経済的環境層へのコンテクスト転換のあり方をそれぞれ取り上げる。

第1節　トポスとしての「日本遺産」

(1)　日本遺産のトポス性

　日本遺産は地域の文化財にまつわるストーリーによって価値が付与された場であると解釈できる。従来は個々の遺産を国宝や重要文化財，史跡・名勝，無形文化財として指定し，その保存に重点が置かれていた（文化庁「日本遺産パンフレット」）。そのため，地域の魅力の発信という観点ではこれらの遺産は有効に機能していなかった。それに対し，日本遺産として認定するストーリーは①歴史的経緯や地域の風習に根ざし，世代を超えて受け継がれている伝承，風習などを踏まえたものであること，②ストーリーの中核には，地域の魅力として発信する明確なテーマを設定の上，建造物や遺跡・名勝地，祭りなど，地域に根ざして継承・保存がなされている文化財にまつわるものを据えること，③単に地域の歴史や文化財の価値を解説するだけのものになっていないこと，の3点を踏まえた内容としている（文化庁「日本遺産パンフレット」）。また，世界遺産登録や文化財認定が主として保護を目的とするのに対し，この日本遺産は地域に点在する遺産や文化を「面」として活用，発信することで地域活性化を図ることを目指している点に違いがある（文化庁「日本遺産パンフレット」）。本書

の文脈に即して考えるならば，この「面」は「何らかの特別な意味によって価値が内在されている場所」と定義できるトポスに当てはまる。さらに，「地域の文化財」によって特徴づけられていることから，日本遺産は「光のトポス」といえるだろう。

2017年4月現在，54件のストーリーが日本遺産として認定されている[3]。観光客が日本全国を周遊し，地域活性化をもたらすようにするためには，観光客の受け皿となるべき日本遺産が日本各地にバランスよく存在することが理想的とされる。その一方で，日本遺産のブランド力を保つためには認定件数を一定程度に抑えることも有効であると考えられることから，日本遺産は2020年度までに100件程度認定される予定であるという（文化庁「日本遺産パンフレット」）。

日本遺産として認定されるストーリーには2つのタイプがある（文化庁「日本遺産パンフレット」）。まず第1が「地域型」であり，このタイプでは単一の市町村内でストーリーが完結する。第2が「シリアル型」であり，こちらでは複数の市町村にまたがってストーリーが展開される。このように，日本遺産は行政区分として地域に限定されないトポスの設定がなされている。前者の例としては「六根清浄と六感治癒の地　—日本一危ない国宝鑑賞と世界屈指のラドン泉—」があげられる。こちらは鳥取県三朝町で完結するストーリーである。この日本遺産は国宝である三仏寺奥堂（投入堂）らから構成され，絶壁での参拝により「六根（目，耳，鼻，舌，身，意）」を清め，湯治により「六感（観，聴，香，味，触，心）」を癒すというストーリーを構築している。後者の例では「近世日本の教育遺産群　—学ぶ心・礼節の本源—」があげられる。このストーリーでは構成文化財が茨城県水戸市，栃木県足利市，岡山県備前市，大分県日田市と広域に位置している。これらの文化財から，近代教育制度の導入前から多くの庶民が教育を受けることができ，それが明治維新以降の近代化の原動力となり，現代における教育を重んじる日本人の国民性として受け継がれているというストーリーが構築されている。シリアル型と地域型に共通なのは，単なる文化財ではなく，そこに何らかの意味が付与された場が日本遺産として認定されているという点である。これらの例からも，日本遺産は典型的なトポスであることは

明らかだろう。

　こうした日本固有の文化から構築されるストーリーが日本遺産として認定され，地域活性化に役立てられようとしているのである。つまり日本遺産とは，本来は無形である文化を主に観光客が把握しやすくするための枠組みであり，その意味で日本遺産トポスとは本質的には文化的環境層からなると考えてよいだろう。以下では，この本質的には文化的環境層からなる日本遺産トポスがどのようにコンテクスト転換されているかを検討する。具体的には，わが国の代表的な文化である四国遍路に注目し，このトポスがどのように地域に経済的な便益をもたらす構造となっているかを，文化的環境層から経済的環境層へのコンテクスト転換として捉えて考察する。

(2)　四国遍路トポス [4]

　四国遍路とは，阿波，土佐，伊予，讃岐にある弘法大師(空海)ゆかりの札所を巡拝することを指す。その全長は1,400kmにも及び，わが国を代表する回遊型巡礼路のひとつとされている。札所への巡礼は当初は修行僧が行うものであったが，1200年の時を経て，現在では日本全国から多くの観光客が遍路に訪れている。全長が1,400kmにもなる遍路は四国の険しい山道や長い石段，のどかな田園地帯，海辺や岬を含んでおり，この道を「お遍路さん」が行き交う風景は，四国路の風物詩になっているという。各札所には番号が振られており，1番札所から番号順に回る「順打ち」，88番から巡礼する「逆打ち」が代表的な巡礼の順番とされる。しかしながら，巡る順番や期間，さらに手段は自由であるために，巡礼者は自身の体力やペースに合わせ，好みの巡り方を選択できる。この点が多くの観光客を引きつける要因のひとつとなっていると考えられる。

　聖地巡礼自体はキリスト教文化やイスラム教文化においても見られるが，これらの聖地巡礼は「往復型」であるとされる。一方，四国遍路は四国全体を巡る「回遊型」である。さらに四国遍路には国籍や宗教を超えて誰もが参加できる点に特徴がある。地域住民の暖かい「お接待」を受けながら弘法大師の足跡

を辿る四国遍路は自分と向き合う「心の旅」であり，この意味で世界でも類を見ない巡礼文化であるとされる。この四国遍路は 2015 年に「『四国遍路』〜回遊型巡礼路と独自の巡礼文化〜」というタイトルで日本遺産に認定されている。

この四国遍路を構成する札所および遍路自体はトポスの空間構造階層のうち，特にどの層の性格が強いだろうか。山道や海辺が経路に含まれ，それ自体を楽しむという観点では自然的環境層の性格を帯びている。しかしながら，弘法大師と 2 人で巡礼の道を歩むことが遍路であるとすれば，やはり四国遍路は文化的環境層の性格が強いと指摘することができるだろう。

(3)　文化的環境層から経済的環境層へのコンテクスト転換

四国遍路が日本遺産として認定されることで，どのようなコンテクスト転換が実現されるのだろうか。日本遺産という認定をもとに地域活性化を図る際，ターゲットのひとつとなっているのは女性層だと推察される。前述のように，巡礼の手段は自由であり，徒歩以外にも自転車，バイク，自動車やバスなどでの巡礼が行われている。さらに，88 カ所の札所すべてを一度に回る必要もなく，週末だけ，あるいは観光として近くの札所を回るという「区切り打ち」が現在では主流であるとされる（四国遍路日本遺産協議会ウェブサイト）。つまり，四国遍路とは現在では気軽に体験できる文化的行為であり，それを日本遺産という認定のもとで女性という新しいターゲットを掘り起こしているのだと解釈できる。移動手段が自由であれば性別に関係なく遍路を楽しむことができ，さらに期間も自由であれば気軽な参加も可能である。このような特徴に合致した新たな巡礼者として女性を増やし，現地での観光を促すことで地域活性化を図るという意味で，四国遍路という日本遺産は文化的環境層から経済的環境層へのコンテクスト転換を果たしているといえよう。

それでは，女性の巡礼者に対してどのようなアプローチがなされているのであろうか。四国遍路日本遺産協議会のウェブサイトでは，「遍路女子」という項を設けて巡礼者の掘り起こしを図っている。ここでの特徴は弘法大師とともに札所を巡るという本来の四国遍路の位置づけのアレンジであり，女性をター

ゲットとした工夫が随所に見受けられる。具体的には「パワースポットも満載で，ココロもカラダも元気になれる」や「新しい自分に出会える女子旅」といった文言で四国遍路がアピールされている。さらに特徴的なのが，遍路は単に札所を回るだけでなく，観光やご当地グルメを満喫できることを強調している点である。四国遍路は巡礼者をもてなす「お接待」の文化が根づいた地域であるため，安心して旅を楽しむことができるが，これは特に女性巡礼者を増やすのに適した特徴であろう。

　女性巡礼者の増加はどのようなメカニズムで文化的環境層から経済的環境層へのコンテクスト転換をもたらすのであろうか。具体的には以下の2点があげられる。

　第1に，四国遍路日本遺産協議会のウェブサイトでは，癒しの観光スポットや地元の味を使ったスイーツやグルメを楽しめることを強調し，札所を巡るという本来の目的以外にも楽しめる要素があることをアピールする。四国ツーリズム創造機構が運営する四国地区観光公式サイトでは，「一緒にスイーツも巡る」という項を設け，スイーツを楽しめる札所を紹介している。たとえば香川県高松市にある85番札所の八栗寺では，付近でよもぎ餅が楽しめると紹介されている(四国ツーリズム創造機構ウェブサイト)。スイーツのターゲットは女性に限らないものの，「遍路女子」との関係で考えるならば，主に女性を対象とした地域活性化の手段のひとつであると解釈できるだろう。

　第2に，四国遍路では宿坊での宿泊や日帰り温泉が楽しめることをアピールすることで，文化的環境層から経済的環境層へのコンテクスト転換が図られる。巡礼者への接待が根づいている地域であるため，女性の1人旅も安心であることを強調し，ゆったり観光をするのであればひとつの県ごとにまわる「一国参り」が適していると四国遍路日本遺産協議会ウェブサイトでは紹介している。また，宿泊施設として遍路にある宿坊が活用できることを紹介し，宿泊込みでの巡礼の楽しみ方をアピールしている。宿坊は本来修行中の僧侶が宿泊する施設であったが，現在では一般の巡礼者も宿泊が可能となっており，普段とは違った雰囲気を体験できることが魅力とされている(四国ツーリズム創造機構ウェ

ブサイト)。四国ツーリズム創造機構が運営する四国地区観光公式サイトでは,
一般の観光客も利用可能な宿坊が紹介され,宿泊込みでの観光地としての価値
も四国遍路は有していることを強調している。また,札所の回り方が自由であ
るという遍路の特徴に合わせ,宿泊せずとも日帰りで温泉を楽しめることを強
調しているのも日本遺産としての四国遍路の特徴である。たとえば23番札所
である薬王寺近くの薬王寺温泉では巡礼途中での日帰り入浴が可能であり,巡
礼者は巡礼という文化的行為とともに,入浴という一種の娯楽を楽しむことが
できる。地域の視点からすると,日本遺産に認定されることで巡礼者や観光客
が増え,現地での宿泊や温泉を楽しむことで当該地域が経済的に活性化される
という構図が完成する。第1のスイーツ同様,宿泊や日帰り温泉は性別に関係
なく楽しむことができるものであるものの,「遍路女子」との関係でこれらの
魅力を強調していることからも,やはり主に女性を対象とした地域活性化策で
あると考えることができよう。

　ここまでをまとめると次のようになる。巡礼という行為が核となる四国遍路
トポスはその性格上文化的環境層が中心であった。しかしながら日本遺産とい
う形で文化的行為が可視化され,潜在的な巡礼者や観光客へのアピールが容易
になり,特に女性という新しい層をターゲットとする方針が固められた。そし
て女性にとって関心の高いスイーツや1人でも安心して楽しめる日帰りを含め
た旅行の可能性を提示することで,巡礼者や観光客が巡礼それ自体に加え,前
述のレジャーも楽しめることを認知させたのである。このような枠組みを通し
て,四国遍路トポスでは文化的環境層から経済的環境層へのコンテクスト転換
が実現されたのだと整理できる [5]。

第2節　トポスとしての「国立公園」

(1)　国立公園のトポス性

　国立公園の役割としては自然や風景の保護と生物多様性の保全がまずあげら
れるが,同時に「自然の適切な利用の促進」も国立公園の役割に含まれている。

つまり，国立公園は登山やバードウォッチングなど，自然と関わる活動の場としての性格も有しているのである（環境省ウェブサイト）。後に見る通り，この利用の側面が国立公園を単なる自然保護地域から経済的価値のある地域に変容させるコンテクスト転換を引き起こしていると考えられる。

　国立公園の歴史を紐解くと，1934年に瀬戸内海，雲仙，霧島の3カ所が日本初の国立公園となり，2018年1月現在では全国に34の国立公園が存在している[6]。歴史的に考察すると，初期は原始性の高い大風景が国立公園に認定されてきた傾向がある。その後，居住地に近いレクリエーションに適した場所も指定されてきているものの，20世紀後半になってからは，自然性の高い生態系の景観やサンゴ礁などの海域景観，野生生物の生息地としての景観や広大な湿原景観なども国立公園として指定されるようになっている（環境省ウェブサイト）。これらから明らかなように，国立公園のトポス性は自然的環境層の性格が本質的に非常に強いことが読み取れる。

　国立公園は世界の多くの国で設けられているが，土地の所有にかかわらず指定を行う「地域性自然公園制度」を採用し，国立公園内にも多くの私有地を含んでいるのが日本の国立公園の特徴である（環境省ウェブサイト）。米国やオーストラリアなどとは異なり，日本では狭い国土に多くの人びとが住み，昔から土地をさまざまな用途で利用してきているために，国立公園の土地をすべて公園専用とすることが困難であったことがこの背景にある（環境省ウェブサイト）。2018年3月時点では，国立公園の土地所有者別面積割合を見ると国有地は62.1％にとどまっている（環境省，2018）。国立公園内に住んでいる人も多く，また農林業などの産業が行われていることからも，国立公園は自然の利用も織り込んだ施設であるといえる。そのため，保護の面だけでなく利用の面でも多くの利害関係者がいることから，多様な主体の連携による「協働型管理運営」が重要になっている（環境省ウェブサイト）。

　このような性格を持つ国立公園であるが，社会情勢の変化に伴って国立公園の利用者数は1991年の41,596万人をピークに減少傾向にあり，東日本大震災の影響があったと思われる2011年と2012年を除くと2010年には34,087万人

まで落ち込んでいる(環境省ウェブサイト)。そのため，国立公園を資源として
きた観光産業など地域経済が衰退し，公園施設の十分な維持管理ができなくな
るなど，困難な状況に陥っている地域もあるといわれている(環境省ウェブサイ
ト)。このような背景のもと，国立公園の利用者数を増加させるため，地域の
多様な関係者の連携が重要な課題となっている。

　国立公園の役割がわが国の優れた自然や景観の保護や活用であるとすると，
国立公園のトポス性は本質的には自然的環境層であることは明らかである。た
だし先に触れた通り，国立公園は自然を活用した地域活性化を役割として担っ
ている面があり，その意味では自然的環境層から何らかのコンテクスト転換が
なされていると解釈できる。本章では，国立公園をもとにした自然的環境層か
ら経済的環境層へのコンテクスト転換に注目し，自然を一種のレジャー施設に
変容させ利用者増を図り，地域活性化へ繋げる取り組みの構造を考察する。以
下では，わが国の代表的な自然を有する阿寒摩周国立公園を取り上げ，どのよ
うなコンテクスト転換が展開されているかを明らかにする。

(2)　阿寒摩周国立公園トポス [7]

　阿寒摩周国立公園の歴史は古く，1934 年に「阿寒国立公園」として国立公
園の指定を受けている。当初は屈斜路・阿寒火山帯の活動によってできた阿寒，
屈斜路および摩周の 3 つのカルデラ地形を基盤とした景観を有する公園という
位置づけであった。その一方で，摩周カルデラ北側外輪山山麓にある神の子池
はこの公園外に位置していたものの，多くの利用者が訪れる景勝地となってお
り，その景観を保護する必要に迫られていた。このような状況を受け，公園区
画の見直しを行うと共に，2017 年に阿寒国立公園から現在の阿寒摩周国立公
園に名称変更がなされ，現在に至っている。

　阿寒摩周国立公園の特色は，火山と森と湖が織りなす雄大な景観を有してい
るという点である。火山帯の活動によって形成されたカルデラ地形，阿寒湖，
世界屈指の透明度を誇る摩周湖，屈斜路湖などが見どころとされている。また，
豊かな自然の中で多くの野生動植物が育まれ，公園内の各地で特徴的な温泉が

湧出している。さらに，阿寒摩周国立公園には上述の自然だけでなく，アイヌコタン（アイヌ民族の集落）も見どころに含まれている。阿寒湖温泉街のこの集落は北海道最大級のアイヌ集落であり，「阿寒湖アイヌシアター『イコロ』」では，ユネスコ世界無形文化財に登録されているアイヌ古式舞踊を見ることができる。

　これらの特徴を有する阿寒摩周国立公園はどのようなトポスであろうか。自然が織りなす豊かな景観は自然的環境層に，アイヌコタンは文化的環境層にそれぞれ分類されると考えられ，その意味で阿寒摩周国立公園のトポス性は多様である。しかしながら，国立公園が世界にも類のない美しい自然を日本の宝として未来に引き継ぐ役割を担っていることを考慮すると，やはり自然的環境層がトポス性の核となっていると理解できるだろう。そこで以下では，阿寒摩周国立公園における自然的環境層から経済的環境層へのコンテクスト転換がどのように図られているかを考察する。

(3)　自然的環境層から経済的環境層へのコンテクスト転換

　前述のように，国立公園の利用者数は減少傾向にあり，それに伴い国立公園を資源としてきた地域経済が衰退するという問題が生じている。この問題を打開するための取り組みが国立公園満喫プロジェクトであり，本章ではこれをコンテクスト転換と結びつけて考察する。

　国立公園満喫プロジェクトは2016年に政府により提示された「明日の日本を支える観光ビジョン」と関連がある。ここでは，訪日外国人観光客を2020年までに4,000万人とすることが目標として掲げられている。この目標の実現のためにはわが国の自然や文化などの観光資源を有効に活用することが求められるとの見地から，「日本の国立公園を世界水準の“ナショナルパーク”としてブランド化を図る」ことが指摘され，国立公園満喫プロジェクトが立ち上げられた（阿寒国立公園満喫プロジェクト地域協議会→環境省，2017）。このプログラムでは訪日外国人の国立公園利用者数を2020年には1,000万人に増やすことが目標とされている。この目標を達成するために全国の国立公園から8公園が

選択されているが，そのひとつが本章で取り上げる阿寒摩周国立公園である(選定当時の名称は阿寒国立公園)。

阿寒摩周国立公園についての国立公園満喫プロジェクトでは「火山と森と湖が織りなす原生的な自然を堪能する」がコンセプトになっている。このコンセプトのもと，①新たな景観など魅力地点の開放，②原生的な自然や伝統文化を活用したツアー・プログラム，③温泉街のまちなみ景観の改善，④質の高い利用環境を提供するための施設整備，⑤地域連携による広域的な取り組み，が重点事項として掲げられている(阿寒国立公園満喫プロジェクト地域協議会)。このうち，自然的環境層から経済的環境層へのコンテクスト転換に直接的に貢献しているのは①および②であると思われる。そこで，この2つの重点事項の詳細を以下では確認する。

まず①について，第1の施策として「優れた景観や静寂な雰囲気を楽しめる場所へのカフェの併設など」が，第2には「富裕層をターゲットとした宿泊施設の誘致」があげられている(阿寒国立公園満喫プロジェクト地域協議会)。第1の施策については，阿寒湖畔エコミュージアムセンターや川湯エコミュージアムセンターにおけるカフェの併設が検討されている。また第2の施策については，阿寒湖畔や川湯温泉において地域合意を得ながら上質な宿泊施設の誘致が検討され，国立公園利用者の幅を広げる取り組みが計画されている。これらはいずれも国立公園を利用するということに経済的な価値を付与し，地域経済の活性化を意図していることから，自然的環境層から経済的環境層へのコンテクスト転換を促進する取り組みであると見なすことができよう。

次に②については，阿寒摩周国立公園の豊かな自然を体験することを目的に，阿寒湖におけるマリモ観察ツアーや大島へのカヌーツアーなどが計画に織り込まれている。マリモ観察やカヌーツアーは阿寒摩周国立公園だからこそ経験できるイベントであり，その意味で需要も大きいことが想定される。これらは近年注目されているエコツーリズムと関連があり，変化する国立公園の利用者のニーズに対応するものであると理解できるだろう(阿寒国立公園満喫プロジェクト地域協議会)。この取り組みにより，わが国の豊かな自然を未来に引き継ぐと

いう国立公園の本質的な役割から一歩進み，国立公園において利用者がレジャーの一環として自然を楽しむというコンテクスト転換が生じる構造となっている。つまり，利用者は国立公園において経済活動をするようになると解釈できるのであり，阿寒摩周国立公園ならではの自然を用いた地元経済の活性化が期待できるのである。したがって，②も自然的環境層から経済的環境層へのコンテクスト転換をもたらす取り組みであると位置づけられるのである。

　国立公園はその定義上，本来は自然的環境層トポスである。しかしながら，利用者数の減少による地元経済の停滞を打開するためにコンテクスト転換が図られたのだと整理ができる。そのための施策である国立公園満喫プロジェクトにより，国立公園の利用と近隣における休息施設や宿泊施設の利用を関連づけ，そしてさらに国立公園内での自然を楽しむツアーを織り込み，国立公園を一種のレジャー施設へと変容させたと解釈できる。つまり，自然的環境層から経済的環境層へのコンテクスト転換が図られているのだと指摘できるのである[8]。さらに，自然や景観の保護という観点では従来の国立公園トポスの時間軸は通時性であったと考えられるが，国立公園満喫プロジェクトによって多くの人びとが同時期にさまざまな方法で国立公園を利用するという構図が形成された。つまりトポスの時間軸では，通時性から共時性へのコンテクスト転換が生じたと整理できるだろう[9]。

おわりに～地域デザインからの総括

　本章では日本遺産と国立公園というわが国における光のトポスを取り上げ，前者の事例では文化的環境層から経済的環境層への，後者の事例では自然的環境層から経済的環境層へのコンテクスト転換をそれぞれ取り上げた。最後にこれらの事例に関する今後の展望について触れておきたい。

　日本遺産の事例である四国遍路に関しては，日本遺産に認定されることで地域がブランド化されることが期待され，文化的環境層から経済的環境層へのコンテクスト転換が行われようとしている。ここでのアクターは文化庁，地域住

民，地域事業者，札所関係者など多岐にわたるが，アクターによって関心が異なっていることが想定される。経済的環境層トポスへの関心が高い一部のアクターの発言が強調され，文化的環境層から経済的環境層へのコンテクスト転換が急激に進むと，強みの源泉である文化的環境層の意義が弱まり，「単なる観光地」という位置づけになる危険性がある。

　類似の課題は国立公園の事例である阿寒摩周国立公園にも当てはまる。国立公園満喫プロジェクトにより，公園利用者に公園付近での休憩スペースや宿泊施設を活用してもらい，さらに公園内でのツアーも体験してもらうという取り組みは，地域経済の活性化につながるという点では有益である。ただし，やはり多くのアクターが関与する中，自然的環境層から経済的環境層へのコンテクスト転換が急激に進むと，国立公園の豊かな自然が損なわれる恐れがある。

　本章では，両事例とも地域活性化の観点から経済的環境層へのコンテクスト転換に注目したが，それに伴って生じる課題についても注視する必要がある。文化と経済，あるいは自然と経済のバランスをどう取るか，どのアクターがその役割を担うかを含めて検討が必要であろう。

注

1）日本遺産の概要に関する本章の記述は文化庁「日本遺産パンフレット」を参照した。

2）国立公園の概要に関する本章の記述は環境省ウェブサイトを参照した。

3）日本遺産の一覧は文化庁ウェブサイトを参照のこと。

4）四国遍路の概要に関する記述は四国遍路日本遺産協議会ウェブサイト，四国ツーリズム創造機構ウェブサイト，文化庁「日本遺産パンフレット」を参照した。

5）なお，本事例では文化的行為である巡礼が核となっているためにトポスの文化的環境層が強調されたが，日本遺産には自然がメインとなっているものも存在する（たとえば奈良県の「森に育まれ，森を育んだ人々の暮らしとこころ〜美林連なる造林発祥の地"吉野"〜」など）。そこでは日本遺産の看板をもとに自然的環境層から経済的環境層へのコンテクスト転換がなされていると考えられる。その意味で，日本遺産はわが国の文化や自然を生かして地域を活性化させる，つまり経済的環境層へのコンテクスト転換を図る役割も担っていると解釈できるだろう。

6）国立公園の一覧は環境省ウェブサイトの該当ページ（https://www.env.go.jp/park/parks/index.html）を参照のこと。

7）阿寒摩周国立公園の概要に関する記述は環境省ウェブサイトの関連ページ（https://

www.env.go.jp/park/akan/index.html）を参照した。

8）ただし先述の通り，国立公園は自然だけでなく，現地の文化とも関連がある。したがって，国立公園のトポスは本来重層的であると考えるべきであろう。さらに，国立公園の文化的環境層から経済的環境層へのコンテクスト転換も国立公園満喫プロジェクトでは意図されていることから（阿寒摩周国立公園を例に取ると，アイヌ文化を生かした地域活性化など），コンテクスト転換のメカニズムは実際には複雑である。しかしながら，自然を生かした経済活性化が国立公園満喫プロジェクトの核であることは間違いなく，その意味で国立公園については自然的環境層から経済的環境層へのコンテクスト転換がまずは強調されるべきであると考えられる。

9）なお，国立公園満喫プログラムは 2018 年 3 月時点では現在進行中の計画であり，そのため本章で扱ったコンテクスト転換のあり方も暫定的なものであるといえる。計画が終了した時点でどのようなコンテクスト転換が実現されたかは改めて考察する意義があるだろう。

参考文献

阿寒国立公園満喫プロジェクト地域協議会（2016）「阿寒国立公園満喫プロジェクトステップアッププログラム 2020」http://www.env.go.jp/nature/mankitsu-project/pdf/akan.pdf（2018 年 3 月 29 日アクセス）

環境省（2017）「国立公園満喫プロジェクト ステップアッププログラム 2020 の策定について」https://www.env.go.jp/press/103550.html（2018 年 8 月 1 日アクセス）

環境省（2018）「日本の国立公園 法令・各種資料 自然保護各種データ」http://www.env.go.jp/park/doc/data.html（2018 年 8 月 1 日アクセス）

環境省ウェブサイト，https://www.env.go.jp/park/index.html（2018 年 3 月 29 日アクセス）

四国ツーリズム創造機構ウェブサイト，https://www.shikoku.gr.jp/pilgrimage/readme/index（2018 年 3 月 29 日アクセス）

四国遍路日本遺産協議会ウェブサイト，https://www.seichijunrei-shikokuhenro.jp/（2018 年 3 月 29 日アクセス）

文化庁ウェブサイト，http://www.bunka.go.jp/seisaku/bunkazai/nihon_isan/ichiran.html（2018 年 3 月 29 日アクセス）

文化庁「日本遺産パンフレット」http://www.bunka.go.jp/seisaku/bunkazai/nihon_isan/pdf/nihon_isan_pamphlet.pdf（2018 年 3 月 29 日アクセス）

第III部

個別分野編＝
影のトポス
〜反省と復興を捉えたデザイン

第8章

「原発トポス」と「公害トポス」

山田　啓一
原田　保

はじめに～問題の所在

　本章は，第Ⅲ部の個別分野編＝影のトポス～反省と復興を捉えたデザインの事例のひとつである。ここでは，影のトポスの「原発トポス」と「公害トポス」のコンテクスト転換による新たな地域価値の発現方法について考察する。なお，本章では，影のトポスの共通テーマである「反省と復興」については「ダークツーリズムの展開」から言及する。

　特に原子力発電所(以下「原発」)にかかわるトポスについて検討を行うにあたり留意すべきは，原発には事故を起こしてしまった原発(これを「事故原発」と呼ぶことにする)と事故を起こしていない原発(これを「非事故原発」と呼ぶことにする)に分けて考えなければならない，ということである。

　原発自体は，現在運転中のクリーンで経済的なエネルギー[1]として，ある側面では「光」とはいえないまでも，必ずしも「影」をイメージするものとはいえない，と考える人びとがいるからである。それゆえ，原発推進派にとってはたとえ原発が「光」であろうとも，唯一の被爆国としての体験から，多くの人が「核」に対して良いイメージを持ってはいない，ということを意識せざるを得ないわけである。

現在においては，特に問題になるのは事故原発であろうが，原発はすべては広義の公害予備軍に含まれるために，すべての原発が「影」をイメージすると考えるのが妥当である，と考えられる。

そのため，原発については，事故原発を捉えたダークツーリズムのみならず非事故原発と事故原発の双方を含めてダークツーリズムの対象トポスになる，と考えるべきである。

さて，公害は環境基本法で「事業活動その他の人の活動に伴って生ずる相当範囲にわたる，①大気の汚染，②水質の汚濁，③土壌の汚染，④騒音，⑤振動，⑥地盤の沈下及び⑦悪臭によって人の健康又は生活環境に係る被害が生ずることである」と定義されている[2]。その意味では，事故原発についても公害に含まれると考えなければならない。

この公害に関して，宮本(1968)は産業公害，都市公害，政治公害の3つのタイプに分類している。産業公害は「産業の生産・サービスの過程から発生する公害」であり，「工場・鉱山の公害が中心である」とされている(宮本，1968，p.35)。都市公害は「都市住民の消費過程を中心に発生する」ものであるとされている(宮本，1968，p.36)。さらに，政治公害(権力公害)は「警察・司法・行政などの国家権力の行使そのものから生まれる生産・生活妨害としての公害である」とされている(宮本，1968，p.37)。これには，当然ながら国家権力の不作為によって生じるものも含まれる，とも考えられる。

また，公害トポスを考える場合には公害には3つの側面があることを指摘しなければならない。これらはすなわち，公害発生の経緯，公害の影響，公害の解決，の3つである。公害発生の経緯は，どのような原因でどのような事故がどのようにして起こったのかであり，公害の影響はどのような事故がどのような規模でどのような程度で起こったのか，そしてそれが残した爪痕についてであり，公害の解決は公害をどのように解決したかであるが，これには水俣病訴訟に代表されるような長い法廷闘争を含むものである，ということに対する留意が必要になる。

問題は，公害としての原発事故も水俣病も関係者の利害関係により情報や対

応のゆがみが往々にして生じることである。通常は，行政や被害を起こした側が被害の状況を実際よりも小さく報告する傾向がみられる。それは，被害が大きいとそれだけ取るべき責任が大きくなり，企業イメージの悪化や結果としての売り上げの減少，損害賠償の額の増加等の負担が大きくなるからである。旧ソビエト連邦におけるチェルノブイリ原発の事故，東京電力の福島第一原発（以下，フクシマ），チッソの水俣病においても同様の傾向が示されている（広河，2011，pp. 38-39; 原田，1972，pp. 54-70）。

ここで議論される2つの事例は，それぞれのコンテクスト転換については，トポスの空間階層構造では経済的環境層から生物的環境層および自然的環境層への転換，トポスの時間軸では通時性から共時性への転換が望ましいという考え方から言及している。

第1節　トポスとしての「原発」

(1)　原発のトポス性

原発のトポスについて考察する際に留意しなければならないことには，国のエネルギー政策があるが，くわえて原発の利害関係者によって形成される原発推進グループの行動もある。チェルノブイリ（Chernobuili）の事故で示されたように，IAEA（International Atomic Energy Agency：国際原子力機関）と当時のソビエト連邦政府をはじめとする原発推進派は，事故の被害を極力小さく発表する傾向がみられた（広河，1991，2011; Ярошинская 1992; Horishna 2006）。住民の混乱を避けるためであるというのが表向きの理由であったが，事故を起こしてしまった当事者の責任をなるべく小さくすること，そして今後の原発推進に与える影響を極力小さくするためである，と考えられる。しかし，このような行動が被害を拡大させたし，また多くの人びとを長年にわたって苦しめる原因となった（広河，1991，2011; Ярошинская，1992; Horishna，2006）。

原発トポスを考えるにあたって重要なことは，非事故原発と事故原発ではコンテクストが異なることである。すなわち，非事故原発は運転コストの安いク

リーンエネルギーを供給し，地域の雇用を創出する原発というトポスであり，事故原発は「事故により放出された放射能により，広大な地域を死の場所に至らしめ，人びとの健康，暮らし，人生に甚大な損害を与えた歴史をもつトポス」として捉えられなければならない，ということになる。

(2) チェルノブイリトポス

1) 原発事故から回復までのプロセス

これまでに発生した主要な原発事故としては，ウィンズケール(Windscale)，スリーマイル島(Three Mile Island)，チェルノブイリ(Chernobyl)，そして福島があげられるが，ここでは国際原子力事象評価尺度(INES)でレベル7の大規模な事故となったチェルノブイリ原発事故を事例に取り上げ考察を行う。

1986年4月26日午前1時23分，旧ソビエト連邦のウクライナ共和国のチェルノブイリ原発が爆発し，4号炉の原子炉と建屋が崩壊した(広河，2011; Alexievich，1997)。チェルノブイリ原発は，ウクライナの北部に位置し，キエフ市から130km，チェルノブイリ市の市街から18kmであり，ベラルーシとの国境までは12km，ロシアとの国境までは140kmの位置にあった(Horishna，2006)。

原発は，1号炉から4号炉まで4つの原子炉がそれぞれ100万kWの電力を供給していた。事故を起こした4号炉は1983年12月に操業を開始し，その2年半後に大爆発を起こした。事故は定期点検と修理および核燃料交換のために出力を落とした原子炉で作業中に発生した。原子炉は二度の爆発の後，メルトダウン(炉心溶融)を起こした。事故当初は，地元の消防士が爆発によって生じた火災の消火作業にあたったが，多くの消防士たちが被ばくし入院した(広河，2011，p. 57; Gale & Hauser，1988，pp. 48-56)。

原発事故の被害を拡大させたのは，原発関係者の事故報告が遅れたこと，事故の程度を小さく見積もったこと，および避難勧告が遅れたことであったが，その背景にはできるだけ事故を公表しない，公表するにしても事故の程度を小さく見せようとする動きがあったことである。こうした隠蔽志向が事故の犠牲者を拡大させてしまった(広河，2011，pp. 46-52)。

その後，8週間以上むき出しになった原子炉から大量の放射性物質が放出され，上空2kmに放射能雲が形成され，史上最悪の事故につながった(Horishna, 2006, p.15)。原発サイトの埋設作業および他の3炉の運転再開のための作業に従事した者(作業員および兵士)は60万人に上ったとされる(Benassy, 1990, p.21)。

事故による影響は，まず放射性ヨウ素131をはじめとする短寿命同位体による甲状腺障害で急性放射線被爆の主要因となった。外部被爆と内部被爆の両方の線量を形成するのはセシウム137であった。チェルノブイリ原発事故が住民にもたらした負の影響の主な要因は，直接被爆，放射性核種の体内への取り込みと土地の放射能汚染であった(Horishna, 2006)。直接被爆は，放射能に汚染された空気，土壌，雨などにあたり被爆するものであり，放射性核種の体内への取り込みは，汚染した飲料水や食料品などを摂取することにより被爆する，というものである。

被爆した場合の症状には，腫瘍形成，奇形発生，遺伝的異常(突然変異，染色体異常)，最も放射線感受性の高い組織や臓器の中で細胞集団が受ける障害，男子の不妊障害，皮膚障害，水晶体の特異な反応と放射線白内障などである(Horishna, 2006, pp.23-24)。

放射性セシウム137によって汚染された地域は，ロシア，ベラルーシ，ウクライナの3カ国で145,320km²となり，汚染地域の住民数は591.5万人に上った(広河，2011, pp.113-114)。なお，ヨウ素131の半減期は8日，ストロンチウム90は28.9年，セシウム137は30.2年，プルトニウムは24,100年とされている(Gale & Hauser, 1988＝1988, pp.39-40; Gunderson, 2011, p.97)。さらに，チェルノブイリ原発から1,000km以上離れたヨーロッパ各地でも高濃度のセシウム137の汚染地域が発見された(Horishna, 2006; 広河，1991)(図表8-1)。

チェルノブイリの事故の犠牲者は。IAEAのチェルノブイリ・フォーラム(IAEA, 2005)によれば総死者4,000人とされるが，今中は，チェルノブイリ事故による放射線被爆に伴う死者数を5万～9万人と見積もっている(今中，2006, p.81)。また，住民の避難の状況については，チェルノブイリ原発事故が起き

図表 8-1　チェルノブイリ放射能汚染地図

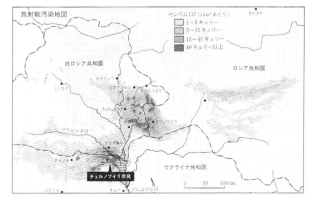

出所）広河，1991，p. xii

た翌日の午後に，隣接するプリピャチ市の住民 45,000 人が避難したが，プリピャチ市以外の 30km 圏内の住民 71,000 人の避難は 5 月 3 日にはじまり 5 月 10 日に終了した（今中，2009，p. 81）。この 30km 圏内（これは「ゾーン」と呼ばれる）の避難民は合計で 135,000 人にのぼり，避難完了後ゾーンは強制移住地域（立ち入り禁止地域）として封鎖された（広河，2011，pp. 78-80）。

　事故の解決としては，健康被害の解決と環境汚染の解決の 2 つの視点から語ることが必要である。健康被害の解決には，さらに身体の健康と心の健康の 2 つがある。放射性ヨウ素 131 による甲状腺障害については，事前にヨード剤を飲むことによって防止することが可能である。また，汚染した野菜，肉類や乳製品は放射線濃度を検査することによって防止することが可能である（広河，2011，p. 154）。しかし，基本的にすでに罹患した障害については，完全に治すことは不可能であり，さらに精神的な障害についてはほとんど治癒は難しいと考えられる。また，環境汚染については，土壌汚染対応としては除染が行われたが，完全に放射線汚染を取り除くことが難しいとされており（広河 2011，pp. 151-152），基本的には放射線量が許容範囲に下がるまで待たないと難しいものと思われる。

2) ダークツーリズムの展開

株式会社ゲンロンでは，被災 27 年後のチェルノブイリを紹介する『チェルノブイリダークツーリズムガイド』(東他，2013)を出版するとともに，H.I.S. と協力して「東浩紀と行くチェルノブイリ産業遺産と歴史都市キエフをめぐる 7 日間」という定員 30 名のツアーを 2014 年から毎年開催しており，2018 年は第 5 回目となる。なお，2018 年のツアーでは，国立チェルノブイリ博物館，独立広場，ディチャトキ検問所，チェルノブイリ原発 4 号炉見学ポイント，旧原発衛星都市プリピャチ，カフェ 10，パルイシフ村，ニガヨモギの星公園，消防士の碑，軍事都市チェルノブイリ-2，チェルノブイリ原子力発電所，アレクサンドル・シロタ邸，聖ソフィア大聖堂，大祖国戦争博物館等を訪問し，現地人 2 人を含む 5 人の講師によるスタディーツアーとなっている[3]。

ウクライナ人作家スベトラーナ・アレクシエービッチは『チェルノブイリの祈り』で多くの人びとの原発事故に関するそれぞれのエピソードや証言をつづっている(Alexievich，1997)。大規模災害はともすればその規模や数のために，個々の被災者の顔が見えなくなる傾向があるが，被災者のそれぞれの人生を翻弄する出来事でもあり，災害の本質を理解するためには，個と全体の両方の視点で学ぶことが大切であろう。被災者の側に立ち，もしも自分が被災したとしたらという視点で災害を見る，個々の被災者の顔が見える災害という視点である。さもなくば，災害は所詮他人事として理解されることになってしまうのではないだろうか。

3) トポスデザインの特徴

先にも述べたように，原発には非事故原発と事故原発という 2 つのトポスがある。また原発には推進派と反対派の 2 つの立場がある。この推進派と反対派で考え方や主張に大きな違いがあり，事故原発の捉え方にも大きな違いがある。

推進派の立場では，エネルギー政策としての原発の必要性，化石燃料に比べて大気汚染や地球温暖化を起こさないという意味でクリーンで環境にやさしい安価なエネルギー(ただし，事故を起こさなければという前提である)，技術的な側面や管理運営の側面で国が定めた安全基準を満たしていることなどを理由に

原発を肯定的に捉え，負の側面としての「影」のトポスとしての原発，つまり事故原発は，事故とその影響について極力隠蔽するか，少なくとも矮小化を図ろうとする傾向がある。

また，反対派の立場では，わが国は唯一の被爆国という歴史から生じた核アレルギーというかそもそも原発それ自体が「悪」であるという捉え方あるいは感情から，原発に対する基本的な知識と事故原発とその影響に関する知識・技能[4]の学習の機会を拒絶あるいは失ってしまう。

このように，対象とする原発が非事故か事故か，そして拠って立つところが推進派か反対派かによってトポスの捉え方が異なるので，トポスデザインにあたっては多くの関係者の間で調整がなされることが望ましい。また，事故原発においては，放射性物質の半減期が長期間にわたること，その影響する範囲が広大なこと，多くの被災者がいまだに苦しんでいること，に鑑みると，トポスデザインは，ゾーンを設定し，時間をかけて段階的にデザインされることが望ましい。

(3) 原発トポスから複合層トポスへのコンテクスト転換

反省のトポスとしての事故原発トポスについて考えるとき，推進派および反対派のどちらにも組することのない中立の立場で，原子力および原発の仕組み，安全基準と安全対策，地球温暖化と地球環境問題，国のエネルギー政策などに関する正しい知識と，事故原発および事故の影響，その後の対応などに関する正しい知識を確定し提供する仕組みを作り，それをベースに事故原発のトポスおよびコンステレーションをデザインし，スタディーツーリズム(study tourism)あるいはダークツーリズムを展開することが肝要と思われる。

この事例のように，原発のダークツーリズムは，非事故原発における経済効率性(ただし核廃棄物の処理や廃炉のコストを考えると必ずしも安いとはいえない)，事故原発における被災者の救済や廃炉および自然環境の回復にかかる経済的負担といった経済的環境層のみならず被害者を含む地域の再生という文化的環境層，被害者の健康回復および動植物の生命力回復という生物的環境層および自

然環境の再生という環境層を織り交ぜた複合的なトポスデザインが期待される
ことになる。

第2節　トポスとしての「公害施設」

(1)　公害施設のトポス性

さて，公害は日本経済の高度成長の負の遺産である，といえよう。公害は，
環境基本法の第2条の3において「環境の保全上の支障のうち，事業活動その
他の人の活動に伴って生ずる相当範囲にわたる大気の汚染，水質の汚濁，土壌
の汚染，騒音，振動，地盤の沈下及び悪臭によって人の健康又は生活環境[5]に
係わる被害が生ずること」[6]，とされている。

公害が 1960 年代のわが国の高度経済成長期に現出し，いわゆる四大公害病
とよばれる水俣病・新潟水俣病・イタイイタイ病・四日市ぜんそくが過酷な健
康被害を発生させ大きな社会問題となった。ここでは，公害病の先駆けとなっ
た水俣病を事例に取り上げながら，公害トポスについて考察を行うことにする。

(2)　水俣市公害トポス

1)　公害発生から回復までのプロセス

水俣市は熊本県の南部に位置しており，鹿児島県の出水市と大口市(現 伊佐
市)に隣接している。また，ここの海岸部は不知火海(八代海)に面している。こ
のような水俣市の面積は 163.29km²になっている。ここには国道 268 号線が東西
に国道 3 号線が南北に走っており，また九州新幹線の新水俣駅や肥薩おれんじ
鉄道の水俣駅も設置されている。このような水俣市は 1989 年に市町村制の実
施により誕生した人口 12,040 人の水俣村として始まった(水俣病資料館，2016)。

水俣市は，チッソ(1965 年改称。1950 年新日本窒素肥料株式会社)の企業城下町
である。そのはじまりは，第二次世界大戦前にまで遡る。鹿児島県伊佐市を流
れる川内川に東洋のナイアガラと呼ばれる曽木の滝がある。その豊富な水力を
使って発電を行うことを目的として実業家の野口遵が 1906 年に設立した曽木

電気により曽木発電所が建設された(高峰, 2008, pp. 6-7)。

この発電所の電力は近郊の金鉱山などに供給されたが, 余剰電力を活用するために, 1908年に, 隣接する水俣市にカーバイド工場を建設して製造を開始した。工場はその後曽木電気と合併されることになり, 日本窒素肥料株式会社が誕生した。これがチッソの前身であった。この工場は水俣市[7]が積極的に誘致したものであり, 水俣市はその後チッソの企業城下町として発展していった(高峰, 2008, pp. 7-8)。

1956年4月21日に, 熊本県水俣市の月浦地区の幼児が, 口がきけない, 歩くことができない, そして食事ができないなどの重い症状を訴えて, 新日本窒素肥料株式会社水俣工場附属病院(以下, チッソ附属病院)で受診のうえ入院した。その後にも, 同じような症状を訴える患者3人が入院することになり, 同5月1日にチッソ附属病院の細川一院長が「原因不明の脳症状を呈する患者4人が入院した」と水俣保健所に報告した。これが水俣病の公式確認日とされた(水俣病資料館, 2016, p. 5; 原田, 1972, p. 2)。

さらに, 1953年12月から発生していた54人の患者とそのうち17人が死亡していることが確認され, 1962年11月, 脳性小児麻痺診断の子どもを胎児性水俣病患者と認定した[8](水俣病資料館, 2016, p. 5)。

水俣病は, チッソが, 1932年から1968年までの36年間にわたって海に流した有機水銀の一種であるメチル水銀化合物が原因で発生した公害病であり, 具体的には, カーバイド残滓を含む排水とともに海へ流されたメチル水銀化合物が魚介類の体内で生物濃縮されてしまい, それを食べた人間の脳の神経系が冒され, 水俣病を発症するというものであった(政野, 2013, p. 6)。

チッソは, 1958年, 厚生省に汚染源として名指しされてから2カ月後に, 工場の排水口を外部の者には知らせずに, 水俣湾に注ぐ百間排水口から湾の外へ向かって流れ出る水俣川河口に変更してしまった。これは, カーバイド残渣をプールに残して排水を川へ排出する仕組みであったが, 結果としては排水に含まれる汚染物が川の流れとともに不知火海全体へと広がってしまい, そのために被害を拡大することとなった(政野, 2013, pp. 20-21)。

図表 8-2　水俣病の被害者の分布

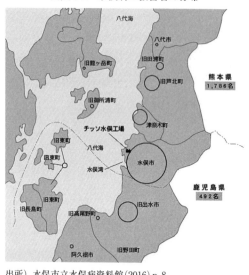

出所）水俣市立水俣病資料館 (2016) p.8
注）1. 円の大きさが被災者の数の多さを表す。
　　2. 県名の下の各数字は認定患者数を示す。

水俣病は，熊本県八代市や水俣市，鹿児島県出水市や阿久根市，そして天草の島々に囲まれた不知火海（八代海）沿岸 20 万人が潜在的な被害者とされる（政野，2013，p.6）（図表 8-2）。

水俣病は世界最初の水銀中毒事件である（政野，2013，p.5）。チッソはカーバイドを利用して窒素肥料を製造したが，その過程でメチル水銀化合物を含む工場排水が海へ垂れ流され，それが魚介類の体内で生物濃縮され，それを食べた人間や動物の脳の神経系が冒されることにより水俣病を発症させるものであり（政野，2013，p.6），また，妊娠中の母親が汚染された魚介類を食べることによって，胎盤を経由して胎児がメチル水銀中毒になり，脳性小児麻痺に似た障害をもって生まれる（胎児性水俣病）ものである（水俣病資料館，2016，p.4）。

水俣病の症状は，手足の感覚障害[9]，運動失調[10]，求心性視野狭窄[11]，聴力障害[12]，平衡機能障害[13]，言語障害[14]，振戦[15]，眼球運動障害[16]などの症状とされる（水俣病資料館，2016，p.4）。水俣病は，早期の段階では体内のメチル水銀を薬剤により排泄させる原因療法があるが，水俣病の根本的な治療法は現時点では発見されておらず，一次的な痛み止め（対症療法）やリハビリ（機能回復訓練療法）が主な治療となっている（水俣病資料館，2016，p.4）。

2016 年 1 月末現在，行政により認定された水俣病の患者の数は，熊本県 1,786 人，鹿児島県 492 人，計 2,278 人に上っており，水俣病公式確認から 60

年を経過した 2016 年 1 月末現在，生存患者数は 406 人であるが(水俣病資料館，2016)，認定申請を政府が棄却した未認定患者は 2 万人に上っている(政野，2013，p. 8)。

　水俣病の解決を考えるにあたって，被災者の救済と環境汚染の解消の 2 つの視点から論じることができる。被災者の救済については，公式確認から約 60 年という長い年月の中で，そのときどきの事情によって多様な救済が行われてきた。

　すなわち，発生当初における熊本県および水俣市が講じた医療扶助や生活扶助など，患者とチッソの間で結ばれた見舞金契約に基づく救済や公的な認定制度に基づいた救済，チッソとの補償協定に基づく補償，チッソとの自主交渉継続による直接救済の要求，水俣病被認定者保健福祉事業，水俣病認定申請者治療研究事業，水俣病総合対策医療事業，健康調査等である(水俣病資料館，2016)。

　しかし，チッソとの補償問題や国・県の認定の問題では，水俣病訴訟と呼ばれる司法による解決が図られてきた。主なものをあげれば，国家賠償等請求訴訟(第 1 次訴訟，第 2 次訴訟，第 3 次訴訟，関西水俣病訴訟など)，地位確認訴訟，障害補償費義務付け訴訟，認定義務付け訴訟，調査義務付け訴訟，などであり，現在でも係争中の案件が残されている(水俣病資料館，2016)。

　また，精神的な救済については，水俣市立明水園の開園[17]，胎児性患者のための小学校の分校(水俣市立水俣第一小学校)の開設，市民の会の結成[18]，もやい直しセンターの建設[19]などが講じられている(水俣病資料館，2016)。

　他方で，環境汚染の解消対策としては，「環境モデル都市づくり」宣言に基づく国際環境都市づくり，市役所の ISO14001 の認証取得と自己宣言・市民監査の実施，「家庭版 ISO」「学校版 ISO」制度の実施，ビオトープ(生物が生息する場所)の整備，環境共生モデル地域の形成，環境マイスター認定制度，環境創造みなまた事業[20]，国際会議をはじめとする水俣病や環境問題等に関する会議の開催，その他の各種のイベント，等が実施されている(水俣病資料館，2016)。

2）ダークツーリズムの展開

　水俣病について学ぶには，水俣病資料館（水俣市），熊本学園大学『水俣学』の講義および研究（熊本市）が利用できる。水俣市では，1993 年 1 月 4 日に水俣病の舞台となった不知火海（八代海）を望む水俣市のエコパーク水俣に隣接する学びの丘に市立水俣病資料館をオープンさせ，2018 年 3 月末までに累計で 102 万人の入館者を数えるに至った。水俣病資料館では，水俣病に関する展示，語り部の講話，各種資料等の閲覧および貸出，水俣病メモリアルの見学等ができる [21]。

　水俣病資料館では 1994（平成 6）年より，患者および患者家族の方から貴重な体験を直接聴講できる語り部制度を設置し（現在 10 名），語り部による講話を聴講することができる。また，水俣病資料館には，水俣病に関する図書資料が 4,000 冊以上，新聞記事が 50,000 記事以上，DVD450 本が備えられており，閲覧および貸出を行っている [22]。

　熊本学園大学では，1999 年に水俣病に関する学問的な領域を超えた総合的な研究を行うため，水俣学研究センターを設置した。同センターでは，研究プロジェクトのほか，学生を対象とする水俣学講義，一般市民を対象とする公開講座，公開セミナー，シンポジウム，さらには特定のテーマに関心の深い市民・学生・研究者を対象とする水俣病事件研究交流集会，研究者・大学生を対象とする水俣病臨床研究会等の講座・セミナー，資料室・データベースの利用，出版，国際交流・海外調査・国際フォーラム等を行っている [23]。

　また石牟礼道子氏の『苦海浄土』（1969）をはじめとする作家や体験者の方々の一連の小説や証言，水俣病資料館における水俣病の語り部と呼ばれる人びととの対話や DVD によって水俣病が被害者の生活や人生に与えた影響について個のレベルで学ぶことにより，被害者の顔が見える他人事としてではない理解ができるようになろう。

3）トポスデザインの特徴

　水俣病をトポスとして捉える場合には，そこには多くの被害者の苦しみ・悲しみと救済と法廷闘争にかかわる長い歴史が付随するコトとして捉えることが

大切である。そして，このトポスが，チッソの企業城下町としての水俣市および住民が経済的には公害の原因を作ったチッソに依存したこと，それによって経済的には豊かになったことによる光の側面と，公害垂れ流しで多くの被害者を作り出し，苦しみ・悲しみそして法廷闘争を通じて人生を台無しにされてしまったこと，および不知火海（八代海）を有機水銀で汚染してしまったことによる影の側面をもつことに留意しなければならない。

　このように，従業員をはじめ公害施設に経済的に依存する人びととか被害者かによってトポスの捉え方が異なるので，トポスデザインにあたっては多くの関係者の間で調整がなされることが望ましい。

(3) 「公害施設トポス」から「複合層トポス」へのコンテクスト転換

　スタディーツアーとして水俣病公害を検討する場合，水俣病患者のそれぞれの苦しみ・悲しみ，台無しにされた未来や人生などを通じて，単なる被害者数といったマクロ的な理解ではなく，個々の被害者の「顔」が見えるような企画が大切であると考える。その意味で，被害の発生した現場，水俣病資料館における「語り部」をはじめとする関係する人びととの交流やDVD，そして水俣学公開講座の聴講などを織り込んで，他人事ではない水俣病の理解を促進させることが必要であろう。このことは，水俣病に限らず，新潟水俣病，イタイイタイ病，四日市ぜんそく等を含む他の公害トポスにおいても同様である。

　この事例のように，公害のダークツーリズムは地域の関係者が公害施設に経済的に依存していることや被災者の救済や自然環境の回復にかかる経済的負担という経済的環境層のみならず被害者を含む地域の再生という文化的環境層，被害者および動植物の生命力回復という生物層および自然環境の再生という環境層を織り交ぜた複合的なトポスデザインが期待されることになる。

おわりに〜地域デザインからの総括

　最後に，反省のトポスとしての原発トポスと公害トポスの特性について第2

章で展開したトポスの時間軸による分析，3つのコンテクスト転換，およびトポスデザインに不可欠な3つの要素，について検討を行う。

　原発事故にしても公害にしても，事故は歴史的な出来事であり，通時性／直線型時間のタイプに分類される。すなわち，事故の発生，被災（障害の発症），原因の特定，障害の認定および救済のプロセス（長い法廷闘争を含む），環境の回復，犠牲者の慰霊，といった流れで進んでいく。しかし，原発事故や公害はその被害の範囲の広さとその被害の程度の大きさ，およびそれが人的災害によるものであることを考えると，二度と同じ過ちを犯してはならないということをそこから学ばなければならない。そのためには，学習者は，一連の出来事を時を超えて体験し[24]，それを共有することが望ましい。そういう意味で，通時性時間／直線型時間で起こった原発事故や公害を，再現して共時化することが他人事ではないより深い理解を可能にすることになる。

　3つのコンテクスト転換とは，①トポスのコンテクスト転換によるゾーンのコンテクスト転換，②ゾーンの拡張によるコンステレーションの更新，③点から面へというコンステレーション装置としての拡大，である。

　事故を契機とした非事故原発から事故原発への転換あるいは，事故（あるいは故意）による公害の発生は，経済成長の牽引車としての原発や工場という光のトポスから，事故や公害の源泉という影のトポスへとコンテクストが転換してしまう。その意味で①のコンテクスト転換が生じる[25]。

　そして事故や公害の発生によって被害が拡大し，原発や工場が対象としていたゾーンが拡大することになり，原発事故や公害の被害発生地域とするゾーンへのコンテクスト転換が生じて，②のコンテクスト転換が生じる。しかし，これは被害者の救済や訴訟問題，破壊され汚染された環境の回復への「反省」と二度とこのような事故や公害を起こさないという「誓い」のコンテクストでもある。

　チェルノブイリと水俣は，それぞれ事故原発と公害病というトポスからすれば，その一部であり，いわば「点」としてのトポスである。しかし，チェルノブイリ→事故原発，水俣病→公害病，というようにコンテクストが拡大された

とき，トポスは事故原発(ウィンズケール，スリーマイル，チェルノブイリ，フク
シマ等を含む)となり，また公害病(水俣病，新潟水俣病，イタイイタイ病，四日市
ぜんそく等)となり，点から面へと拡張される。

　トポスデザインに不可欠な3つの要素は，①ドラマツルギー，②トライブ，
③アゴラである。①のドラマツルギーについては，原発事故についてはチェル
ノブイリ博物館やアレクシエービッチの『チェルノブイリの祈り』(Alexievich,
1997＝2011)，水俣病では水俣病資料館の展示物・語り部・DVDや熊本学園大
学の水俣学における学習や出会いなど，で疑似体験を通じて学ぶことができる
ことを指摘することができよう。この場合，スタディーツアーや受講者は，ト
ライブとして，特に水俣病でいえば「語り部」との直接対話や石牟礼(1969)を
はじめとする小説や体験談を通じて，被害者の体験を共有することが大切であ
る(そうでなければ通りすがりの他人事となってしまう)。そして，チェルノブ
イリ博物館や『チェルノブイリの祈り』，水俣病博物館，熊本学園大学の水俣学
などを，アゴラとして捉えることができるであろう。

　本章では，原発と公害という「影」のトポスについて，ダークツーリズムと
いう視点で，検討を行ってきた。トポスデザインにあたっては，その影響の大
きさや広さからの「全体」の視点と被災者や関係者のそれぞれの苦しみ・悲し
みの深さ，人生という点からの「個」の視点の両方から検討されることが大切
であろう。多くのステークホルダーの利害調整といった点も重要であり，その
点でアクターズネットワークをいかに形成，運営するかも重要であると考える。

注

1) ただし，通常のオペレーションコストだけを指し，事故の発生，残渣（核のゴミ）の
　処分，廃炉等を除く。すなわち，一旦事故が発生すれば，放射能汚染が甚大な被害を及
　ぼし，核のゴミの処理については廃棄処理場がなく，また廃炉には長い年月と多大なコ
　ストがかかるからである。
2) 総務省公害等調整委員会 (http://www.soumu.go.jp/kouchoi/knowledge/how/e-dispute.
　html，2018年1月20日アクセス)。
3) ゲンロン H. I. S. チェルノブイリツアー，(http://school.genron.co.jp/chernobyl/，
　2018年4月28日アクセス)。このほか2014年には，日本ユーラシア協会が「チェルノ

170

ブイリ原発事故から 28 年，実態と現状をたどる旅」と称して，ベラルーシとウクライナ 9 日間 30 名のスタディーツアーを行っている（http://www.euras.co.jp/tour/pdf/chernobyl.pdf, 2018 年 4 月 28 日アクセス）。

4）事故への対応と事後の措置等の知識・技能を含む。

5）人の生活に密接な関係のある財産並びに人の生活に密接な関係のある動植物及びその生育環境を含む。

6）一部括弧書き部分を筆者が削除した。

7）当時は，製塩，製茶，漁業などを主要産業とする水俣村であった。

8）胎児性水俣病の公式確認。

9）しびれ。

10）秩序だった手足の運動ができない。

11）目が見える範囲が狭くなる。

12）耳が聞こえにくい。

13）身体の均衡を保つ働きに障害がでる。

14）言葉がもつれる，はっきりしない。

15）手足の震え。

16）眼球がなめらかに動かない。

17）病気の治療を受けながら長い療養生活の中でできるだけ楽しい時をすごすための水俣病患者を対象とする福祉施設。

18）水俣病問題の解決と豊かなまちづくりを行う。

19）地域のきずなの修復を図る交流の場や福祉サービスの拠点として活用する。

20）水俣湾埋立地の活用，整備を図りながら，地域住民の連携を基本とした地域づくり＝あいとやすらぎの環境モデル都市づくりを推進する。

21）水俣病資料館：http://www.minamata195651.jp/（2018 年 4 月 24 日アクセス）

22）同上。

23）熊本学園大学水俣学研究センター：http://www3.kumagaku.ac.jp/minamata/（2018 年 4 月 24 日アクセス）

24）実際に体験するのは困難であるため，語り部や事故の関係者から話を聞いたり，疑似体験プログラムで体験する。

25）これは事故や公害が起こってしまったという結果としてのコンテクスト転換である。

参考文献

Alexievich, Svetlana (1997) *Чернобыльская Молитва (Chernobylskaya moltiva)*, Moscow: Ostozhye.（松本妙子訳（2011）『チェルノブイリの祈り—未来の物語』岩波書店）

Benassy, Amélie (1990) "Tchernobyl: La Bombe Á Retardement," *La Généralist*, No. 1148, Mardi 20 Février 1990.（真下俊樹訳「チェルノブイリの時限爆弾」青峰社編 (1990)『チェルノブイリで，いま何が起きているか—海外報道に見る事故後の状況』青峰社，pp. 20-33）

Gale, Robert Peter and Thomas Hauser (1988) *Final Warning: The Legacy of Chernobyl,*

New York, Warner Books.（吉本晋一郎訳（1988）『チェルノブイリ—アメリカ人医師の体験（上）（下）』岩波書店）

Gundersen, Arnie，岡崎玲子訳（2012）『福島第一原発—真相と展望』集英社。

Horishna, Olha V.（2006）Chornobyl's Long Shadow: Health Consequences of the Chornobyl Nuclear Disaster – a Summary of Finding Update 2006, Children of Chornobyl Relief and Development Fund.（西谷内博美・吉川成美訳（2013）『チェルノブイリの長い影—現場のデータが語るチェルノブイリ原発事故の健康影響』新泉社）

IAEA（2005）"Chernobyl's Legacy: Health, Environmental and Socio-economic Impacts and Recommendations to the Governments of Belarus, the Russian Federation and Ukraine," IAEA Chernobyl Forum.

Medvedev, Zhores A.（1990）The Legacy of Chernobyl, Oxford, Basil Blackwell.（吉本晋一郎訳（1992）『チェルノブイリの遺産』みすず書房）

Ярошинская, Алла（1992）Чернобыль. Совершенно.《Другие берега》, Москва.（和田あき子訳（1994）『チェルノブイリ極秘—隠された事故報告』平凡社）

石牟礼道子（1969）『苦海浄土—わが水俣病』講談社。

今中哲二（2009）「チェルノブイリ原発事故の調査を通じて学んだこと」広島大学平和科学研究センター『IPSHU 研究報告シリーズ』第 41 号，pp. 75-88。

今中哲二（2006）「チェルノブイリ事故による死者の数」『原子力資料情報室通信』No. 386, 2006 年 8 月（http://www.ch20.org/publications/torch.pdf, 2018 年 4 月 22 日アクセス）

高峰武編著（2008）『熊本学園大学・水俣学ブックレット 6 　水俣病小史』熊本日日新聞社。

都留重人編著（1968）『現代資本主義と公害』岩波書店。

原田正純（1972）『水俣病』岩波書店。

広河隆一（2011）『暴走する原発—チェルノブイリから福島へこれから起こる本当のこと』小学館。

広瀬隆・広河隆一（1988）「世界現地取材報告，四番目の恐怖—チェルノブイリ，スリーマイル島，ウィンズケール，そして青森をつなぐ運命」『Days Japan』1988 年 4 月号，102-133 頁，講談社。

広河隆一（1991）『チェルノブイリ報告』岩波書店。

東浩紀・津田大介・開沼博・速水健朗・井出明・新津保建秀・上田洋子・越野剛・服部倫卓・小嶋裕一・徳岡正肇・河尾基（2013）『チェルノブイリダークツーリズムガイド』ゲンロン。

政野淳子（2013）『四大公害病—水俣病，新潟水俣病，イタイイタイ病，四日市公害』中央公論新社。

水俣市立水俣病資料館編（2016）『水俣病—その歴史と教訓 2015』。

宮本健一（1968）「第二章　日本の公害　第一節　企業と公害」都留重人編著『現代資本主義と公害』岩波書店。

第9章

「収容所トポス」と「被爆地トポス」

庄司　真人
原田　保

はじめに〜問題の所在

本書の目的は，地域デザインを構成する要素としてのトポスのデザインについて検討することにある。原田らによって提唱された地域デザインを検討する上での要素としてあげられる ZTCA デザインモデルのひとつにトポスがある(原田，2014; 原田・宮本，2016)。これまでも地域デザイン学会を中心に，トポスについて検討されているが(山田，2017; 庄司，2017b; 本田，2017)，ここではトポスによる地域イノベーションについて検討し，その中でも本章は，従来の観光とは一線を画すダークツーリズムという観点から議論を進めるものである(古賀，2017)。そこでここではまずこの議論の対象となる，トポス，地域イノベーションおよびダークツーリズムについて触れておく。

本書でもあるいはこれまでの「地域デザイン」に掲載された論文においても繰り返し述べられてきたように(原田・宮本，2016)，トポスはギリシャ語で場所を示しているが，単なる場所を指すわけではない(中村，1993)。アリストテレスら多くの哲学者は，それを議論の対象としたとされる。そのため，トポスのことを英語でトピックと表現されるように，トポスは特定の場所を示すだけでなく，その意味も含めていくことになる。詳細な議論は他に譲る必要がある

が，場所を単なる空間的な位置を示すということよりは，その意味や価値を創出する手段としてここでは捉えられている。

　このようなトポスの持つ意味から，地域に関わる現象をより深く検討し，価値を創出するためのフレームワークとして地域デザインの中で可能性が検討されてきた。原田らは地域ブランドの議論の中で（原田・三浦，2011），地域そのもの，すなわちコンテンツではなく，その背景となるコンテクスト転換が必要であると議論した（原田，2013）。本書の序章でも述べられているように，このコンテクスト転換として期待されるのがトポスデザインとなる。

　トポスをはじめとする ZTCA デザインモデルがどのように地域に貢献するのかについて触れておく必要があろう。地域は何らかの規定を行うことがなければ，ブランディングやデザインがきわめて難しい対象であることを示している。この地域価値をうみ出す方法には，大きく2つのアプローチから検討されることになる。ひとつはそこから生み出される製品やサービスに注力することによって経済的な交換価値を生み出そうとすることである。高度経済成長期において用いられた工場の誘致は，その地域で生産される製品やサービスに注目するアプローチとなるもので，さらに地域に労働場所を提供することで，産業として育成することが目的となる。

　もうひとつのアプローチとして，地域が生み出す資源そのものの基盤を作り出すプロセスを説明するものがある（庄司，2017）。ZTCA デザインモデルは地域の価値を向上させるための4つの要素について述べているものであり，これらが複合的に取り組まれることによって，地域のイノベーションへとつながっていくことになる。特にここでは，空間的もしくは時間的な背景の中で，場所を規定することによって何らかの価値の創出が期待されることになる。このひとつが繰り返し検討してきているトポスとなる。

　どこともさほど変わらない風景に何らかの場面を提示することで意味を持たせることが必要となる。そこには歴史性や地理的な視点，自然の視点など複数の観点から検討することになる（庄司，2017）。本章で取り上げるのは歴史的な観点からのトポスデザインのひとつとなるダークツーリズムとなる（古賀，2017）。

通常，ツーリズムといった場合には，何らかの娯楽的な観点から検討される（岡本，2001）。このダークツーリズムは，従来のツーリズムとは一線を画すものとして近年，注目されてきている。従来のツーリズムでは，娯楽性や健康，休暇といった便益が強調されていた。楽しみのために，日常とは異なる空間へ移動する旅行や宿泊，そして見聞などが含まれ，また物見遊山などという言葉が古くからあるように，これらの行為には長い歴史がある。

近年ではさらに，スポーツツーリズムやヘルスツーリズム，エコツーリズムといったようにツーリズムそのものを何らかの行為によって規定することでその内容が発展してきている（佐藤，2013; 大橋，2014）。東京マラソンをはじめとする大都市で開催されるスポーツ活動はそれによって大勢の交流人口が発生し，地域の発展に関与することになる。娯楽という側面が強調されるとともに，ここに健康や交流という意味を持たせる活動として取り組まれることになる。

本章が取り上げるダークツーリズムは，既存のツーリズムとは異なる観点を持っている。人類の悲しみに注目し，それを継承することを旅の目的とするものである（親泊，2012）。

古戦場といわれる場所はわが国だけでなく世界的にも数多く存在する。また，自然の災害の影響によって滅んでしまった場所も観光資源として用いられることになる。ナポリ郊外にあるポンペイ遺跡は，西暦79年8月24日に発生したヴェスヴィオ火山の噴火によって地中に埋もれたことで知られているが，このことは自然の驚異を示すとともに，なぜこの町が滅んでしまったのかを訪れる観光客に説明している（横山，2007）。人口が1万人ともいわれるポンペイが一瞬のうちに地球上から消滅してしまったのは自然の摂理だけでなく，われわれ人類の原罪ではないかということが暗示されることになる。

つまり，ダークツーリズムは娯楽としてのツーリズムとは異なり，反省などから学ぶことによる価値共創のツーリズムとしての役割を担うものであって，古賀（2017）が指摘するように，マイナスの側面だけではないことに注意が必要である。影のトポスでは他章でも述べられているように，「反省と復興」が共通テーマとなる。ここでは，「収容所トポス」と「被爆地トポス」を取り上げる。

第9章　「収容所トポス」と「被爆地トポス」　*175*

　この２つの事例は，特定の期間（第二次世界大戦）での出来事から，現代的な意義を見出したトポスとして取り上げている。これらは反省を超えた反戦を強調することによって，現代的な価値をもつ地域の共時性を可能にしているのである。

第1節　トポスとしての「収容所」

(1)　収容所のトポス性

　収容所として世界的に知られているのが，ドイツのホロコーストの悲劇を物語るアウシュヴィッツであろう（芝，2008）。20世紀初頭からの２つの世界大戦の中で，人権を無視した活動が世界各国で行われていた。その際に，敵と見なされる外国人や反政府主義者などを収容したのが，強制収容所である。

　現在でも一部の国家や地域において強制収容所として機能したものが存在するが，ここで考察の対象となるのは，第二次世界大戦の際の収容所である。第二次世界大戦は近代社会において発生した世界各地での紛争であり，多くの建物や文化的な遺産などが破壊され，多数の死傷者を生み出したことで，終戦後は世界平和に向けた政治，経済，文化的な取り組みが世界各国でなされることになる。

　世界秩序のための政治機構となる国際連合の創設は，国際連盟に大国となるアメリカ合衆国が参加していなかったことのためであり，大国が参加することと常任理事国の影響力を高めたことなどによって武力的な衝突を回避することが取り入れられるようになる。これはまさに悲劇からの反省と考えることができる。

　収容所を影のトポスとして利用することもそのひとつとなる。本来，収容所は周囲に何もないところに設立されることが多い。隔離を目的とした収容所にとって周囲からの目がないところは最適である。そのため，まわりには何もないところに収容された人びとを住まわせ，働かせる場所としての役割だけが存在することになる。

(2) アウシュヴィッツ収容所跡地トポス

1) 収容所までのプロセス

第二次世界大戦においてドイツではホロコーストと呼ばれるナチスドイツによる大量虐殺行為が行われていた。第二次世界大戦は，1939年から1945年までに，ドイツ，イタリア，日本による陣営と，連合国と呼ばれたアメリカ合衆国やロシアとの間で行われた世界的な戦争である。長期間にわたるヨーロッパ，アジア，アフリア，オセアニアでの広域において戦争が行われたこともあり，各国ともに総力戦ともいうべき体制で臨んだことで，結果として，大きな被害をもたらした(木村他，2017)。

すでに第二次世界大戦の前に発生した第一次世界大戦の時から，世界各地で兵器が近代化していき被害が大きくなった。第一次世界大戦のヨーロッパ西部戦線では，本格的な戦車が初めて導入され，陸上戦の様相を大きく変えることになる。装甲が強固であるとともに，でこぼこの荒れ地でも前進を可能とする戦車は技術の進歩が戦争のあり方そのものを変えていた。さらに，第二次世界大戦ではジェット機の導入やレーダーの登場など，技術水準が著しく向上することによって大きな被害が生み出されたといえる。

特に，第二次世界大戦は総力戦となることで，一般市民が戦争に巻き込まれることが多くなった。禁止されている一般市民への攻撃も，戦争が拡大化し，長期化する中で，頻繁に見られるようになる。アウシュヴィッツはそのような悲惨な一般市民を対象にした戦争行為として捉えることできるかもしれない。

アウシュヴィッツは正式な名称をアウシュヴィッツ＝ビルケナウ強制収容所といい，第二次世界大戦のときにナチスドイツの支配下にあったポーランドに存在した強制収容所のことである [1]。ここに収容されたのは，ユダヤ人がほとんどであり，ヒトラーを中心とするナチスドイツによって進められたホロコーストと呼ばれる大量虐殺の拠点となった場所である。

第二次世界大戦時の多くの強制収容所が人目につかないところに設けられたように，このアウシュヴィッツも周囲には目立つものが何もない所に設けられた。現在のポーランド南部にあるオシフィエンチム市郊外に複数の強制収容所

が作られ，そこでは戦争拡大に伴う労働力の確保とともに，アーリア人至上主義のもとで民族浄化を行うということを目的としたユダヤ人の収容が行われた。

2）収容所利用構想の展開

第二次世界大戦が終戦を迎え，戦後の世界政治の体制が確立されるようになると同時に大戦への反省が求められることになる（木村他，2017）。一般市民まで巻き込んで多くの死傷者が出てしまった世界大戦を二度と起こしてはならないとする意思がそこには存在するのであろう。

大戦が終わってから後にポーランドの元囚人が比較的早い段階からこの惨状が起こったこの場所を保護するとともに，親戚を亡くした人びとへの対応を行っていた[2]。この場所を保護し，何が起きたのかを後世に伝える活動が始まったことになる。

他方，このような悲劇をどのように扱うのかがきわめて難しい。後述する原爆ドームもそうであるし，また，最近では東日本大震災の廃墟もそうなる。反省を通じて教訓を得るべきであるとする考え方もあれば，その跡地を見ることによって思い出したくない過去がよみがえってくるという被害者側の視点もある。残すことによる問題もあれば，残さないことによる問題も存在する中で，どのように対応することが必要なのかは，今後も継続的に起こってくることになろう。

アウシュヴィッツの場合，1947年にポーランドの国会において元収容所の敷地および物件の永久保護，そして国立オシフィエンチム・ブジェジンカ博物館設立法を決議することで，その保護活動が進められることになった。このような活動を通じて，アウシュヴィッツは，歴史的な資産として捉えられるようになる。

ユネスコは，後世に語り継ぐべきものとして，1979年に世界遺産として認めた。世界遺産としての基準として「顕著で普遍的な意義を有する出来事，現存する伝統，思想，信仰または芸術的，文学的作品と直接にまたは明白に関連するもの」とする第6の基準で決定されたものである。そして2006年には，「アウシュヴィッツ・ビルケナウ ナチスドイツの強制絶滅収容所（1940年-1945年）」

とナチスドイツの名称が明記された名前へと変更された。

アウシュヴィッツは，わが国では「負の世界遺産」として位置づけられる（芝，2008）。この負の世界遺産という類型化は必ずしも諸外国で主要なものではないが，後述する原爆ドームやビキニ環礁の核実験場跡など，反省を促す場所を示している。

アウシュヴィッツは単なる歴史的な遺産とは異なるアプローチがとられることになる。つまり，古戦場や災害の場所として記録されるのではなく，現代への連続性による反省を含めてトポス設定されることになる。歴史という時間を現代へとつなげることによって，現代における重要で普遍的な場所としての位置づけを確立することになる。

これをトポスデザインの構成要素となるドラマツルギー，トライブ，アゴラから見ると，戦争の悲惨さというドラマツルギーは普遍的な価値を持ち，そこに戦争を回避しようとするトライブが形成されることになる。つまり，戦争の記憶を単なる古戦場として位置づけるのではなく，現代における不戦，反戦へと結びつける行為がこのトポスには形成されることになる。

3）トポスデザインの発展＝祈りの場の重層的構造

アウシュヴィッツのような影のトポスは，そのほとんどが第二次世界大戦中に発生した。したがって，過去の話，歴史上の話となる。アウシュヴィッツであれば，かつてこの場所でユダヤ人が集められ，強制労働と殺戮が行われていた場所となっている。亡くなった方々の親族からすれば墓場と捉えられることになろう。

このような観点からすれば，この地は通時性／直線型時間（第1象限）に位置づけられるトポスとなる。第二次世界大戦直後は，まさにこのような意味を持つ影のトポスとして位置づけられてきた。虐殺で亡くなった人びとを偲ぶために訪れる人のための場所となったわけである。

アウシュヴィッツでの悲劇は大勢の人びとが亡くなったことに関係する。果たしてこれが誰の遺骨であるのかわからないほど大勢の人びとが殺されてしまったため，そこに墓を作るしかない。つまり，そこには時間が止まる歴史的な

トポスが存在する。

　しかし，ダークツーリズムは単なる悲惨な状況を示すだけでなく，現代に通じることが特徴となる。つまり，負の世界遺産は，時間的な範囲を超えて，現代に通じる何かを提供することによって成り立つということができる。アウシュヴィッツであれば，大戦への反省と反戦の誓いとなるであろう。この地を訪れたり，あるいはこの地で行われたことを学んだりすることによって，人類の歴史の中でもひどい事件であったホロコーストを決して起こさないとすることを意識することになるのである。

　つまり，アウシュヴィッツは，通時性／直線型時間（第1象限）から共時性／円環型時間（第3象限）へとシフトすることになる。トポスを転換することによって，この地の意義を高めることになるのである。これについては次に述べる。

(3)　収容所トポスから反戦トポスへのコンテクスト転換

　ダークツーリズムの書籍には，アウシュヴィッツを取り上げるものが多い（風来堂，2017; 洋泉社編集部，2016）。また本章でも影のトポスとしてアウシュヴィッツを扱っている。第二次世界大戦での歴史的な事件を記録するため，当時の施設が保存されていることで，これまで繰り返し述べてきたように，常軌を逸した人びとによる行為が述べられることになる。

　アウシュヴィッツに関する著作についても，アウシュヴィッツでのさまざまな行為の記録が中心となる。アウシュヴィッツで何が行われたのか，何が起こったのかに関する証言や記録がそのほとんどになる。フランクル（1985）の『夜と霧　ドイツ強制収容所の体験記録』（みすず書房，1985）やノヴァク（2011）『14歳のアウシュヴィッツ　収容所を生き延びた少女の手記』（白水社，2011）など，今なお，アウシュヴィッツでの行為に関心が持たれることになる。

　保存されているアウシュヴィッツは，ヨーロッパでみられるレンガの建築物とそれほど変わらないと述べられる場合もある（洋泉社編集部，2016）。つまり，ヨーロッパの至る所でみられる建物がそこにあるだけである。ここを特徴づけるのが正門前にある「ARBEIT MACHT FREI（働けば自由になる）」という標

語であるが，実現されることがなかったという現実を知るわれわれにとっては悲劇を生み出す背景をうかがい知ることができる。

　近年のアウシュヴィッツへの訪問者は増加傾向にあり，博物館の発表によると 2017 年の訪問者が約 210 万人となっている（『西日本新聞』2018 年 1 月 3 日）。この数字は年々増加しているのが近年の傾向である。悲劇が起こってから風化するのが一般的であるが，負の世界遺産として，影のトポスとして人びとが集うようになるのは，それが現代的な感覚を持たせているからであるといってよいであろう。

　トポスデザインとして，このアウシュヴィッツの意義や価値を現代にかなうようにコンテクストを転換していることが，価値を高めていることになる。特にこの価値は社会的な意義を持つものとして捉えることができよう。多くの人びとにこの地の意義を単なる収容所としてだけでなく反戦を認識する場として考えさせることになる。

　アウシュヴィッツがその残虐行為によって知られるようになったのは，収容所として以上に，戦争による悲劇を起こさせない装置として，そして舞台としてのドラマツルギーを演じるからであり，そこを訪れる人びとは戦争の悲劇を共感するトライブとなる。特に近年では，移民問題がヨーロッパの中で問題となり，イギリスのヨーロッパ連合離脱の契機になったり，社会不安の要因になったり，さらには紛争の原因ともなっている。

　戦争が起こるかもしれないという恐れが，人びとをアウシュヴィッツに呼び寄せるように，反戦というトポスデザインが社会に対して貢献をもたらすことによってこの地で活動している人びとの思いであると同時に世界平和の推進のための原動力となるのであろう。単なる観光やツーリズムといった範囲だけで

図表 9-1　収容所トポスのコンテクスト転換

通時性　　　　　　　　　　　共時性

収容所としての　　　　　　　反省の場としての
アウシュヴィッツ　　アウシュヴィッツ

なく，社会での共感を得られるような体制が今後ともに必要となる（図表9-1）。

第2節　トポスとしての「被爆地」

(1)　被爆地のトポス性

　影のトポスとしてもうひとつ取り上げるのが，広島平和記念碑，いわゆる原爆ドームである。原爆ドームは，広島県広島市中区に存在する建物であり，元々は，広島県産の物品を販売するための建物であった。広島県物産陳列館として今でも各地で見られる物産館としての役割を担っていた建物であった。この建物が世界的に知られるようになるのは，広島に落とされた原子爆弾によってである。

　第二次世界大戦の終戦間際となる1945年8月6日，日本時間午前8時15分17秒に，アメリカ軍のB-29爆撃機である「エノラ・ゲイ」が，原子爆弾「リトルボーイ」を投下した。世界で初めて原子爆弾を実戦に投下したアメリカ軍による攻撃は，ひとつの爆弾にもかかわらず，広島市広範囲を焼き尽くし，大勢の死傷者を生み出した。この核攻撃によって，広島市の人口35万人（推定）のうち，9万から16万人強が被爆から数カ月のうちになくなったとされている。

　広島に投下された原子爆弾は，今では原爆ドームと呼ばれている陳列館の西隣にある相生橋を目標として投下された。一面が焼け野原となっていた中で，この建物がかろうじて原形を残していたことから象徴的存在として認識されるようになる。

　この後，わが国では長崎県長崎市にも原子爆弾を投下され，終戦を迎えることになる。アウシュヴィッツと同様に戦争への反省を含め，さらに原子爆弾の恐怖を伝えようとする動きが出てくることになる。影のトポスとなる象徴物は，どの場合においてもなくそうとする動きが出てくるが，この原爆ドームについても同様であった。種々の反対がある中で，1949年8月6日に制定された広島平和記念都市建設法から，広島平和記念公園を作ろうとする動きが加速することになる。

この法律は，復興のために国有地を譲与するなどの処置を要望するものであり，さらにそれによって，平和都市としての役割を担うことを中心とした復興計画の中心となる制度であった。爆心地を中心とした周辺の整備は，同法をもとに進められることになる。モニュメントとしての原爆ドームのほか，慰霊碑，国立広島原爆死没者追悼平和祈念館などは同公園を構成する建築物となる。

(2) 広島被爆地トポス

1) 終戦から被爆地までのプロセス

　毎年8月になると日本は第二次世界大戦という戦争の被害者への慰霊と戦争を起こしたことへの反省を各地で行うことになる。8月9日の長崎，8月15日の終戦記念日と続く中で，その始まりが広島となる。8月6日に平和記念公園の中で行われる広島市原爆死没者慰霊式並びに平和祈念式には，広島県知事，広島市長，広島市議会議員などはいうまでもなく，内閣総理大臣，国連事務総長なども参列し，平和への祈りを捧げている。

　序章において提示されているように，原田らは，トポスの構造を5つに整理している。すなわち，第5層＝経済的環境層，第4層＝文化的環境層，第3層＝自然的環境層，第2層＝気候的環境層，第1層＝地球的環境層である。このうち，広島は第4層に関わることになる。原子爆弾が投下されたという人類による行為に対して，人びとの祈りを集約するための施設やイベント，アクターたちによって構成されたトポスを形成することになる。

　文化的環境層からなるトポスは，まさに教養の世界における人文分野の集合体となる。文学であり，歴史であり，思想や考え方というレベルまで集約しておくことが必要となる。広島の原子爆弾に関連しては，井伏鱒二による『黒い雨』や中沢啓治による『はだしのゲン』などその惨状を明らかにする文学作品や読み物が多く出版された。音楽では團伊玖磨による交響曲第6番「HIROSHIMA」，後にノーベル文学賞を受賞する大江健三郎によるノンフィクション『ヒロシマ・ノート』などがある。

　また，広島平和記念公園にある国立広島原爆死没者追悼平和祈念館は，原子

爆弾がいかに恐ろしいのかを来場者に伝える装置となる。今なお数多くのボランティアのガイドが，戦争の悲劇，広島に落とされたたった1発の原爆によって人生が変わった人たちのことを伝える「語り部」としての役割を担っている。来場者は，亡くなった人びとの様子を伝える館内の模型や遺品，情報などを見ながら，この惨劇について考えさせられることになる。

　慰霊碑は，原子爆弾投下の象徴としての原爆ドームに直線に向けられることによって，当時の様子を想像されるようにできているモニュメントとなっている。毎年8月6日になれば，平和祈念式典において，この慰霊碑を中心として広島平和記念公園を中核とした反原子爆弾の中心地として機能することになる。

　それはわが国だけでなく，世界的な広がりとなるであろう。広島がヒロシマやHiroshimaとして表示されるときは，まさにこの原子爆弾の悲劇を後世で起こさせないとする人びとの想いまで含めることになる。この空間を心理的に共有することによって，被爆地としてのトポスを作り上げることになる。

2）恒久的平和構想の展開

　広島が爆心地として大勢の人びとの記憶にあり，その出来事への反省が毎年のように促されるにつれて，広島は被爆地としてのトポスから恒久的平和を祈念するトポスへと転換することになる。先述したように，毎年8月6日に行われる平和祈念式典がそのトポスの重要な要素となる。

　原子爆弾が投下されて2018年で73年目となる。被爆者の数が少なくなってくると，記憶から風化されるようになる。被爆を体験した人が70歳以上となることで，この惨劇を体験した人びとが減ってきている。平和祈念式典でも被爆者の高齢化が指摘されており，年月の経過が被爆地としてのトポスを変化させることが必要となった。

　原子爆弾そのものは，各国の兵力増強の手段として特に冷戦時に米国やソ連によって開発が進んでいった。そのたびに，広島で起こった出来事が世界的に伝わり，反原子爆弾という思いが共有されることになる。

　広島がヒロシマとなり，さらにはHiroshimaとして世界的に注目されることによって，近代的な兵器としての原子爆弾から近代的な大戦への反省という

トポスへと転換することになる(庄司, 2014)。世界的にみて多数の死傷者を生み出した戦争を終わらせるきっかけとなったのが原子爆弾であったとするアメリカの主張を受け入れるならば，原爆ドームをさらなる悲劇を生み出さないためにトポスとして恒久的平和へと転換していくことになる。

3) トポスデザインの特徴＝思想連動による根本的転換

このようにトポスそのものも変化してきたのが，広島の特徴である。トポスの周辺にある考え方や思考と連動することによって，その本質を追求していく中で，平和を祈念するトポスへと発展していったことになる。先述したように，慰霊が毎年行われる中で，被害に遭った人びとの数が減ることで関心が失われてしまわないように，影のトポスとして現代的な意義を持たせたことになる。

被爆者の思いを昇華し，その時点その時点での重要な社会的価値を生み出していくことが広島の使命として考えられるようになる。つまり，一つひとつに向き合うことで発展していったものであるといえる。

第二次世界大戦後の復興は世界中で，そしてもちろん日本中で行われていた。焼け野原となった日本の各地では，建物が空襲によって破壊され，交通網も寸断された中で，人びとが生活するために集い，技術力や組織力でもって大きく発展していくことになる。1956(昭和31)年の『経済白書』の中で，急速な発展を遂げたわが国の経済は「もはや戦後ではない」というフレーズが用いられた。原子爆弾の投下された場所として過去のものとなってしまわないようなトポスが発展的に形成されたことになる。

(3) 被爆地トポスから平和祈念トポスへのコンテクスト転換

1945年8月6日に起こった影のトポスである原子爆弾の投下によって広島が被爆地となったが，広島の特徴はここにとどまらずにトポスを発展していったことである。ダークツーリズムの特徴は，過去の悲惨な出来事から学ぶものであり，さらには，現代に通じる価値を創造することにある。影もしくはネガティブということで，目を背けるのではなく，聖地としての意義を持たせることが必要となる。

第9章 「収容所トポス」と「被爆地トポス」 *185*

　広島の原爆ドームが世界遺産として認定される際には多くの議論があったとされる。それは，原子爆弾の投下という行為に関係する人びとが現存するからである。そのため，高度に政治的な問題となってしまうことは負の遺産ではよく見られる。一方の当事者にとって都合のよいことでも，もう一方の当事者には不都合な事実となっているかもしれない。

　広島は，原爆が投下されたというトポスから平和を祈念する聖地としてコンテクストを転換していることになる。アメリカ第44代大統領であるバラク・オバマが2016年5月27日に広島を訪れたことは，原爆無き社会の形成を目指す広島の地域価値が認められていることを示唆するものである。オバマの演説では，原爆投下に対する謝罪がないという論調もあったが，その演説は世界平和を祈念することが強調されるものであり，影の遺産として，影のトポスの価値を明示しているものといえる。

　正しいものが勝つという価値観ではなく，戦争そのものが悲劇を起こしたのだとする強い認識を持ち，戦争が起こったが故に原子爆弾が投下され，大勢の人びとが死傷したということに注目したことによって，戦争そのものが原爆の被害者を生み出したということと，この悲惨な状況を後世に残すことによって，広島を訪れる人が世界平和を祈念することができるということがトポスとして形成されることになる。

　本書のフレームワークでいえば，広島は，第2象限の共時性／直線型時間に位置することになる。つまり，ヒロシマとして過去に起こったことを慰霊碑や原爆ドーム，さらには平和記念資料館で共有することによって，被爆者の方々，さらには，戦争の被害者と共有することになる。加えて，広島は，Hiroshima となり，原爆への反省だけでなく，反戦へのトポスという未来志向へと転換することによって，直線的な時間によるデザインを行うことになる（図表9-2）。

図表 9-2　広島のコンテクスト転換

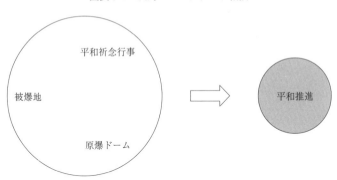

おわりに〜地域デザインからの総括

　本章で取り上げたのは，負の世界遺産ともいわれるアウシュヴィッツと広島の原爆ドームである。観光地とは全く異なる訪問地として世界的に知られている。第二次世界大戦で起こった出来事は人類の歴史の中でも際だった惨劇であるといえよう。大勢の人びとが亡くなったその原因はなんであるのか，そしてここで何が起こったのかの解明が既存研究のほとんどであるといってよい。残された資料や証言をあつめることで，アウシュヴィッツや広島で起こったことを明らかにすることは歴史の観点からも重要である。

　他方で，これらはコンテンツの視点であるといってよい。つまりアウシュヴィッツで起こったこと（コンテンツ）は何か，広島に落とされた原子爆弾はどのような影響を与えたのか（コンテンツ）ということも重要である一方で，地域デザインの観点からは，これらが地域の価値，もしくは意義をどのように高めるのかというコンテクストを検討することが必要となる。

　地域デザインのフレームワークであるZTCAデザインモデルのうち，今回はトポスデザインから負の世界遺産といわれるこの2つを考察することによって，影のトポスでは，共時性を持つことが必要であるということができる。ダークツーリズムが現代的な意義をもっていることが重要であるという指摘から

第9章 「収容所トポス」と「被爆地トポス」　*187*

も明らかなように，これらのトポスが反戦として現代の人びとと時間を共有することが可能になったことで，より大きな注目を集めることになる。過去に起こったことであっても現代に通じる何かを強調することが，犠牲者の鎮魂となることにもなり，また世界への貢献にもつながることになるのである。

　アウシュヴィッツへの訪問者が特に近年増加しているといわれている。終戦から半世紀以上たつにもかかわらず，世界各国の情勢は必ずしも安定しているとは限らない。そのような中で，人びとの戦争を回避したいという気持ちが，もしかするとこのような収容所や原爆跡地といった負の遺産に足を運ばせるのかもしれない。

注
1 ）アウシュヴィッツ＝ヴィルケナウ強制収容所ホームページより　http://auschwitz.org/en/（2018年2月21日アクセス）
2 ）アウシュヴィッツに関する記述は同ホームページの資料をもとに記述している。

参考文献
大橋昭一（2014）「スポーツツーリズム論の展開：スポーツ観客のツーリズム問題を中心に」和歌山大学経済学会編『経済理論』第377号，pp. 43-67。
岡本伸之（2001）『観光学入門：ポスト・マス・ツーリズムの観光学』有斐閣。
親泊素子（2012）「Dark Tourism 試論「負の遺産は観光資源になり得るか？」」『江戸川大学紀要』第22号，pp. 139-148。
木村靖二・岸本美緒・小松久男編（2017）『詳説世界史研究』山川出版社。
古賀広志（2017）「ゾーン・コンステレーション・トポス（ZCT）モデル再考―ダークツーリズムの分析視角による瀬戸内（長島愛生園）の世界遺産登録の事例」地域デザイン学会編『地域デザイン』第10号，地域デザイン学会，pp. 87-106。
佐藤茂幸（2013）「ヘルスツーリズムと地域経営―大月市のテスト事業企画より」『大月短大論集』第44号，pp. 1-10。
芝健介（2008）『ホロコースト―ナチスによるユダヤ人大量殺戮の全貌』中央公論新社。
庄司真人（2014）「原爆ドーム―平和都市とドラマツルギー」原田保・浅野清彦・庄司真人編『世界遺産の地域価値創造戦略』芙蓉書房出版，pp. 95-105。
庄司真人（2017）「地域資源とトポスの関係―S-D ロジックにおける資源統合と地域デザイン」地域デザイン学会編『地域デザイン』第10号，地域デザイン学会，pp. 67-86。
中村雄二郎（1993）『トポス論』岩波書店。
西日本新聞社（2018）「アウシュヴィッツ収容所訪問最多に」『西日本新聞』2018年1月3日
原田保（2013）『地域デザイン戦略総論―コンテンツデザインからコンテクストデザインへ』

芙蓉書房出版。

原田保（2014）「地域デザイン理論のコンテクスト転換：ZTCA デザインモデルの提言」地域デザイン学会編『地域デザイン』第 4 号，地域デザイン学会，pp. 11-27。

原田保・三浦俊彦（2011）『地域ブランドのコンテクストデザイン』同文舘出版。

原田保・宮本文宏（2016）「場の論理から捉えたトポスの展開―身体性によるつながりの場とエコシステムの創造」地域デザイン学会編『地域デザイン』第 8 号，地域デザイン学会，pp. 9-36。

風来堂（2017）『ダークツーリズム入門―日本と世界の「負の遺産」を巡礼する旅』イースト・プレス。

本田正美（2017）「トポスデザインによる『ふるさと納税』の再構成」地域デザイン学会編『地域デザイン』第 10 号，地域デザイン学会，pp. 149-164。

山田啓一（2017）「ゾーンとトポスの相互浸透―トポスデザインの観点から」地域デザイン学会編『地域デザイン』第 10 号，地域デザイン学会，pp. 127-148。

洋泉社編集部（2016）『世界ダークツーリズム―人類の悲劇の歴史をたどる旅』洋泉社。

横山卓雄（2007）『世界遺産ポンペイ崩壊の謎を解く―火山災害にどう対処したか　歴史と自然史の接点』京都自然史研究所。

第10章

「空家トポス」と「廃校トポス」

森本　祥一

はじめに〜問題の所在

　本章は，第Ⅲ部の個別分野編＝影のトポス〜反省と復興を捉えたデザインの事例のひとつである。ここでは，影のトポスである「空家トポス」と「廃校トポス」のコンテクスト転換による新たな地域価値の発現方法について考察する。なお本章では，影のトポスの共通テーマである「反省と復興」については，「原点回帰」の観点から言及する。

　言わずもがな，わが国の少子高齢化は急速に進んでおり，その影響は多方面にわたっている。過疎化の進展と，それにともなう空家・廃校の増加もそのひとつである。総務省(2014)によると，2013 年の空家率は 13.5％となり，1963年からの 50 年間で 11 ポイントも増加，空家数は約 2.87 倍となった[1]。また，文部科学省(2017)によれば，2002 年度から 2015 年度にかけて発生した廃校の数は 6,811 校にのぼり，施設が現存している廃校数は 5,943 校で，そのうちの1,745 校(29.4％)が未利用のままとなっている[2]。

　空家・廃校の増加は，防災・衛生・景観等，地域住民の生活環境に深刻な問題をもたらす。これに対する国策として，空家に関しては，2014 年に「空家等対策の推進に関する特別措置法」が公布され，また，全国各地の自治体や民

間が独自に管理している空家バンクのデータを国土交通省が集約，一元化して公開するなど，対策促進がはかられた。一方，廃校の利活用に関しては，文部科学省が2010年に"〜未来につなごう〜「みんなの廃校」プロジェクト"を立ち上げ，自治体と利活用希望者の活用事例集の作成・公開（文部科学省，2018）を行っている。

　本章では，こうした日本の社会問題が生み出した影のトポスである空家と廃校を地域デザインに転用して成功した事例を通じ，地域価値発現のためのコンテクスト転換を考察する。空家・廃校いずれにおいても，空間階層構造では文化的環境層深層へと下降してしまったトポスを再度浮上させる転換，時間軸では通時性から共時性，直線型から円環型への転換を行うことが望ましい。

第1節　トポスとしての「空家」

(1)　空家のトポス性

　空家は，かつて誰かが居住していた建物（トポス）である。前述の総務省の調査では，空家を「賃貸用の住宅」，「売却用の住宅」，「二次的住宅」，「その他の住宅」の4つに分類している。これらのうち，「賃貸用の住宅」，「売却用の住宅」，「二次的住宅」に関しては，不動産会社や所有者等による最低限の管理が行われており，かつ空家総数に対する割合も減少している一方，「その他の住宅」は総数に占める割合が増え[3)]，老朽化し適切な管理が行われなくなってきている。このような空家の増加は，治安の低下や犯罪の発生，安全性の低下，雑草繁茂や不法投棄の誘発による公衆衛生の低下，景観の悪化や地域イメージの低下（福田，2013，p.2），ひいては地域価値の低下につながっている。空家増加の原因はさまざまであるが，単純に住宅数が世帯数を上回る，若しくは減失戸数を新設住宅着工戸数が上回ることで増加すると考えられる。人口移動により，住宅の需要と供給，増減のバランスが崩れると，人口減少地域の空家は増加してしまうのである。

　空家対策として，条例によって管理を怠った所有者へ行政指導を行ったり，

従わない場合には制裁的措置を行ったり，自発的な撤去を促す，または行政執行による代理撤去が執られているが，これらの対策は，その効果や賛否が問われている。更地にした方が固定資産税は高くなるため，所有者は空家の撤去を躊躇し，結局は税金を使って撤去せざるを得ない，という費用負担の矛盾をはらんでいる。あげく，更地にしたところで，建築基準法により撤去後の土地活用が困難になるため[4]，地域価値発現どころか，地域にとっては"負の財産"となってしまう。そこで本章では，この負のトポスをコンテクスト転換することにより，地域の価値を高められるデザインについて考察する。空家トポスは，単に撤去するのではなく，再利用，まさに"転換"が求められているのである。

　国立社会保障・人口問題研究所の第8回人口移動調査によると，出生都道府県から外に移動し，再び出生都道府県に戻ったいわゆるUターン者の割合は，全体の20.4％にすぎない。また，5年後の移動可能性地域の調査では，移動先地域類型のうち，大都市が22.4％，中小都市部が22.8％であるのに対し，農山漁村地域は3.5％と極端に低い数値となっている。過疎化が進み，Uターン者や転入者が見込めない農山漁村地域では，今後さらに空家問題が深刻になっていくことが予想される。よって，以下ではこうした農山漁村地域における空家のコンテクスト転換を中心に考察していきたい。

(2)　シェアビレッジトポス

1)　空家トポスから村トポスへの展開プロセス

　シェアビレッジ・プロジェクトは，株式会社 kedama の武田昌大代表を中心とした，空家となった古民家の再生と共有化の取り組みである。従来の古民家再生事業とは一線を画す，非常にユニークなプロジェクトである。

　このプロジェクトは，2014年に秋田県五城目町の町村（まちむら）集落にある築135年の古民家から始まった。五城目町は，秋田市の北方に位置し，急峻な山岳地帯と肥沃な水田地帯まで変化に富んだ農業と林業の農山村地域である[5]。また，520年の歴史を持つ朝市で知られる町であるが，2015年には人口が1万人を下回り，1970年から約45％も減少，高齢化率も4割を超えている。町村集

落の「町」は「市場」を意味しており，「町村」は「市場のある村」として名付けられた。五城目町の朝市は，町村が中心となり栄えたと考えられている[6]。

　自らの故郷である秋田の人口減少を目の当たりにした武田は，"観光"という一時的な人口移動ではなく，そこに"滞在"して広く秋田の人や文化に触れてもらう"場所"が必要だと考えた。その拠点として，空家となっていた件の古民家を紹介された。しかし，高額な維持費を理由に所有者は取り壊しを決断していた。空家の維持は難しいという現実に直面し，武田が行き着いたのが"維持"を"シェア"するという仕組みである。一軒の家を「村」に見立て，一緒に「村」を守ってくれる会員を「村民」と呼び，「年貢(NENGU)」と称して会費を集め，維持費に充当する。村民は予約をすればいつでも「村」(古民家)に泊まることができ，郷土料理作りや農作業などを体験できる。空家改修の初期費用はクラウド・ファンディングで集め，その後，プロジェクト開始から2年半で村民は全国に約2,000人となった。村民は，収めた年貢の額や「村」の訪問回数によりランク付けされ，受けられる特典が増えていく。

　遠方の村民は，そうそう何度も「村」を訪れることは難しい。そこで，東京などの都市部で村民だけが集まる「寄合(YORIAI)」というイベントを定期開催し，村民同士で交流を深めつつ「村」の運営について語り合う機会を設ける。また，年に一度「一揆(IKKI)」という大きな祭り(フェス)を「村」で開催し，全国の村民が参加している。「寄合(YORIAI)」や「一揆(IKKI)」で意気投合した村民同士で「村」を訪問する「里帰(SATOGAERI)」や，「村」の畑を皆で耕す「開墾(KAIKON)」，村民が自ら労働力や専門性を提供する「助太刀(SUKEDACHI)」[7]といった活動も行われている。さらに，2017年10月には，村の最新の様子を提供したり，年貢の更新ができたり，秋田米のおにぎりを食しながら村民同士の交流ができる村役場的な場所として「ANDON」が東京日本橋に設置された。

　こうした取り組みが注目を集め，シェアビレッジは2015年にグッドデザイン賞を受賞した。また，2016年5月には「シェアビレッジ町村」に続く第2村目の「シェアビレッジ仁尾」が香川県三豊市仁尾町にオープンした。こちら

も築100年を超える空家を再生し，シェアする「村」である。これらの取り組みは，当初の課題であった人口減少の解決にも貢献している。「シェアビレッジ町村」では，このプロジェクトがきっかけとなり，移住者が1年で20名を超えたという。村民自らが運営する「村」(トポス)で地域住民と一緒に美しい景色や美味しい食事や文化に触れる，という交流が安心感を与え，移住を後押ししたと考えられている。シェアビレッジ・プロジェクトは，第3村目以降の「村」も計画されており，代表の武田は，今後も暮らし方の選択肢，"ふるさと"を増やしていきたいと語っている。

2) 古民家再生＝経済的環境層への回帰構想

元々古民家は「民家」であり，住居として利用されていた経済的環境層トポスと捉えることができる。その後，経年により"日本家屋"や"原風景"といった文化財としての価値が高まると「古民家」という文化的環境層トポスへと変化した。さらに，空家となって維持・管理が行き届かない状態になり，価値を生まない負のトポスとなりかけた後，再生により「村」としてのコンテクスト転換がはかられ，再び経済的環境層トポスへと回帰した。民家としての経済的環境層深層トポス[8]から，古民家としての文化的環境層浅層トポス，空家としての文化的環境深層トポス[9]へと下降していき，再び「村」として経済的環境層トポスへと浮上したのである(図表10-1)。

居住用住宅が無人化して空家となったが，武田による「村があるから村民がいるのではなく，村民がいるから村ができる」というコンテクスト転換により，人が集まる本来の家としてのトポスに回帰した。単に民泊化せず，村民の共有財産とし，共同運営・管理するという状況が，村民の"里心"を生んだ。また，直接「村」を訪れることができなくても気軽に村民になれる仕組みも功を奏した。古民家としての経年変化による文化的価値(通時性／直線型時間)にこだわるのではなく，村民(トライブ)が「村」を維持・管理・運営していくという協働(ドラマツルギー，共時性／円環型時間)に主眼を置いた転換を行ったことにより，「空家」というトポスの価値が発現したと考えられる。

図表10-1　シェアビレッジトポスのコンテクスト転換

経済的環境層	浅層	
	中間層	
	深層	
文化的環境層	浅層	
	中間層	
	深層	
自然的環境層	浅層	
	中間層	
	深層	

居住用住宅　←上書き←　「村」
↓経年変化
文化財としての古民家
（朝市発祥の地）
空家になった古民家
廃棄・放置　／　コンテクスト転換

(3)　リアルコミュニティ形成からバーチャルコミュニティ形成へのコンテクスト転換

　シェアビレッジの特徴は，地理的な制約を超えたコミュニティ形成（ゾーンデザイン[10]）にある。シェアビレッジは，「村」の近隣だけでなく，インターネットを介して広く全国から村民を募集し，獲得することに成功している。ICTの進展とインターネットの普及はバーチャルコミュニティという新たな場所を生んだ（原田・宮本，2016b，p.20）。地理上の土地や場所に強く縛られているリアルなコミュニティにおいては，参加・離脱が容易ではない。対照的に，バーチャルなコミュニティは，結合と分離，離脱が容易に行えるオープンな場所となる。シェアビレッジでは，こうしたインターネット上のバーチャルなコミュニティ形成だけでなく，前述の「寄合（YORIAI）」や「一揆（IKKI）」，村役場「ANDON」などのリアルなコミュニティ形成も重視しており，いわばバーチャルとリアルを併用したハイブリッドなアゴラを構築してアクターズネットワークをデザインしている。

　また，「年貢（NENGU）」や「寄合（YORIAI）」，「一揆（IKKI）」，「村歌（SONG）」，

「助太刀(SUKEDACHI)」，「里帰(SATOGAERI)」，「開墾(KAIKON)」といった，村請制度を想起させるユニークなネーミングも，コンステレーションデザインに一役買っている。

第2節　トポスとしての「廃校」

(1)　廃校のトポス性

　屋敷(2012)によると，小学校の児童数は1958年に第一のピークを迎え，1981年に1,200万人近くまで達するピークをなし，その後，今日まで減少の一途にある。中学校でも同様，1986年度のピーク以降，減少を続け，それぞれ第二のピークの半分程度となっている。一方，学校数については，1960年代前半からの著しい減少が1970年代前半には増加に転じ，1970年代後半から1980年代前半にかけて緩やかに増加を続けた。しかし，1985年頃から再び減少を始め，1998年以降は1960年代前半に近い急激な減少傾向となった。小学校数については，1997年度以降は毎年100校前後減少，2004年度以降は200校を超える減少が継続しており，2005年度には304校減少と，戦後最も大きい減少幅となった。中学校も年間50校を超える減少となり，着実に統廃合が進行していることがわかる。統廃合が進むと通学の範囲が広がるが，地理的な要因，現実的には通学時間には限界があり，統廃合が難しい地域が出てくる。今後，学校規模が保障する教育条件や教育環境をすべての地域で確保することが難しくなっていく。

　廃校の増加が与える影響は，教育だけにとどまらない。学校は単なる教育施設ではなく，地域の拠点であり，核(コア)である(藍澤，2003，p.62)。施設自体が存在するだけで地域社会に活性効果を生起させ，また地域社会を成立させる人間形成の中心的な施設であり，地域住民にとって社会的・文化的・精神的な拠り所としての役割を果たす。過疎地域における廃校の意味は，さらに深刻である。学校がなくなるということは，地域で育てる子どもがいないと宣言されたことと同義である。つまりは，その地域に将来がない，と宣告されたと住

民は解釈する。事実，農村地域では廃校になった地域は，地域活力が喪失し，若者の離村に拍車をかけ，最終的には地域崩壊へと進むことが多いという(藍澤，2003，p.64)。学校は地域社会における重要な公共施設であることを再認識し，地域住民の連帯・紐帯形成の場として位置づけ，時代を超えた普遍施設・永続施設として存在すること，存在させることが必要である。だからといって，前述の統計が示すような活用用途がないまま放置された廃校が増えるのであれば，それは本章第1節で述べた「空家問題」となんら変わりはない。"学校"を存続させるためには，空家と同様，コンテクスト転換が必要不可欠なのである。本章では，廃校を舞台にしたアートプロジェクトの事例を通じ，そのトポスデザインについて考察する。

(2)　廃校アートトポス

1)　大地の芸術祭—越後妻有アートトリエンナーレ

　2000年代以降，日本の各地でアートイベントが開催されるようになった(原田・宮本，2016a，p.310)。日本におけるアートイベントは，地域活性化とつなげて開催されることが多い。これは，大地の芸術祭—越後妻有アートトリエンナーレと，瀬戸内国際芸術祭の成功がモデルとなっているためである。大地の芸術祭は，過疎化・高齢化が進む日本有数の豪雪地である越後妻有[11]を舞台として，2000年から3年おきに開催されているアートイベントであり，2009年から開催されている瀬戸内国際芸術祭のモデルとなったイベントでもある。これら2つの芸術祭は，いずれも類稀なるプロデューサーである北川・福武コンビ[12]が手掛けており，国内のアートイベントとしては類を見ない成功を収めている(澤村編，2014，p.3)。北川(2014)があげている10の思想のうち，「あるものを活かし新しい価値をつくる」は空家・廃校プロジェクトとして実現され，大地の芸術祭の代名詞ともなっており，越後妻有に残る膨大な空家をアート作品として再生し，かつては地域を結ぶ場であった廃校にも多くの作品が展示され，学校は再び集落のキーステーションとして復権した。大地の芸術祭のアートイベントとしての地域デザインについての考察は，原田・宮本(2016a)

第10章 「空家トポス」と「廃校トポス」　*197*

が詳しい。本節では，大地の芸術祭の一作品である「明後日新聞社文化事業部」を取り上げ，廃校のトポスデザインについて検討していく。

2）明後日新聞社文化事業部の展開プロセス

明後日新聞社文化事業部は，アーティスト日比野克彦を社主として2003年の第2回大地の芸術祭から始まったプロジェクトである。新潟県東頸城郡松代町（現在は十日町市）にあった廃校（旧莇平小学校）を本社に発足した。約20戸の集落の住民たちと朝顔を育てたことから始まったこのプロジェクトは，トリエンナーレ期間外にも，朝顔の育成，月1回の新聞発行，号外発行を行っている。それに加え，盆踊りや収穫祭，小正月などの歳時記を彩る年中行事を通して，莇平集落の住民と明後日新聞社や芸術祭のスタッフ，ふと立ち寄った作品鑑賞客などが交流を行っている。廃校は作品を制作・展示するミュージアムとして活用される以外に，こうした交流の拠点となっているのである。

明後日新聞社文化事業部の中心的な活動として，「明後日朝顔」がある。きっかけは，集落の住民の「花を植えるなら朝顔だ」という一言だという。春の雪解けを合図に，校舎の軒先から地面まで朝顔用のロープを張る。同時に前年収穫した種から朝顔の苗を育て，晩春に植える。お盆の時期にはロープをつたって茂った満開の朝顔に校舎の壁面が覆われる（図表10-2）。そして皆で朝顔を観賞しながら盆踊りを踊る。秋の収穫祭の際には，校舎のロープを外しながら朝顔の種を収穫し，冬支度をする。莇平で始まったこの明後日朝顔プロジェクトは，今では全国29カ所に広がっている。莇平で収穫した種は全国各地に届けられて花を咲かせ，各地で収穫された種がまた莇平に集まって花を咲かせる。日比野は，この種が人と人，地域と地域をつなげていく様子から着想を得て，「種は船」プロジェクトを展開，さいたま市や茨城県の水戸，取手などの他のアートイベントとも連携し，さらに多くの交流を生んでいる。

また，明後日新聞の発行も地域デザインに一役買っている。明後日新聞社文化事業部では，主に東京藝術大学の日比野研究室の学生が歴代編集長を務め，月1回新聞を発行している。集落で起こった出来事を記事にするため，学生は集落を訪問して住民に取材する必要がある。発行した新聞は，学生が一軒一軒

図表 10-2　明後日朝顔の景観

出所）Takenori Miyamoto + Hiromi Seno

配ってまわる。この活動が，明後日新聞社文化事業部と地域住民の絆を深めることにつながっている。学生自らが住民から「情報」を収集し，「新聞」を使って「情報」を伝達する，という活動は，地域情報システム[13]の構築そのものである。地域情報システムが構築され，「情報」が循環することにより，コミュニティ凝集性[14]が高まる（専修大学経営学部森本ゼミナール編，2016，p.19, pp.157-160）。

3）トポスデザインの特徴＝文化的環境層内での回帰

　まず，明後日新聞社文化事業部のトポスを考察する前に，「学校」のトポス性について考えたい。学校の起源としては，古代ローマの「ルドゥス（Ludus）」と，ギリシャの「スコーレ（Scholē）」が考えられている（仲監修，1979，p.243）。ルドゥスは「遊び」，スコーレは「閑暇」と訳される。人間，暇をもてあますと，遊ぶか学ぶかのいずれかであり，そうしたときに集まる場所が学校の起源となった。そして驚くべきことに，スコーレに集まったのは，子どもではなく，大

人であったという。暇を費やすために学問や教養について語り合う大人の集まり，そしてそこに生じる先輩と後輩の関係が，先生と弟子の関係へと発展していき，今日の学校が生まれた(仲監修，1979，p.244)。近代日本においても，学校では，教師が地域の大人を対象にして新聞の読み聞かせや法令の解説をしたり，村の寄り合いが行われたりしていた(宮坂，2014，p.69)。学校は子どもだけの場所ではなかったのである。

　また，高橋(2007)は，学校の機能として，社会化機能，養護・保護機能，選抜・配置機能の3つをあげている。社会化機能とは，その社会の文化遺産[15]を，古い世代から新しい世代に，意図的，またときには無意図的に伝達する機能である。養護・保護機能とは，その名が示す通り，学校が子どもの養護・保護を行う機能である。授業中はもとより，始業前と放課後の時間も，学校は多くの子どもたちにとって遊びの場であり，付随的にではあるが，学校が養護・保護機能を果たしている。両親が日中不在となる状態が一般的になるにつれ，学校は不可欠な存在となった。選抜・配置機能は，教育の機会を等しく提供し，画一的に取り扱い，かつ同一期間に同一の基準で子どものある種の能力を評価することによって社会成員の選抜・配置を行う機能である。その他，宮坂(2014)は，学校は身分変換装置[16]として機能するとも述べている。

　ここで，廃校のトポスデザインについて考察する。学校が学校として機能していた時期は，文化的環境層浅層トポスであったが，廃校になると一転，空家の場合と同様，自然的環境層に限りなく近い文化的環境層深層へと下降した。その後，明後日新聞社文化事業部により学校の起源としての「遊び場」へとコンテクスト転換がはかられ，文化的環境層中間層まで浮上したのである(図表10-3)。この転換により，学校をアゴラとした「教え，教わる」という関係性(ドラマツルギー)，「学級」という準拠集団(トライブ)が形成される。学校においては，多くの児童・生徒が自分の学級に愛着を持っている(須田，2010，p.115)。学校には，教師と児童・生徒によって，互いに認め，認められる関係を作り出すさまざまな工夫がなされているからである。こうして，教師と児童・生徒は，自身の力で，強制的に所属させられた集団(所属集団)を，自らの拠り所となる

図表 10-3　明後日新聞社文化事業部トポスのコンテクスト転換

経済的環境層	浅層
	中間層
	深層
文化的環境層	浅層
	中間層
	深層
自然的環境層	浅層
	中間層
	深層

生徒・児童の減少

経営されていた学校
「遊び場」としての学校
廃校になった学校

コンテクスト転換

準拠集団へと変えていく。

　本来，近代学校空間は，理念や目標の単一性，組織の固定性，成員の閉鎖性という特徴を持ち（森田，2016，p.144），通時性／直線型時間が支配している[17]。しかし，明後日新聞社文化事業部の取り組みからもわかるように，組織や成員はオープンであり，流動的である。これは，廃校から，近代学校トポスを通り越し，古代学校トポスにまでさかのぼることによって，共時性／円環型時間への転換がはかられたためであると考えられる。

(3)　廃校トポスから学校トポスへのコンテクスト転換

　明後日新聞社文化事業部のトポスデザインの特徴は，「遊び場」としての学校への原点回帰と，地域社会の「拠り所」としての学校の復権にある。昔から集落に存在していた年中行事と，新たに加えられた明後日朝顔の通年の活動を通して，人びとが「学校」に集まって皆で楽しむ。つまり，失われたはずの「学校」そのものがアゴラとなっている。これは「廃校」から「ルドゥス」，または「スコーレ」へとコンテクスト転換がはかられ，奇しくも「学校」としての

トポスが復活したことによる。「学校」を中心に，また自然と人が集まってくる。アートイベントの一環として取り組まれていることも大きな成功要因である。行事には，こへび隊[18]をはじめとして，東京藝術大学の現役生やOB・OG，アートマネジメント会社や関連団体，自治体職員，日比野作品のファンなど，実に多様な人びとが自主的に集まり，独自のアクターズネットワークを形成している。通常，こうしたアートイベントによる地域振興は継続性が課題となるが，明後日新聞社文化事業部は2017年に15周年を迎えている。これは，「廃校トポス」から「学校トポス」へ「原点回帰」(コンテクスト転換)したことにより，「学校」という「安心」を与えてくれる「居場所[19]」において，凝集性の高いアクターズネットワーク(前述の準拠集団)が形成されたためであると考えられる。

　親しみある施設，思い出のある施設，記憶に残る施設など，学校は人びとの脳裏にいつまでも残っている施設である(藍澤，2003，p.62)。廃校プロジェクトによりトポスのコンテクスト転換が行われ，デザインされた"越後妻有"というゾーン[20]において数多く点在する廃校が結ばれてコンステレーションが描かれ，「大地の芸術祭の里」というアイデンティティが確立したのである。これは，まさにトポスベースド・コンステレーションデザイン(原田・鈴木，2017，p.25)に他ならない。

　類似の廃校トポスとして，こちらも北川が関わっている中房総国際芸術祭—いちはらアート×ミックスにおけるIAAES[21](千葉県市原市の旧里見小学校)や，農山漁村地域ではないが[22]，千代田区文化芸術プランによるちよだアートスクエア(アーツ千代田3331)(東京都千代田区の旧練成中学校)などがあげられる。これらのデザインについては，また別の機会に論じてみたい。

おわりに～地域デザインからの総括

　本章では，空家と廃校という日本の社会問題が作り出した影のトポスを取り上げてきた。これらのトポスでは，経済的環境層，または文化的環境層から，

一度は下層のトポスへと望まぬ変化を遂げてしまったが，本来あるべき層へと回帰させるコンテクスト転換が試みられた事例であった。空家トポス・廃校トポスで取り上げた事例に共通しているのは，元来人が集まる場所であった「家」や「学校」を，再度人が集まる場所，"溜まり場"としてリデザインし，自然発生的に主体性を持ったアクターズネットワークが生まれたことである。そしてこのアクターズネットワークによって地域価値の発現が行われている。地域デザインは基本的に ZTCA デザインモデルに依拠してなされるべきであるが，ゾーンデザイン，トポスデザイン，コンステレーションデザインの精緻化や理解がどれほど進んだとしても，これを戦略に結びつけることができなければ意味がないし，優れた戦略が立案されても，実際に実行する人や組織がなければ意味がない（原田・鈴木，2017，p. 29）。本章で述べた 2 つの事例では，この地域デザインにおいて最も重要な役割を果たすアクターズネットワークが，トポスデザインによって形成されている。つまりは，トポスベースド・アクターズネットワークデザインが主成功要因であると考えられる。

　シェアビレッジ，明後日新聞社文化事業部それぞれのプロジェクトは，一見するとどこにでもある古民家再生プロジェクト，廃校アートプロジェクトに見えてしまう。しかし，これまで述べてきたように，それぞれが他にはない，ユニークなコンテクスト転換が行われている。このことは，トポスの空間多層性という観点から分析してみてはじめてわかったことであった。それはつまり，トポスの多層性を捉えた戦略的デザインが地域価値発現に対してきわめて有効であるということを示している。

　しかし，いずれの事例においても，武田や日比野，北川といった強力な牽引役，ワールドアクター[23]（原田・板倉，2017）の存在が前提となっており，レジデンスアクターの育成や前者との連携が課題となる。筆者は，2014 年より新潟県南魚沼市にある辻又集落の地域デザインに関わっている[24]が，町村や茆平と同様，辻又にも空家となった古民家，廃校となった旧辻又小学校が存在している。空家については，ワールドアクターによって再生され，「六つ季の家[25]」としての活用が始まった。また，廃校は「辻又多目的センター」となり，

寄り合いや定期出張健診，ゲートボール，盆踊り，運動会，雪まつり，節分など，地域住民のために活用されるだけでなく，ワークショップ会場や宿泊施設として住民以外にも利用されており，地域の拠点として機能している。これらの空家トポス，廃校トポスによる地域デザインは未だ途上であり，本章で紹介した事例ほど完成されてはいないが，今後辻又での活動を通して，突出したワールドアクターが不在でも，ワールドアクター・レジデンスアクターの協働[26]によって地域価値発現が可能なデザイン方法論を構築していきたい。

注

1）2013年住宅・土地統計調査より。
2）2016年廃校施設活用状況実態調査より。
3）不動産流通推進センター「2015不動産業統計集」より。
4）建築基準法が改正された場合，改正以前に合法的に建設されていた建築物については，改正後の規制適用が免除されるが，建て替えや大規模修繕の場合には現行法が適用されるため，従来規模での建て替えが不可能となる。
5）五城目町ホームページより。http://www.town.gojome.akita.jp/koho/6.html（2018年3月25日アクセス）
6）シェアビレッジホームページより。http://sharevillage.jp/machimura（2018年3月25日アクセス）
7）「助太刀（SUKEDACHI）」には，人手・労働力を提供する「手力寄与（Power Share)」と，村民の特技・スキルを活かした「才能寄与（Skill Share)」がある。村民による手力寄与には，庭の草取り，野菜の収穫，茅葺き屋根や土間の補修など，才能寄与には，医療の知識・スキルを利用した地域住民への無料健康診断，プロカメラマンによるカメラ教室などが行われている。
8）民家は自らの居住用であると考え，営利を目的とした経済活動が行われるトポスではないため，文化的環境層との境界に近い経済的環境層深層であると位置づけた。
9）人が住んでいる古民家から荒廃した空家となり“自然に還る”という意味で，経済的環境層との境界に近い文化的環境層表層から，五城目朝市発祥の地という文化的環境層中間層を跨いで自然的環境層との境界に近い文化的環境層深層へと下降した。
10）全国から村民を募ることにより，“飛び地”のようなゾーニングが行われている。
11）越後妻有は，現在の行政区分では十日町市と津南町の2つの自治体で構成されるゾーンで，古くからの文献に見られる地名の妻有庄（十日町市，津南町，川西町，中里村）と松之山郷（松代町，松之山町）から「妻有」をとり，両者を大きなくくりで「越後」として合体させた名称である（北川，2014，p. 216)。
12）本書序章 p. 11参照。
13）ここでの地域情報システムは，地域の協働を促す仕組みを指す。詳しくは森本（2016）

を参照されたい。

14) 金子（2016）p. 91 より。

15) 文化遺産には，知識，言語，価値，技術，生活様式，習慣，思想，態度，行動様式などが含まれる（高橋，2007，p. 82）。

16) これは，学制公布以後，身分にかかわらず平等に教育を受けられるようになった，という意味での身分変換であるが，コンテクスト転換により，明後日新聞社文化事業部のように，多様な人びとが「学校」を訪れ，三者三様に楽しんでいる様子と捉えることもできる。

17) 学校において，人は通時的に成長し，入学から卒業まで直線的に時間が流れていく。

18) 大地の芸術祭を支えるサポート組織である。世代・ジャンル・地域を超えた自主的な組織で，首都圏を中心に幅広い世代が全国から集まってきている（北川，2014，p. 227）。

19) 「学校」という「居場所」は，自分自身が安心を感じるという主観的条件に加え，他者が自分のありのままを受け入れ，共感する関係性とその空間性といった客観的条件によって成り立っているという（佐川，2013，p. 195）。ここでは，これらは前述のドラマツルギーとアゴラ（トポス）によって与えられると考えられる。

20) 原田・宮本（2016a）p. 320 より。

21) Ichihara Art/Athlete Etc. School の略。

22) 都心部でも廃校数の増加は深刻である。前述の廃校施設活用状況実態調査における都道府県別廃校発生数では，東京都は北海道に次ぐ第 2 位であった。

23) 武田は秋田出身ということでチェンジドワールドアクター，日比野や北川はピュアワールドアクターとなる。

24) この活動の詳細については，専修大学経営学部森本ゼミナール編（2016）を参照されたい。

25) http://mutsukinoie.jp/（2018 年 4 月 1 日アクセス）

26) この場合，PRiWs 型連携形態（原田・板倉，2017，p. 34）となるが，ワールドアクターが長年地域に入り込んで深く関わっているため，PRiCWs 型，または PRiCRs 型連携形態とも捉えられる。突出したワールドアクター不在の場合，この形態が有効であると考える。

参考文献

藍澤宏（2003）「過疎化・高齢化が進行する農村地域の廃校の課題」文部科学省『廃校施設の実態及び有効活用状況等調査研究報告書』pp. 62-65。

金子勇（2016）『「地方創生と消滅」の社会学—日本のコミュニティのゆくえ』ミネルヴァ書房。

北川フラム（2014）『美術は地域をひらく—大地の芸術祭 10 の思想』現代企画室。

佐川佳之（2013）「『安心』を伝える—『居場所』における支援の〈教育〉」久冨善之・小澤浩明・山田哲也・松田洋介編『ペダゴジーの社会学—バーンスティン理論とその射程』学文社，pp. 194-210。

澤村明編著（2014）『アートは地域を変えたか—越後妻有大地の芸術祭の十三年：2000-

2012』慶應義塾大学出版会。

須田康之（2010）「学校文化の視角—児童・生徒による意味付与」南本長穂・伴恒信編著『発達・制度・社会からみた教育学』北大路書房，pp. 112-123。

専修大学経営学部森本ゼミナール編（2016）『大学生，限界集落へ行く—「情報システム」による南魚沼市辻又活性化プロジェクト』専修大学出版局。

総務省（2014）「平成25年住宅・土地統計調査（速報集計）結果の要約」http://www.stat.go.jp/data/jyutaku/2013/10_1.html（2018年8月1日アクセス）

高橋靖直（2007）「学校教育の機能と性格」高橋靖直編著『学校制度と社会 第2版』玉川大学出版部，pp. 81-105。

仲新監修，仲新・持田栄一編（1979）『学校の歴史 第1巻 学校史要説』第一法規出版。

原田保・板倉宏昭（2017）「地域デザインにおけるアクターズネットワークデザインの基本構想—アクターズネットワークデザインの他のデザイン要素との関係性を踏まえた定義付けと体系化」地域デザイン学会編『地域デザイン』第10号，地域デザイン学会，pp. 9-43。

原田保・鈴木敦詞（2017）「ZTCAデザインモデルにおけるコンステレーションの定義と適用方法に関する提言」地域デザイン学会編『地域デザイン』第9号，地域デザイン学会，pp. 9-31。

原田保・宮本文宏（2016a）「アートイベントを活用したアートゾーンデザイン—日本におけるアートイベントの特徴と展開」地域デザイン学会監修，原田保・板倉宏昭・佐藤茂幸編著『アートゾーンデザイン—地域価値創造戦略』同友館，pp. 309-326。

原田保・宮本文宏（2016b）「場と論理から捉えたトポスの展開—身体性によるつながりの場とエコシステムの創造」地域デザイン学会誌『地域デザイン』第8号，pp. 9-36。

福田健志（2013）「空き家問題の現状と対策」国立国会図書館『調査と情報 —Issue Brief』第791号。

宮坂朋幸（2014）「近代化の中の教育（1870〜1900年）」山田恵吾編著『日本の教育文化史を学ぶ』ミネルヴァ書房，pp. 63-91。

森田次郎（2016）「学校社会学の新しい分析枠組みを構想する—現代日本社会における『オルタナティブ・スクール』の諸形態からみた学校文化研究の可能性」中京大学現代社会学部『中京大学現代社会学部紀要』第9巻第2号，pp. 129-160。

森本祥一（2016）「地域情報システム再考：文化と経営の視点から—新潟県南魚沼市辻又集落の事例を通じた考察」地域デザイン学会編『地域デザイン』第8号，地域デザイン学会，pp. 69-94。

文部科学省（2017）「廃校施設活用状況実態調査の結果について」http://www.mext.go.jp/b_menu/houdou/29/01/1381024.htm（2018年8月1日アクセス）

文部科学省（2018）「「みんなの廃校」プロジェクト 廃校施設の有効活用事例集」http://www.mext.go.jp/a_menu/shotou/zyosei/1397231.htm（2018年8月1日アクセス）

屋敷和佳（2012）「小・中学校統廃合の進行と学校規模」国立教育政策研究所『国立教育政策研究所紀要』第141集，pp. 19-41。

第11章

「工場跡トポス」と「大型店跡トポス」

石川　和男

はじめに〜問題の所在

　本章は，第Ⅲ部の個別分野編＝影のトポス〜反省と復興を捉えたデザインの事例のひとつである。ここでは，影のトポスの「工場跡トポス」と「大型店跡トポス」のコンテクスト転換による新たな地域価値の発現方法について考察する。なお本章では，影のトポスの共通テーマである「反省と復興」については「跡地の再生」から言及する。

　わが国では，1960年代の高度経済成長の時代に多くの製造業(メーカー)が創業した。また，1950年代後半から1960年代にかけては，多くの小売業，特に大型化した量販店が創業・開店した。前者についても後者についても，ともに都市部から地方へと伝播し，急速に全国でさまざまな製造業の工場が建設され，大型量販店が出店した。しかし，現在は1980年代前半の企業数からは150万社も減少している。小売業では1980年代前半に店舗数がピークとなり，現在では4割も減少している。これらからわかることは，製造業も小売業も右肩上がりに上昇していた時代とは企業自体やその環境も変化しているということである。

　また，2008年を人口のピークとし，わが国も本格的な人口減少時代へと突

入し，すでに 10 年が経とうとしている。かつて国内に建設された工場は 1990 年代前半には中国へ，2000 年代になると ASEAN 諸国（Association of South-East Asian Nations）へと，その立地を拡大・変更するようになった。その後，一部は国内に戻る傾向があるが，かつての工場はそのまま朽ちた状態のままであったり，その跡地が荒涼たる風景となったりしているのも珍しくない。また，大型店では次々に多様なフォーマットが現れ，それにより古い大型店や小売集積からは客足が遠のいている。その結果，大型店の運営企業はその経営の行き詰まりにより，企業自体の倒産，店舗閉鎖に至ったものも多くみられる。本章では，工場跡と大型店跡を対象として，そのトポス別の有効性と地域デザインへの貢献を検討する。

　なお，ここで論じられる 2 つの事例は，それぞれのコンテクスト転換については，トポスの空間階層構造では経済的環境層から文化的環境層への転換，トポスの時間軸構造では通時性から共時性への転換が望ましいとの考え方から言及している。

第1節　トポスとしての「工場跡」

(1)　工場跡のトポス性

　当然であるが，工場跡はかつて製造業が事業活動を行っていたトポスである。高度経済成長期，あるいはそれ以前の製造業は，「土壌汚染」などはほとんど気にされなかった。それは，ひたすら製造物（製品）をいかに低コストで効率よく製造するかに傾注していたからである。しかし近年では，工場跡地の売買が取り上げられる。また，その際には土壌汚染がまず疑われる。そのため，有害な化学薬品等を使用していた工場跡地などは，入居希望事業者がなかなか現れない。2016 年の都知事選挙以降，築地市場の移転先としてすでに決定していた豊洲市場に対して「土壌汚染」という言葉が都知事の口からだけではなく，移転賛成者と反対者双方の口からも度々発せられたのは記憶に新しい。築地市場の一部も卸売市場以前はクリーニング工場であり，現在でも当時使用されて

いた有害な化学物質が検出されるという報道もあった。豊洲や築地の例だけではなく，かつて工場があり，製造活動が行われていた場所は，その土壌が汚染されていることが多く，汚染度が問題として俎上に載せられるようになってきた。

　また，工場跡というトポスは単にその場所に工場があり，そこで製造活動が行われてきたということ以上にさまざまなストーリーやエピソードが存在する。わが国では，1993年末に法隆寺が世界遺産に登録されて以降，2017年に沖ノ島が登録されるまで文化遺産17件，自然遺産4件の合計21件が登録されている。文化遺産のなかでも2007年の石見銀山遺跡，2014年の富岡製糸場と絹産業遺跡群，2015年の明治日本の産業革命遺産は産業遺産として括ることができるが，特に明治期の産業革命遺産は山口・福岡・佐賀・長崎・熊本・鹿児島・岩手・静岡の8県に点在する。これらは炭鉱，鉄鋼業，造船業に関する文化遺産であり，鉄鋼業や造船業がかつて工場を建設し，その工場のなかでは当該産業で使用する機械設備が設置され，多くの労働者が働いていたことを示している。

　こうした100年以上前に建設され，事業活動が行われていた工場が現在では遺産となり，なかには「世界遺産」として登録されるのである。この背景には，単に工場が製造活動の場というだけではなく，さまざまな人間の活動や時には自然や地球層にまで働きかけるような活動の場であったトポスであったといえよう。ここでは，人間活動の浅層にある経済活動層として，第二次世界大戦後のわが国の重化学工業化を支えた自動車工場跡地を取り上げる。そして商業施設や住居，スポーツ，文化施設へと変貌を遂げるまでのコンテクスト転換を中心として考察したい。

(2) 日産村山工場跡トポス

1) 工場閉鎖から跡地利用までのプロセス

　日産自動車㈱村山工場（以下，日産村山工場）は，1999年10月に発表された「日産リバイバルプラン」により，2001年から2004年にかけて工場全体が順

第 11 章 「工場跡トポス」と「大型店跡トポス」　*209*

次閉鎖された。工場閉鎖の発表後，1999 年 12 月に「日産自動車村山工場跡地利用に関する情報連絡会」が開催され，工場跡地利用の検討が開始された。そして 2001 年 8 月，日産，東京都，立川市，武蔵村山市で構成される日産自動車村山工場跡地利用協議会が設立され，同年 11 月には協議会の協議・検討結果を「中間整理」として集約した(武蔵村山市ウェブサイト)。

　当該工場跡地利用を巡っては，地元自治体と跡地進出を望む宗教法人真如苑との駆け引きがあった。約 140ha の敷地利用はまちづくりに影響し，使途によっては税収額にも差が出るためであり，落ち着きどころの決定には時間を要するとされた(『日本経済新聞』2001 年 10 月 20 日)。

　それは宗教法人への売却は固定資産税の大幅減になり，市財政の自立性を損なうからである。まず 2001 年 9 月の武蔵村山市議会は「日産自動車村山工場跡地利用に関する決議」を圧倒的多数で可決した。日産と工場跡地の買収交渉を進める真如苑[1]を牽制し，同年 7 月に売却交渉が表面化した以降燻っていた地元の懸念が吹き出した。実は，村山工場跡地の 6 割以上にあたる約 93ha は武蔵村山市の中心部にあった。そこで同市は 2001 年 9 月に跡地を北部，中部，南部に分け，商業施設や工場誘致を盛り込んだ独自の跡地利用構想をまとめた。これに対し，真如苑も「南側約 100ha を購入して，宗教施設の他，スポーツ施設や文化施設を備えた公園にし，これらを市民にも開放する」という計画を公表した。この約 50ha を一体開発し，そのなかに寺院を建設する計画とした。武蔵村山市の独自構想では，跡地を通る東西 2 本，南北 1 本の骨格道路整備を尊重する意向が示された。しかし真如苑は，宗教施設がある 50ha には自動車が通る公道は設置しないとし，全面的には従えないことを表明した(『日本経済新聞』2001 年 10 月 20 日)。

　他方，市議会が税収減を問題にしたため，宗教施設による非課税対象分は相応の貢献をすると固定資産税の免除相当分(約 1 億円)を寄附などで市に納める考え方を示した。先の協議会では 2001 年 8 月から跡地利用協議を開始し，武蔵村山市の独自構想公表には，協議会参加者からも疑問の声があった。武蔵村山市の構想は市の跡地利用の希望と説明したが，構想を巡っては協議の中で

は軋轢が生じる可能性もあった。

その後，2002年3月には工場跡地全体(約140ha)の4分の3にあたる約106haが真如苑に譲渡され，真如苑を加えた跡地利用協議会(五者協議会)が発足し，2003年3月に跡地全体の土地利用について「まちづくり方針」を発表した。2007年8月には市と跡地関係者を構成員とした「武蔵村山市榎地区まちづくり検討会」を設立，周辺環境と調和したまちづくりのために検討し，2009年3月に検討内容をまとめた(武蔵村山市ウェブサイト)。

2) 跡地利用構想の展開

日産村山工場跡地利用者協議会(五者協議会)で示された「まちづくり方針」では，跡地利用ビジョンとして3点が示された(武蔵村山市ウェブサイト)。①狭山丘陵から多摩川に至る自然の系を生かした環境のまちの実現，②賑わいと活気に溢れる都市空間の形成，③アメニティのある質の高い生活空間の形成，である。また，①の自然の系を生かした環境のまちの実現では，自動車生産という経済的環境層トポスに対し，第3層にあたる自然的環境層の展望を示した。②は賑わいや新たな雇用創出など地域経済に資する空間形成を目標とした，経済的環境層の充実，③では市民生活の利便性や快適性を提供する質の高いまちの形成を目標とし，経済的環境層から文化的環境層を展望した。したがって3つのビジョンでは，自動車工場として経済的環境層のみであったトポスの階層をさらに下層である文化的環境層，自然的環境層へと下降する試みとなった。

図表11-1にあるように約140ヘクタールという広大な土地利用は，7ゾーンに区分し，工場のみの土地利用から複合的な土地利用を試みている(武蔵村山市ウェブサイト)。ここにトポスの重層性を見出すことができる。そもそも日産村山工場の閉鎖は，日産が蘇るための計画であり，過剰負債を圧縮し，未来が展望できるような土地利用が目指された。図表11-1は，A～Dのゾーンは日産等が所有する土地である。Aゾーンは，イオンモールむさし村山ミューが入居している。Bゾーンは日産カレスト(現カーミナル東京)として，同社の座間工場跡地でも同様の試みをしたのと同様自動車展示販売施設を入れ，Cゾーンは病院，Dゾーンは住居等を配置した。他方，E～Gのゾーンは宗教法

人の所有地であり，敷地全体に植栽し，緑豊かな環境整備のため，寺院等を中心とした安らぎを与えるゾーンへの転換が試みられている。EとGゾーンは，文化・スポーツ施設を配置し，Fゾーンは寺院など宗教施設を想起させる建物があるが，全体としては経済的環境層から文化的環境・自然的環境層への展開が観察できる。

3) トポスデザインの特徴＝段階的整備

トポスの形成は，一朝一夕には行かず，もちろん一気呵成にはできない。そこで日産工場跡地の整備は，およそ3時期に区分して進められている（武蔵村山市ウェブサイト）。この時期区分では，① 2004年まで（先行期），② 2004年〜2010年代前半（中期），③ 2010年代前半以降（長期）である。先行期には，BとCゾーンを中心に商業施設と病院が建設された。前者は自動車販売施設であるために工期も短く，小売施設であるため，早期に資金回収ができ，キャッシュフローが見込まれる。中期には，AゾーンとDゾーンでは住居などが整備された。当然，住居建設には付帯施設が必要なため，EゾーンとGゾーンには文化・スポーツ施設も建設している。長期では中期に引き続き，文化・スポーツ施設の整備を進め，最終的に譲渡した宗教団体の寺院とその附属建築物が配されることとなった。

これについては，建設や整備を段階的に進めることにより経済的環境層だけ

図表 11-1　日産村山工場跡地利用

出所）武蔵村山市ウェブサイト
http://www.city.musashimurayama.lg.jp/shisei/shisaku/machizukuri/1002052/1002054.html（2017年10月5日アクセス）

ではなく，さらに深層への展開が，ゆっくりであるが工場跡地のコンテクスト転換が明確に行われてきたことを示している。

(3) 工場跡トポスから複合層トポスへのコンテクスト転換

　日産村山工場は，1962年にプリンス自動車工業の工場として操業を開始し，1966年の同社と日産との合併以降，日産の中核的工場として稼働してきた。同工場の代表車種は，グロリアとスカイラインであった。日産村山工場では，1,000万台近い自動車をオフラインしてきた。まさに日産村山工場の40年間は，通時性のコンテクストでは自動車生産の歴史であった。しかし，1999年に日産と資本提携したルノーにより，「日産リバイバルプラン」の一環で工場閉鎖が決定された。工場は2001年から2004年にかけて順次閉鎖された。他方，マニアの間では日産村山工場といえば，「スカイライン」といわれるように，同車種には数代に亘る共時性が見られる。これはかつて車の所有，特にスポーツカーに乗ることが若者文化の象徴であった時代の共時性を蘇らせる。それが失われたとき，村山工場は単に企業の負担となり，共時性をもたらせるものではなくなってしまった。

　そこで，工場跡地の処分という影や負の面として捉えられる処理が開始された。先にもあげたように小売施設は早く開業でき，キャッシュフローを生み出すことから大規模な車の商業施設への転換が行われた。他方，他の土地の転用を進めなければならなかったため，その必要性から広くまとまった土地が必要な病院や住居などが建設されていった。ただ，それまで経済的環境層のみであったトポスには，他の4層のような色彩は全く存在しなかった。そこで，トポスの複数層への拡大により，人の存在を基盤とした文化的環境層から自然的環境層のトポスへの拡大が試みられた。なお，期待が大きな経済的環境層は完成も早いが撤退も早いもので，当初は百貨店(三越)の出店もあったが，客足が伸びず，ごく短期間で店舗撤退し，これにともない運営企業も変化した。他方，特定宗教団体への売却には反対もあったが，別の通時性を展開する試みのために宗教施設に売却された。そのため，たんに信者の共時性のためだけでなく，

一体となった自然的環境層のトポスへの展開は，周辺住民との共時性を持たせることにも寄与している。

　このような大規模単一機能トポスは停滞のリスクが多大であるため，工場が撤退した跡地利用については，この反省を踏まえた展開が不可欠である。その意味では，この事例のように，地域の再生には経済的環境層のみならず文化的環境層も織り交ぜた複合的なトポスデザインが期待されることになる。

　また，この事例では，地域価値の発現のためにはトポスデザインが最も大事な要素になるが，それでも他の要素との連携も大いに期待される。ここでは，前述の4者協議が跡地再生の主たる担い手であったため，本案件においてはアクターズネットワークも大事な役割を担っていたと考えられる。

第2節　トポスとしての「大型店跡」

(1)　大型店跡のトポス性

　大型店は，ショッピングセンターあるいは商店街の集客のコアとして，立地・営業してきた。人口が増加し，消費者の購買力が上昇していた時代には，当該大型店の業態によらず多くの顧客を集客し売り上げも増加し，その運営企業も成長し続けていた。このような企業は1950年代の終わりから1960年にかけて多く誕生し，全国，あるいは当該地域を中心にしながら店舗網を拡大した。特に同業態や同店舗名で店舗を運営するチェーンストア・オペレーション（chain store operation）は，人口が増加し，消費者の購買力が増加し続けることが大前提であった。他方，これら店舗の立地・出店する場所が多く存在し，いわゆるブルーオーシャンが存在し続けることも前提であった。

　しかし，このような立地場所はすぐに飽和し，あっという間にオーバーストア（over store）状態となった。そして，小売企業同士，ショッピングセンター同士，大型店同士の競争が各地で起こった。また，店舗規模や異業態間競争も一般化していった。このように小売業の競争状況が幾重にも重なることはまさに必然であった。これはわが国だけではなく，小売業が一足早く成熟した欧米

先進国の事例を見ても明らかであった。さらに大規模小売企業では，単一の小売フォーマットではなく，複数の小売フォーマットの展開が一般的である。したがって，大規模小売企業同士の競争では，出店政策，マーチャンダイジング政策などその政策に誤りがあると，すぐに競争では劣位となり，その競争地位が下降していく。その経緯では，店舗撤退などさまざまな対応策を構築していくこととなる。

　そのため店舗の撤退，ショッピングセンターの閉鎖あるいはショッピングセンターの性格の転換などを行っていく。こうして大型店が撤退した後の建物には，商品や陳列棚，店員や顧客の消えた単なる建物だけが残る。こうして残った建物は，すぐにフォーマット(format)[2]を転換した同小売企業が入居すること，他社の小売企業が同業態で入居すること(いわゆる居抜き)，全く業種の異なる企業が入居することがある。このような大型店跡のトポスでは，どのような意味が見出されるだろうか。21世紀になろうとする頃，わが国ではそごうの経営破綻，ダイエーの産業再生機構入りが大きなニュースとなった。その両社が店舗を展開し，営業していた地域は多いが，本章では長野市を例に取り上げる。

(2)　ダイエー長野店跡トポス

1)　長野市における大規模小売店舗の閉鎖

　長野市は，人口約38万人の県内最大都市である。観光客が年間900万人を超える県内有数の都市であり，善光寺には年間約600万人の参拝客が訪れている。ここでは，1998年の長野オリンピックにより道路整備が急速に進んだ。1991年から1997年までに新規整備・既存道路の拡幅により21路線が整備され，沿道では宅地や大規模商業施設が開発され，市街化も同時に進んだ。長野市の中心市街地はJR長野駅から善光寺までの表参道(中央通り)を中心に発展してきた。善光寺表参道は全長1.8km，高低差40mの参道であり，沿道は近代的な中高層の建物が建ち並ぶ長野駅周辺から善光寺に近づくにつれ，蔵造りで低層の建物が並んでいた(永池・室田，2008，p.148)。しかし，この中心市街地に所在していた長野そごうが2000年7月，ダイエー長野店が同年12月に相次いで

閉店し，中心市街地から百貨店，大型量販店(GMS)が20世紀の終わりに一気に姿を消した(中部経済連合会，2009，p.5)。こうした大型小売店舗はトポスの階層にしたがえば，経済的環境層に他ならない。ただ百貨店は，これまでにも文化を創造してきた面が少なからずあるので文化的環境層からも捉えられよう。しかし，長野市では両店舗の開業以来長く継続してきた経済的環境層としてのトポスが失われることとなった。

長野市のような人口40万人規模の都市で，同じ年に百貨店と大型量販店が消えてしまうことは，同店舗の利用者だけではなく，まちの賑わいの面からも，大型店撤退後の空き店舗(空きビル)は影のトポスとなる。長野市では，両店舗ともいわゆる一等地に立地したことから，撤退後の周辺環境は旧来の商店街の中で中小零細規模の店舗が1，2店舗閉鎖するのとは全く状況が異なる。したがって，空きビルは利用されない期間が長くなればなるほど，周辺環境も劣化の一途を辿り，中心市街地全体が影のトポスとなる恐れすらある。そのために空きビルの利用を巡って，さまざまな動きが見られた。

2) 店舗跡利用までのプロセスと店舗跡利用構想

長野市では，中心市街地空洞化の象徴となっていた大型店撤退後のビルの再開発計画が少しの時間をおいて動き始めた。旧長野そごうビルは，2000年7月の長野そごう破綻後，跡地利用策の計画が難航した。大口債権者の八十二銀行や長野市などの要請を受け，信越放送(SBC)が本社屋の移転先として2002年8月に土地と建物を取得した経緯がある(『日経流通新聞』2003年6月5日)。長野市では，ここに商業・公共施設が入居する複合施設を建設する事業計画を承認した。長野市の都市計画審議会は，旧長野そごうビルなど中心市街地の再開発地区「長野銀座A-1地区」の事業計画を承認した。2006年12月の完成を目指し，商業・公共施設や放送局が入居する複合施設を建設することとなった。計画案では旧長野そごうビルと，その隣接地で高層住宅ビルなどの再開発事業が中断していた地区の計0.9haを対象としていた。そして，生涯学習センターや市民ギャラリーなど市の公共施設が入る4階建てビルと，信越放送(SBC)本社が入居する11階建てビルを建て，連絡通路などで結んで一体的に利用す

る計画を立てた。両ビルとも，1，2階部分は商業スペースとして飲食店など
を入居させ，交差点に面する部分は市の公共広場として整備し，地元の賑わい
創出につなげる狙いとした。同地区をSBCを中核とした文化，商業，行政サー
ビスの拠点と位置づけるため，旧計画で100戸の入居を予定していた住宅ビル
の建設計画は中止とした。

　やはり，長野市の中心市街地から大型小売店が2店舗も消えてしまったショ
ックは大きかった。空きビルの利用については，市民は公共的施設と商業施設
の複合的活用を要望し，周辺住民は高齢者が多いため，日常の生活用品購入に
苦労するとの声があった。そこで，ダイエー長野店の空きビルに対しては，長
野商工会議所・長野商店会連合会・長野銀座商店街振興組合の3者は，地元住
民や勤務者5,600人の署名つきで，建物・敷地の受け入れおよび低層階への食
品スーパー誘致を要請した(経済産業省商務流通グループ中心市街地活性化室，
2012，p.140)。これに対し，長野市長が臨時記者会見を行い，ビル買取方針を
表明した。これで空きビル自体を有効な既存ストックとして捉えることになり，
閉店から約1年半後の2002年6月に長野市が土地を2億円で取得することと
なり，建物は寄付された(長野市都市整備部まちづくり推進課，2007，p.7)。そし
て，空きビルの利用計画策定では，市民の代表者で組織されるまちづくり検討
委員会やボランティア団体，市庁内からの提案などを十分に考慮することとな
った。審議会では住民への説明不足などを指摘する反対意見も一部委員から出
たが，最終的には計画案を賛成多数で決定した。総事業費は約87億円。この
うち，国，県，市からの補助金は約16億円で市分は約5億6千万円であったが，
さらに4階建てビルの3，4階部分の取得費約12億円のほか，公共広場の整備
費などが市の支出として見込まれた(『日経流通新聞』2003年6月5日)。

　市長が臨時記者会見を行い，ビルの買取方針を表明した約半年後の2002年
6月には土地売買契約・建物寄付契約を結んだ。その半年後には，活用改修に
着工した(長野市，2012)。ダイエー長野店は，1976年4月に開店した。店舗と
して利用していたビルは，ダイエーが閉店した際にはすでに四半世紀近くの歴
史を刻んでいた。したがって，改修工事にあたっては，かなりの費用が発生す

ることとなったが，2002年12月には耐震工事にも着手したのである（もんぜん
ぷら座，2018）。

　他方，2002年11月には愛称を募集し，全国からのべ121件の応募があり，
2003年2月には「もんぜんぷら座」を発表した。そして，まちづくり会社の
事業によるTOMATO食品館が，先の陳情にあったとおり1階に入居し，先
行オープンした。やはり，ダイエー長野時代と同様，食品売場が復活したわけ
であるが，これについては経済的環境層におけるトポスの継続と捉えることが
できよう。

3）トポスデザインの特徴─段階的整備

　ダイエーの閉店後，周辺の住民にとって困ったのは食料品の調達であった。
そのため，もんぜんぷら座には他の施設に先行して，食品売場が入ったが，ダ
イエーの閉店から2年以上が経過し，すでに日常の食料品購入を別の場所で行
っていた消費者にとっては，また近隣での食料品が可能となったと映るか，す
でに他店舗での購入が日常となっていたため，それほど生活の利便性に差が生
まれたとは考えにくい。しかし，食料品を近隣で購入できる利便性の再提供は，
再び経済的トポスの出現を意味した。食料品売場が先にオープンしたことに続
き，地下から8階までのスペースの利用計画が次第に進捗することとなった。

　これまで長野市の中心市街地において不足していたのは，子育て支援施設・
高齢者交流施設・市民活動支援施設等の公益施設であった。そこで2003年6
月にはグランドオープンという形で地下1階から3階までを活用し，これらの
施設を設置した（長野市，2007，p.27）。2018年7月現在，地下1階は，フリー
マーケットや展示会，イベントなどの催事場として利用可能な「ぷら座ホール」，
ダンスや音楽の練習場として利用可能な「ぷら座BOX」が運営されている。
また2階は，子どもがのびのびと遊べる広場として「こども広場じゃん・けん・
ぽん」，子育ての手助けを求めている人（依頼会員），子育ての手伝いをしたい
人（提供会員）が会員として登録し，子育ての相互援助活動を行う「長野市ファ
ミリー・サポートセンター」のほか，「ミニギャラリー」「休憩コーナー」も設
置している。さらに3階には，もんぜんぷら座全体の運営事務局である「もん

ぜんぷら座事務局」，国際交流活動の拠点シニアアクティブルーム窓口，市民協働サポートセンターなどがあり，4階には各種大会や会議等の誘致，支援および観光宣伝などを行う「(公財)ながの観光コンベンションビューロー」，法的紛争解決の方法や道筋を案内する「日本司法支援センター(法テラス長野)」，「長野市消費生活センター」，学生，若者，女性，高年齢者を対象とした就職支援サービスを提供する「長野新卒応援ハローワーク(学生就職支援室)」，「ハローワーク長野マザーズコーナー」，「ジョブカフェ信州(長野分室)」，「長野市職業相談室」を設置している(長野市)。こうして1階の食品売場を除き，地下1階から4階までは基本的に住民生活の質的向上を図る施設が入居し，運営されているといえるだろう。

　他方，2008年には5階〜8階まではNTT東日本サービス(NTT116コールセンター)が入居し，大部分を利用することとなった。その他のフロアは一部を学習コーナー，貸し会議室，長野市企画政策部が利用している程度である。市は，おそらくNTT東日本サービスが支払う賃料により，空きビルの運営はほぼ成立しているが，その賃料だけでは足りず，他施設の運営はかなり厳しい状況にあろうと思われる。

図表 11-2　もんぜんぷら座公益施設年間利用者数

年度	年間利用者数(人)	年度	年間利用者数(人)
2003	186,647(*)	2011	301,104
2004	275,922	2012	301,544
2005	233,734	2013	297,134
2006	255,643	2014	277,819
2007	266,780	2015	291,878
2008	290,485	2016	278,013
2009	289,283	2017	278,445
2010	306,821		

注1.　TOMATO食品館を除く
　2.　2003年度については，10ヵ月分のみ
出所)　もんぜんぷら座(2018)

第11章　「工場跡トポス」と「大型店跡トポス」　*219*

導入した施設の運営は，第三者評価機関である「もんぜんぷら座活用検討委員会」を設置し，常に運営評価を行っている。そして，オープン以来，もんぜんぷら座全体では300万人を超す利用者(2007年3月末現在)があり，中心市街地の活性化には一定の効果を生み出しているとしている(長野市，2007，p.27)。1階の食品売場を除いた公益施設の年間利用者数は，図表11-2の通りである。図表からわかるように開館して，5年を過ぎる頃からは30万人近くの人びとが利用している。この数字が多いのか少ないのかは，比較する手段がないのでわからないが，入居している公共施設を繰り返し利用する市民によって安定した利用人数となっていると思量される。

(3)　大型店跡トポスから文化層トポスへのコンテクスト転換

もんぜんぷら座は，長野市とTMO (スーパーTOMATO食品館)[3]により市民ニーズに対応した施設を導入し，NPOとの協働で施設運営を取り入れた(長野市都市整備部まちづくり推進課，2007)。ダイエーの閉店後に，まちなかに不足していた公益施設とスーパーを長野市とTMOとの協働により整備したと捉えられる。

筆者は，2017年8月に同施設を訪れたが，1階の食品売場は天井が低く，全体的に暗い印象を受けた。床の貼り替えもされておらず，経年変化が感じられた。もんぜんぷら座の建物は寄付されたが，建物の管理運営費にはかなりの費用が発生している。もんぜんぷら座は，2007年まで歳入が約1億円強であったが，2008年以降歳入が1億円増加し，現在に至っている(長野市都市整備部まちづくり推進課，2007，p.12)。恐らくNTT東日本が入居した効果が大きいといえる。一方，歳出はNTT東日本が入居するまで，歳出が歳入を5千万円上回り，入居以降も相変わらず5千万円近く上回っている。この状況は，もんぜんぷら座は，所有者である長野市には，「稼げる施設」とはなっておらず，今後の継続性には不安がある。建物は1976年に建設されたため，すでに建設されて40年以上が経過し，老朽化が進んでいる。これまで合計14億6千万円以上の改修工事費がかけられている。すべてが長野市の負担ではなく，このうち

国の補助金が4億3千万円も投入されている(長野市都市整備部まちづくり推進課,2007, p.13)。

　最初に取り上げたように,2000年に善光寺の表参道に斜めに向かい合う形で営業をしていた長野そごうとダイエー長野店が相次いで閉店した。善光寺というスピリチュアルなトポスに対し,経済的環境層のトポスとしての大型店が重なっていたが,近隣住民以外は表参道というトポスへの重層性はそれほど感じないものであっただろう。参拝者には日本全国に所在する大型量販店は魅力的なものではなく,むしろ参道に並ぶ当該地域にしかない中小零細の土産物店の方が魅力的であったはずである。したがって,ダイエー長野店閉店は,近隣住民の食生活や日常生活に必要な商品を提供するトポスであったといえる。そのため,地元からの要望は,スーパー復活に集中した。ただ,巨大な店舗は,地元の小売業者が取得,維持できる規模ではなかった。そこで長野市とTMOによる再生が図られた。

　スーパーを復活させ,他のスペースは公益に資する場所への転換が試みられた。公益に資する具体的な施設はこれまで取り上げてきたものであるが,それらは文化的環境層のトポスに当てはまるものである。つまり,長野市はダイエー長野店の閉店店舗にそれ以前のスーパーとしての経済的環境層トポスと近隣住民だけではなく,長野市民の生活の質向上を図る文化的環境層のトポスを重ねようとしたのである。また,長野駅から善光寺に至る表参道の真ん中に位置することから,宗教施設としての善光寺ではなく,凛とした空気が流れる自然的環境層のトポスも意識したものとなっている。

　このような大規模単一機能トポスは撤退のリスクが多大であるため,大型店が撤退した跡地利用は,ここでの反省を踏まえた展開が不可欠である。その意味では,この事例のように,地域の再生には経済的環境層から文化的環境層へのコンテクスト転換を指向するトポスデザインが期待されている。

　なお,ここでのトポスコンテクスト転換は地域価値発現に対して多大な貢献を果たしているが,それでももんぜんぷら座という地域アクターが存在しなければ,また彼らが展開するレジデンスアクターから捉えたコンステレーション

デザインが展開されなければ，ここにおけるトポスのコンテクスト転換はなされなかったとも思われる。

おわりに〜地域デザインからの総括

　本章では，工場跡と大型店跡という工場撤退・店舗閉鎖に伴う影のトポスを取り上げてきた。これらのトポスでは，経済的環境層のトポスから別層のトポスへのコンテクスト転換が試みられた事例であった。この中で ZTCA について取り上げなかったため，最後に取り上げることで，トポスにおけるコンテクスト転換について考えておきたい。

　日産村山工場跡地の利用に関しては，約 140ha という広大な土地でこれまで 1,000 万台近くの自動車が生産されてきた。この工場で働いていた労働者（アクター）たちは，別工場に転籍となり，別の仕事を選び，当該ゾーンを離れることとなった。工場は自動車生産や労働者の生活という経済的環境層のトポスを具現化した場所であった。その後，土地利用計画が進み，行政である武蔵村山市がイニシアチブをとろうとした。ただ土地利用を巡り，日産の商業施設だけではなく，宗教法人が手を上げ，さまざまなアクターたちが入り乱れての土地利用計画がまとまった。その土地利用計画から実践では，経済的環境層トポスから文化的環境層トポス，自然的環境層トポスへのコンテクスト転換が行われようとしている。現在のところ，まだ全体像（コンステレーション）を描けるには至っていない。

　ダイエー長野店閉店後のビルは，これまで近隣の人びとの日常生活を支えてきた場所であったため，日常生活継続という大きな課題が行政に突きつけられた。向かいに位置した長野そごうも同年に閉店したため，善光寺表参道の中間に影のトポスが生成された。しかも 1 年半以上，シャッターを下ろしたビルが放置された。関係機関から多くの要望が寄せられ，行政が主なアクターとなり，再生に乗り出した。これまで街中で不足していたものを入居させ，特に文化施設を入れることで経済的環境層トポスに文化的環境層トポスというコンテクス

トの転換が行われようとしている。ただ行政主体の運営は，税金や補助金に依存している部分が多く，今後のコンステレーションの維持にはかなりの苦労があるものと思量される。

　このように経済的環境層トポスから文化的環境層，自然的環境層トポスへのコンクスト転換が行われようとしているものの，急激に転換が行われるものでもなく，今後もこの動きには注視をする必要がある。ただ2つの事例ではアクターは行政が中心である。行政が持つ経済力がどこまで継続するのか，また行政担当者の移動などによって，今後も計画や実践が継続するか，が大きな課題である。

注

1）真如苑は，東京都立川市柴崎町の真澄寺に本部を置く，仏教（真言宗）系新宗教であり，出家仏教の修行を基盤とする在家仏教教団である。同苑は，第二次世界大戦後，真言宗から独立し，「まこと教団」と称した時期もあったが，1951年に「真如苑」と改称し，1953年に宗教法人としての認証を受けた。
2）フォーマットは，取扱商品だけではなく，独自に個別企業が決定する顧客へのさまざまなサービスを提供する態様である。また，それらのある程度の集合を業態等という。
3）TMO（Town Management Organization）は中小小売商業高度化事業を実施しようとする場合，市町村が基本計画を作成する際，中小小売商業高度化事業について一定の事項を記載する必要がある。同計画に記載された中小小売商業高度化事業について，地元商業の状況に精通する一定の者が，中小小売商業高度化事業に関する総合的かつ基本的構想であるTMO構想を作成する。その構想は基本計画に照らして適切なものか等を市町村が判断しその構想が適当である旨の認定を行う。この認定を受けた者がTMOである。

参考文献

経済産業省商務流通グループ中心市街地活性化室（2012）「中心市街地における大型空き店舗等遊休不動産の活用に係る調査・研究事業報告書」http://www.meti.go.jp/policy/sme_chiiki/town_planning/h23_houkokusyo_ogataakitempo.pdf（2017年10月5日アクセス）。

中部経済連合会（2009）「中心市街地活性化に関する調査研究—中部地域の中核的都市の魅力・活力向上を目指して」中部経済連合会。

永池遼・室田昌子（2008）「長野市中心市街地における土地利用変化と街なか居住進展に関する研究」『都市計画報告集』日本都市計画学会，No. 6, pp. 148-151。

長野市（2007）「中心市街地活性化基本計画」https://www.city.nagano.nagano.jp/uploaded/attachment/602.pdf（2017年10月5日アクセス）。

長野市（2012）「第二期長野市中心市街地活性化基本計画」https://www.city.nagano.
nagano.jp/uploaded/attachment/100349.pdf（2017 年 10 月 5 日アクセス）
長野市都市整備部まちづくり推進課（2007）「長野市の中心市街地活性化の取組みについ
て―もんぜんぷら座から始まったまちづくり―」。
『日経流通新聞』2003 年 6 月 5 日
『日本経済新聞』2001 年 10 月 20 日
もんぜんぷら座（2018）「もんぜんぷら座―コンセプト」http://www.monzen-plaza.com/
concept/index.html（2018 年 8 月 1 日アクセス）
武蔵村山市ウェブサイト，http://www.city.musashimurayama.lg.jp/shisei/shisaku/machi
zukuri/1002052/index.html（2017 年 10 月 5 日アクセス）

終章

トポスデザインにみる
コンテクスト転換への期待

原田　保
石川　和男

はじめに〜価値発現装置としてのコンテクスト

　原爆ドームが，観光場所として賑わうような価値発現が見られるトポスとして存在するようになるとは，かつてはほとんどの人が想像できなかっただろう。これは，旅行ビジネスのコンテクスト転換がもたらしたひとつの価値発現である。すなわち，価値とは絶対的なものではなく，外部から何らかの影響を受けて発現する相対的なものであることを意味している。

　これから理解できるのは，価値はコンテンツ自体にあるのではなく，コンテクストが発現させるということなのである。つまり，ものづくりは優れたコンテクストデザインがなされた場合のみ，その価値が発現されることになる。たとえば，廃墟や廃棄物のように不要，あるいは無用な場合も，価値発現がなされることがある。これこそがまさに観光における近年の人気スポットに見出される新たな現象の背景である。

　終章では，このようなことを踏まえ，トポスデザインに見られるコンテクストデザインへの期待を取り上げる。これらは，第1がコンテクストとしてのガジェット，第2がコンテクストデザインによる価値発現，第3が旅行ビジネスのコンテクスト転換が現出させるトポスのコンテクスト転換，第4が見せる影ト

終章　トポスデザインにみるコンテクスト転換への期待　　*225*

ポスと隠す影トポス，第5が地域における高リスクトポスへの戦略的対応，第6が地域における低リスクトポスへの戦略的対応，第7がトポスとゾーンに見られる関係デザイン，に関する考察である。

(1)　コンテクストとしてのガジェット

　かつてわが国では，ボードリヤール(Jean Baudrillard)の記号論[1]が流行したが，これはコンテクストが新たな価値を発現することを示したといえる。この考え方に関連して，筆者(原田)が強く感銘を受けたのが，ガジェット(gadget)[2]である。結論を急げば，当時ガジェットにはガラクタというようないい方がされていたようだが，現在では不要とか無用といわれる価値のないコンテンツに新たな意味が付与されて，何らかの新たな価値を発現するようになったコンテンツである。しかし，いわゆるバブル経済期にこのガジェットが新たな価値を現出させたコンテンツであったため，新たな価値が追求されていたように思われる。原田がかつて所属していた企業では，このような傾向の中，ベルリンの壁が崩壊して，壁が瓦礫状態となったので，それらの瓦礫に価格を付与し商品として販売したことがあった。当然，この瓦礫の価値は，コンテンツとしての瓦礫ではなく，東西ドイツの統合というエピソード(episode)[3]に，つまり統合のコンテクストに対して価値が見出されたわけである。

　すなわち，瓦礫というコンテンツ自体に価値があったのではなく，東西ドイツの統合に向けたトリガー(trigger)としての壁の崩壊によるコンテクストの発現にこそ，価値が見出されたことを示している。これはすなわち，コンテクスト転換によって同じコンテンツが多様な価値を現出することを意味している(図表終-1)。

　このように，ガジェットにはコンテンツとしての価値ではなくコンテクストとしての価値が見出される。それゆえ，たとえば廃棄物や廃墟などのコンテンツから価値を発現させるには，コンテクストによる新たな価値創造が行われる必要が生じることになる。これはすなわち，コンテンツには潜在的価値があるが，これに対して何らかのコンテクストが付与されなければ，コンテンツに価

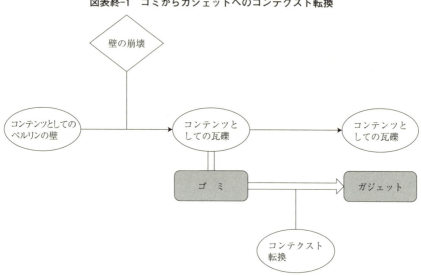

図表終-1　ゴミからガジェットへのコンテクスト転換

値は現実化しないことを示している。

　そのため価値は，コンテンツが発現するのではなく，むしろコンテクストが現出させるといえる。つまり，単なるものづくり自体からはコンテンツの価値は現出せず，ものに何らかの意味を付与する行為であるコンテクストデザインから価値が現出するわけである。このように，コンテンツには潜在的原価は存在するが，これが生み出す価値はコンテンツ自体が現出させることは期待できないのである。それゆえ，今後はコンテンツデザインの展開からコンテクストデザインの展開への転換が価値発現のためには急務になる。

(2)　コンテクストデザインによる価値発現

　繰り返しになるが，コンテンツには価値は潜在的には存在するが，この潜在価値を顕在化するためにはコンテクストの投入が不可欠である。その意味では，コンテクストデザインは，まさに脱ものづくりのための効果的な方法になる。これはすなわち，よいものをつくればそれだけで価値が発現するという考え方

からの脱却が期待されていることを示している。これにはたとえば，標準化の追求などによって価値を発現することが指向されるグローバル対応の価値発現方法などが想起できる（以下，原田・三浦・高井，2012）。

そこで，以下においては典型的なコンテクストデザインの成功事例を紹介していくことにする。

第1は，文具通販からスタートしたアスクルの事例である。このアスクルは社名でありブランドであるが，この表記には商品を想起させるような側面は全く存在しない。アスクルの意味は，まさに「今日注文すれば明日には届く」という配送日時のコミットメントに見出されるべきである。つまり，このアスクルという企業は，商品のクォリティや価格などを前面に押し出さずに，むしろ配送を全面に押し出すことによって成功したコンテクストドリブンのビジネスである。

第2は，コンビニエンスストアのセブン-イレブンにおけるフォーマット革新の事例である。実は，これについてはタイムコンビニエンスというコンテクストが前面に押し出されたビジネスである。つまり，セブン-イレブンという店名はかつてのアメリカに見られたいわゆるパパママストアが閉まっている早朝と夜間にも営業していることを示すためのブランディングであったわけである。それゆえ，これについてもコンテンツではなくコンテクストベースのフォーマットが指向された成功事例である。

これら2つの事例から理解できるのは，イノベイティブなビジネスはコンテクストデザインに依拠することで実現している，ということである。これはすなわち，価値発現方法が，システムや制度のデザインに大きく依拠することを意味している。それゆえ現在は，まさに価値発現を指向するビジネスプロデューサーの時代であり，それも特にコンテクストデザインに依拠して価値発現を実践するコンテクストデザイナーの時代に突入している，と考えられる。

(3) 旅行ビジネスのコンテクスト転換が現出させるトポスのコンテクスト転換

近年のトポスをめぐるコンテクスト転換は，観光ビジネスによって現出している。これは，以前では積極的にプロモーションされることがなかった悲劇的なトポスや忌避すべきトポスが，次第に観光ビジネスにおける新たな側面を切り拓いているという現象である。これが，いわゆるダークツーリズム（dark tourism）[4]といわれる新たな潮流なのである。具体的には，脱観光，脱ツアーという新たな形態の旅行ビジネスとして現出している。

このような旅行においては，単に駆け足で著名なトポスを巡るということはせずに，反省や祈り，学習のためのトポスであるという捉え方を指向した旅行のディスティネーション（destination）[5]指向がなされつつある。このような流れのなかから，まさに多様な意味あるダークトポスが注目されることになった。

実は，このような傾向は2つの側面のコンテクスト転換を示している。第1は，観光から「観影」へのコンテクスト転換である。これによって，影のトポスが地域価値を発現するものとして登場することになったというコンテクスト転換である。第2は，旅行のエンタテイメント（entertainment）指向[6]からアウェアネス（awareness）指向[7]に変化してきたというコンテクスト転換である（原田・板倉・加藤，2015）。

◆　トポスのコンテクスト転換◇
　　・価値源泉　＝　光の側面　→　影の側面
　　・旅行動機　＝　エンタテイメント　→　アウェアネス

このようなコンテクスト転換によって，トポスの価値発現の可能性を高めることになり，トポスと旅行者との関係性の転換が指向されることにもなっている。こうして，トポスと旅行者との関係性が多様化することになり，これらが新たな地域創造に対して効果的な影響を与えることにもなる。それゆえ，従来では忌避されていたトポスに対して，人が正面から向きあえるようになってきた。

終章　トポスデザインにみるコンテクスト転換への期待　*229*

その意味では，確かにダークトポスはある種の啓発的なトポスであるということができ，また，これは未だに博物館の所蔵品化していないような，つまり風化していない場所として顕現している，と考えられる。もちろん，すでに多くの世界遺産に登録されているダークトポスは多く存在するが，大事なのはこれを過去の記録として捉えずに，むしろ未来への投影として捉えるという考え方をとることである。言い換えれば，多くの場合，過去のトポスである影トポスを明るい未来のための光トポスに転換することが重要になる，ということである。

こうなると，反省のための影トポスの創造のための光トポスへのコンテクスト転換が必要になってくる。それは，単に影を影として捉えるだけではダークトポスの価値発現にはならないからである。つまり，何のためにダークなトポスを活用するのかを考えることがトポスデザインには不可欠になるわけである。特に，従来のエンタテイメントの視点からではなくアウェアネスの視点からの活用が期待されることになる。

(4)　見せる影トポスと隠す影トポス

影トポスの戦略的活用によって地域価値は発現するが，この価値発現方法には2つの正反対のものが見出される。ひとつは影の側面を前面に押し出して地域価値を発現する方法である。もうひとつは影の側面を完全に覆い隠すことで地域価値を発現する方法である。ダークツーリズムにおいては，トポスがダークであることが条件であるため，影の側面を強調することで地域価値が発現する。

それゆえ，ダークツーリズムにおける影トポスの活用は，影に焦点を当てながらこれをクローズアップさせることが追求される。なお，多くの場合，影トポスが誕生した背景には，それぞれの時代や地域の価値観が大きく反映されている。それゆえ，たとえば本書の事例でも取り上げたホロコーストでは，この影はこれらが現出したナチス時代のドイツの価値観では影としては考えられていなかった，というように考えられる[8]。

しかし，これと異なり時代や地域の価値観にさほど影響を受けない影トポスも数多に存在している。つまり，たとえば自然災害に関する影トポスについては，過去も現在もどのような地域においても，それほど多大なトポス評価に関する差異がない場合が多い。具体的にいえば，ポンペイ[9]に代表される火山噴火トポスや東北[10]の津波到来トポスなどの影トポスについての認識は変わることはない。

これらから理解できるのは，前者は発掘されることで後天的に価値が決定される影トポスであり，後者は災害発生時に加え先天的価値が決定される影トポスである，といえよう。これらから理解できるのは，人間の行為に関する価値観は変化するが自然の営為に関する価値観は変化しない，ということである。

◆ 時間軸での影トポスの分類

1. 後天的影トポス　＝　例）処刑場トポス（アウシュビッツ[11]など）
2. 先天的影トポス　＝　例）自然災害トポス（ポンペイなど）

これに対し，公害問題などにより，地域価値がかなり低下したトポスの場合，これらのトポスが地域価値の発現を図る方法には2つのアプローチがある。ひとつは，かつて公害があったことを強調しながら，これを克服する努力を継続することで地域価値の復権を指向する方法である。たとえば，水俣病で世間にその地名が知られるようになった水俣では，脱公害運動が促進されている[12]ことなどが容易に想起できる。もうひとつは，直島のように，未だに公害の爪痕が明確に残っているにもかかわらず，これには触れずに新たに現代美術によるブランディングを行うような方法が想起できる。

◆ トポスの戦略対応分類

1. 脱却指向の影トポス　＝　例）露出トポス（水俣）
2. 変身指向の影トポス　＝　例）隠蔽トポス（直島）

このように，影トポスには地域デザインの観点から，いくつかの分類が可能である。これらのトポスへの対応には，多様な意見があるが，これらを地域デ

ザインの観点から見るならば，これらにはいくつかの正当性が見出される。しかし，ここで問題になるのは，地域価値が増大すればいかなる方法でもよいというわけではない。その意味では，トポスを創造するアクターの力量に委ねるしかない。つまり，アクターが誰なのかが影トポスにおいては強く問われることになる。

　これに関しては，自然災害に対して意識すべきは，確かに被災後の影トポスの戦略的活用も重要であるが，まずは影トポスが生じない事前対応の継続的な実践を行うべきである，ということである。それは当然ながら，災害トポスの数は少なければ少ないほどよいからである。つまり，たとえば地震や火山の噴火などの自然災害に対しては，当然ながら普段からの事前対応が大事なのは当然のことであるといえよう。

(5)　地域における高リスクトポスへの戦略的対応

　地域が経済的に多大なメリットを享受できるトポスには，たとえば大型ショッピングセンター，大規模工場，総合大学などが想起できる。しかし，これらが撤退する場合には，当該地域に対して甚大な影響を与えることになる。つまり地域にとっては，リスクの触れ幅がどの程度であれば耐えられるかを考えながら，これらのトポスの地域への誘致を展開することが不可欠となるわけである。

　これは，地域におけるトポスデザインにはリスクマネジメント(risk management)が不可欠であることを示している。トポスの誘致にあたっては，実際にはメリットが大きな案件はデメリットも大きいというようなリスクに関する基本的な認識が考慮されていないことが多いようである。特に民間企業が展開する大型ショッピングセンターや大規模工場などの立地は時代の流れとともに変化させることが当然の対応であることは，地域デザインに関わる多様な主体にとっては認識すべきことである。

　また，すでに半世紀以上前から少子高齢化や過疎化の進展は予測ができていたにもかかわらず，最近になってこれについて大騒ぎしているのは，リスクマ

ネジメントが欠落しているとしかいいようがないことである。郊外にある総合
大学もその多くが撤退の機会を窺っており，これは若者の流出というリスクを
意味しているのだから，多くの交通機関はかなりの打撃を蒙ることも地域リス
クの懸念材料になる。これもまたはるか以前からわかっていたことであるが，
しっかりと対応できている企業は少ないようである。実際に，近年になって複々
線化を完成させた私鉄がある[13]のは，まさに未来のリスクの読みが甘いと感
じられる。

　その意味では，広義には本書で取り上げた大型ショッピングセンターや大規
模工場あるいは総合大学は，地域にとってはかなり多大なリスク要素になって
いる。さらに留意すべきなのは，地域におけるリスク要素はこれだけではない
ということである。

　特に，撤退や破壊で大きなリスクを蒙ることが予見されるトポスとしては，
すでに廃炉化が決定している原子力発電所や操業停止中の原子力発電所もあげ
られる。それゆえ，これらのトポスは多くの住民に対して地域の消滅を予感さ
せているといっても過言ではない。さらに地域では，交通機関の撤退や橋の老
朽化，そして病院の撤退などのリスクが増大する傾向の継続も予見されている。
そこで，このようなリスクが見られるトポスを要約すれば概ね次のようにまと
められる。

◆　地域におけるトポスのリスク要素

　1．事業撤退　＝　大型ショッピングセンター，大規模工場，総合大学，公立
　　　　　　　　　　病院など

　2．事業操業停止　＝　原子力発電所，公営ギャンブル場など

　3．ロジスティクスの縮減　＝　道路閉鎖，便数の削減など

　4．地域利用停止　＝　橋，トンネル，地下街など

以上のように，地域でのトポスに関するリスクは4つに分類することができ
る。第1が事業の撤退，第2が事業の操業停止，第3がロジスティクスの縮減，
第4が，地域利用停止に伴うリスクである。

終章　トポスデザインにみるコンテクスト転換への期待　　*233*

　多くの場合，理論的にリスクにはかなりの程度で対応できる場合が多いが，リスク対応には多大な資金が必要となるため，多くの場合は明確に見通せないことを理由にしながら，かなりの部分のリスクが想定外とされるようである。残念ながら，このような対応によりリスク対応が十分にされているという見せかけが行われているのが実態である。

　特に多くの市町においては，対応が十分であると認識しながらも対応すべきリスクの範囲を狭めながら完全な対応が図られているという状況を作りたいという事情があるために，リスク管理すべき対象を結果として意図的に想定外に位置づけることも行われるように感じられる。しかし実際には，どこまで対応すべきか住民との間で合意しておくことがリスク対応の精度を上げることになる。これについては，住民の間で対応外についてのコンセンサスをとることが効果的なリスク対応になるという考え方から導出された見解である（原田他編著，2015）。

◆　リスクマネジメントのコンテクスト転換

　　想定外リスク　　→　　対応外リスク

(6)　地域における低リスクトポスへの戦略的対応

　ここでは，地域にとっての低リスクトポスへの戦略的対応について考察していく。なお，これにはまずトポスの発現価値が時代の経過による変化がそれほど大きくはないものが想起できる。これらは，たとえば世界的に著名なトポス，あるいはそれほど著名でないトポスでも地域との関係が長期的に安定しているものに見出される。それゆえ，このようなトポスは，たとえば伊勢神宮のような最大級の著名な神社でもどこにでもある小さな村の鎮守様[14]でも，全く差し支えないことになる。

　当然ながら，もっとも安定したトポスとしてはまず神社・仏閣が想起できる。もちろん，これらは木造建築がほとんどであるために火災のリスクはあるが，これらは再建すればトポスとしての神秘性は担保できるために，何度消失してもトポスのスピリチュアリティ（spirituality）[15]は何ら変わることはない。これ

こそがコンテクストの継続性を意味していると考えられる証左である。つまり，コンテンツはいわばある種の乗り物であるためコンテクストが乗り移っていると考えられるべきなのである。とりわけ著名な神社では式年遷宮[16]などもあるため，スピリチュアリティの継続性はコンテンツに限られるものではないことは容易に理解できるだろう。

　さて，ひとつめのトポスは，豊かな自然や美しい景勝が地域価値になっているトポスであるが，これらはたとえば100という数字でまとめることが個別のトポスの価値を高めることがよく見出されるトポスである。それゆえ，価値発現のためのコンテクストとしての100という数字の使用でトポスの価値発現をさせることができるために，もしも選定できるようなトポスが存在するならば，これはその地域にとってはまさに低リスクの資源としてのトポスになるわけである。これについては，すでに百名山[17]，日本の庭園100選[18]などが設定されている。また，これらに組み込まれたトポスは満遍なく日本中に広がっているため，これらが地域連携を行うことにより，トポスは相互に価値発現のためのレバレッジ機能を果たすことになる。

　2つめのトポスは，トポスの環境層における気候的環境層や地球的環境層にあたるが，これらは多くの場合，それほど手を加える必要がない。世界遺産や国立公園に指定されないならば，トポスに対する管理負担やプロモーション負担もそれほど大きくない。これには，ジオパークとしてのトポスであれば，世界遺産などと比較すれば緩やかな統制下にあるため，トポスの活用はかなり容易であろう。これらについては，トポスの管理コストもそれほど多額にはならないために，まさに地域価値発現のための活用対象として期待が寄せられる存在となる。

　これよりさらに容易なのは，具体的な存在としてのトポスではなく，世界記憶遺産[19]や無形文化遺産[20]などのような特定の場所に結び付くことが多いコンテクスチュアルなトポスである。これらのブランディングには，たとえば世界遺産と結び付いたトポスと比較するならばコストはそれほど必要としない，という優位性が存在している。

終章　トポスデザインにみるコンテクスト転換への期待　　*237*

ことで，市としてのポジショニングは十分であろう。こう考えると，たとえば江戸時代に確立していた大山と江の島のトポス連携はきわめて意義深いものであり，これを現在に復旧させることもまた意義深いと思われる。

◆ ゾーンとトポスの関係

　平塚市　＝　ゾーンイニシアチブ……ゾーンブランディング

　藤沢市・伊勢原市　＝　トポスイニシアチブ……トポスブランディング

おわりに

　これまでの考察によって，トポスのコンテクスト転換によって地域価値が発現することが理解できる。このようにトポスの地域デザインに与える貢献は多大なものであり，今後はトポス研究の幅を拡大することが期待されてくる。このような問題意識に立脚することの契機となったのが，まさに本書で取り上げた影のトポスなのである。これらは従来では遺棄されてしまったトポスや無視されてしまう場所や構築物に対しても，トポスという視点からの再考が重要であることを教えてくれることになった。その意味では，影のトポスをクローズアップさせることのトリガーとしての役割を期待されるダークツーリズムの展開はトポスのコンテクスト転換に対して多大な貢献を果たしている，と考えられる。その意味では，ダークツーリズムはトポスデザインのトリガーイノベーションを誘発したとも考えられる。

　これらを踏まえると，今後の地域デザインにおけるトポス研究では，トポスに付加価値を付与するための方法論の研究が大いに期待される。そのためには，今後はトポスとコンステレーション（constellation）デザイン [28] との関係を掘り下げる必要が生じることになる。それは，コンステレーションデザインによってトポスの価値が一人ひとりの心の奥底に定着することが可能になるためである。

　本書では，コンテクストデザインの観点からトポスの価値を巡る議論が展開されることになったが，今後重要になってくるのは多様な価値発現の方法論を

開発することである。これは，脱ものづくり発想からの地域デザインが不可欠であり，その意味ではコンテクストデザイナーの育成が急務になっていることを示している。それゆえ，地域デザイン学会に対して，今後はさらなるコンテクストベースのデザインモデルを描いていくことが期待されている。

注
1）記号論とはさまざまな「記号（sign）」を分析対象とする学問分野の総称である。「記号学（仏：sémiologie）」はスイスの言語学者フェルディナン・ド・ソシュール，「記号論（英：semiotics）」はアメリカの哲学者チャールズ・サンダース・パースに由来している。ソシュールの『一般言語学講義』では，記号は「シニフィアン（意味するもの，記号表現）」と「シニフィエ（意味されるもの，記号内容）」という2つの構成要素から成立する。この両者の恣意的な結びつきからなる諸記号が言語における差異の体系として存在する。他方パースは，記号を類似，指標，象徴の3種類に分類し，それぞれ順に「イコン」「インデックス」「シンボル」という呼称を与えた。特に1970年代から80年代にかけてその流行は頂点に達し，20世紀後半における最も大きな思想的動向のひとつとなった（フェルディナン・ド・ソシュール）。
2）ガジェットは，目新しい道具，面白い小物といった意味で使用されることが多い。一般には道具，装置，仕掛けを指しており，文学・演劇・映画などにおいては，ストーリー上の小道具や仕掛けを指している。最近では，携帯用の電子機器類を指す用語である。
3）エピソード価値は，顧客のエピソード記憶に定着させ，既存エピソード・ブランディング，新規エピソード・ブランディング，他者エピソード・ブランディングを再生させることにより，ブランド価値が増殖する価値である（三浦，2013）。
4）ダークツーリズムについては，序章注18参照。
5）ディスティネーションとは，旅行目的地，旅行先のことを指す。
6）エンタテイメントとは，単なる楽しみのことを指している。
7）アウェアネスとは，旅行を通して旅行者がさまざまなことに気づき，感じることを指している。
8）ナチス支配下のドイツでは，ユダヤ人のガス室での殺戮は正当な行為であるとされていた。
9）ポンペイは，「ポンペイの悲劇」として語られるが，西暦79年，古代ローマでヴェスヴィオ火山が大噴火を起こし，当時1万人と推測されるポンペイの都市が一晩で消滅した。発掘調査によって，逃げ遅れた古代ローマ人たちが多数死亡したことが明らかにされた。
10）2011年3月11日に起こった地震とその後の余震により起こった大災害を指している。
11）アウシュヴィッツについては，第9章参照。
12）政府は，水俣病を公害病として1968年に認定した。これは長年の国や県の放置政策が被害を拡大させたといえる。水俣病の放置は，新潟県の昭和電工の工場排水による新潟水俣病の発生にあった。脱公害運動は，一刻も早く公害が発生した場所における影響

終章　トポスデザインにみるコンテクスト転換への期待　*239*

や爪痕をなくすとともに，健全な状態に地域をおこうとする動きである。

13) 小田急電鉄では，2018年3月にこれまでの輸送力の問題から朝夕の通勤通学時間帯に多くの電車を走らせるため，30年以上も前から複々線を採用してきた。

14) 土着の神を鎮めて，国・城・寺院・村落などを守護する神のことを指す。

15) ここでは精神性を指している。

16) 式年遷宮とは，神社等が周期を定めて社殿を更新し，新たな社殿に神体を移すことをいう。伊勢神宮では天照大神を祭神とする内宮，豊受大神を祭る外宮ともに，20年ごとに社殿を新しく造営し，祭神を遷座してきた。

17) 日本百名山は，小説家，随筆家であった深田久弥が著した山岳随筆のタイトルであった。登山家でもあった深田が，実際に登頂した日本の各地の山から自身が定めた品格，歴史，個性など基準により，100座を選び主題とした。

18) 日本の庭園100選は，ぴあ編集チームが選出した100庭園がひとつずつ写真つき，関連情報と一緒に整理されている。ここでは公園だけでなく，お寺やホテル・旅館などの庭も選ばれている。

19) 世界記憶遺産は，国際連合教育科学文化機関（ユネスコ）が主催する事業であり，危機に瀕した古文書や書物などの歴史的記録物を保全し，広く公開することを目的とした事業として，1992年に創設された。

20) 無形文化遺産は，民族文化財，フォークロア，口承伝統などの無形文化財を保護対象とした，国際連合教育科学文化機関（ユネスコ）の事業である。2006年に発効した無形文化遺産の保護に関する条約に基づいている。

21) 二条城は，京都市中京区二条通堀川西入二条城町に所在する江戸時代に造営された日本の城のひとつである。

22) 清水寺は，京都府京都市東山区清水にある寺院であり，山号は音羽山という。本尊は千手観音，開基は延鎮であり，元来，もとは法相宗に属したが，現在は独立して北法相宗大本山を名乗っている。

23) 湘南平は，神奈川県の平塚市と大磯町の境にある標高181mの丘陵であり，高麗山（こまやま）と泡垂山（あわたらやま）の山頂一帯を指している。都市計画公園としての名称は，高麗山公園。地元ではかつて千畳敷と呼ばれていたが，公園として整備するにあたって湘南平と呼ばれるようになった。

24) 相模川は，山梨県・神奈川県を流れる相模川水系の本流で，一級河川である。

25) 江の島は，神奈川県の湘南海岸に浮かぶ小島で，音楽の神とされる弁財天の像を祀った江島神社で知られている。

26) 遊行寺と呼ばれる清浄光寺は，藤沢市にある時宗総本山の寺院である。藤沢山無量光院清浄光寺と号されている。近世になって遊行寺と通称されるようになり，明治時代から法主・藤沢上人と遊行上人が同一上人であるために通称の遊行寺の方が知られている。

27) 大山は，神奈川県伊勢原市・秦野市・厚木市境にある標高1,252mの山である。丹沢山などの丹沢の山々とともに丹沢大山国定公園に属し，神奈川県有数の観光地のひとつである。日本三百名山や関東百名山のひとつでもある。

28) コンステレーションとは星座のことを指すが，ここではトポスとそれらトポスに配置

されるさまざまな事物の配置のことを指している。

参考文献

Baudrillard, J.（1970）*La societe de consommation: ses mythes, Ses structures*, Gallimard.
（今村仁司他訳（2005）『消費社会の神話と構造』紀伊國屋書店）

原田保・三浦俊彦・高井透編著（2012）『コンテクストデザイン戦略　価値発現のための
理論と実践』芙蓉書房出版。

原田保・板倉宏昭・加藤文昭編（2015）『旅行革新戦略地域デザインとライフデザインに
よるコンテクスト転換』白桃書房。

原田保・中西晶・西田小百合編（2016）『安全・安心　革新戦略―地域リスクとレジリエ
ンス』学文社。

原田保・立川丈夫・西田小百合編（2017）『スピリチュアリティによる地域価値発現戦略』
学文社。

三浦俊彦（2013）「コンテクスト・ブランディングとエピソード・ブランディング」地域
デザイン学会編『地域デザイン』第2号，地域デザイン学会，pp. 23-43。

【監修】

一般社団法人 地域デザイン学会 （理事長 原田保）

　2012年1月設立。2015年6月一般社団法人化。日本学術会議協力学術研究団体。

　地域振興や地域再生を，産品などのコンテンツからではなく知識や文化を捉えたコンテクストの開発によって実現しようとする学会である。地域デザインを知行合一的に展開することで，インテグレイティッド・スタディーズとしての地域デザイン学の確立を指向している。

地域デザイン学会叢書　6

地域イノベーションのためのトポスデザイン

2018年8月30日　第1版第1刷発行　　　　　　　　　　　　〈検印省略〉

　　　　　　　　　　　　監　修　一般社団法人 地域デザイン学会
　　　　　　　　　　　　　　　　　　　　　　原田　　保
　　　　　　　　　　　　編著者　山田　啓一
　　　　　　　　　　　　　　　　石川　和男

発行者　田中　千津子	〒153-0064　東京都目黒区下目黒3-6-1	
	電話　03（3715）1501（代）	
発行所　株式会社 学文社	FAX　03（3715）2012	
	http://www.gakubunsha.com	

©2018 HARADA Tamotsu, YAMADA Keiichi & ISHIKAWA Kazuo　　Printed in Japan
乱丁・落丁の場合は本社でお取替えします。
定価は売上カード，カバーに表示。　　　　　　　　　　印刷　新灯印刷

ISBN 978-4-7620-2827-4